FRANCOSCOPE
à la mode

David Sprake

Hazel Rhymes

Stephanie White

Oxford University Press

Oxford University Press, Great Clarendon Street, Oxford OX2 6DP

Oxford New York Athens Auckland Bangkok Bogota Bombay Buenos Aires
Calcutta Cape Town Chennai Dar es Salaam Delhi Florence Hong Kong Istanbul
Karachi Kuala Lumpur Madras Madrid Melbourne Mexico City Mumbai Nairobi
Paris São Paulo Singapore Taipei Tokyo Toronto Warsaw

and associated companies in Berlin Ibadan

Oxford is a trademark of Oxford University Press

© Oxford University Press 1996
Reprinted 1996 (twice), 1997 (three times), 1998

ISBN 0 19 912234 2

Acknowledgements
The authors and publishers would like to thank the following for their help and advice: Colin Humphrey,
Betty Hollinshead, Pat Fellowes, Malcolm Smith, Rachel Wood.

The publishers would like to thank the following for permission to reproduce photographs: John Brennan
pp.28 (c), 62 (left), 104 (left), 108 (top right); Dick Capel Davies pp.25, 100, 108 (left centre);
Fiona Corbridge p.104 (right); Richard Garratt pp.24, 38, 78, 107 (left), 120 (bottom), 156 (bottom
left); Hoa Qui p.118 (boat); The Hutchison Library p.118; The Image Bank p.120 (top); Tony Lees pp.10
(top), 11 (c), 28 (a), 34, 44 (c), 54 (1), 76, 79; Life File pp.18, 43, 44 (b), 80, 81 (top and bottom left),
83 (b, d); Mary Glasgow Magazines p.36; OUP pp.6 (bottom left), 8, 11 (b, c, l), 14 (top left), 22
(top and bottom left), 28 (b), 31 (left), 40, 68, 105 (top right), 138 (bottom), 141; Rex Features pp.21
(top left and right), 122, 130 (bottom left and right), 156; Claire Smith p.134; Martin Sookias pp.8, 22
(top and bottom right), 52, 58, 62 (right), 92 (bottom left and right), 126; David Sprake p.150 (a and
bottom).

Front cover photograph by The Image Bank.

All other photography by David Simson.

The illustrations are by Kathy Baxendale pp.48, 57, 72, 142; Anna Brookes pp.46, 75, 77, 102 (top), 103
(top), 136, 149; Celia Hart pp.88, 102 (bottom), 103 (centre); George Hollingworth pp.35, 53, 60, 80,
101 (top), 140; Bruno Le Sourd pp.18, 24, 61 (bottom), 64 (bottom), 129; Steve Noon pp.7, 101
(bottom), 104; Nigel Paige pp. 23, 70, 97, 112, 139; Bill Piggins pp.8, 15, 58, 59, 92, 93, 105, 126, 147;
Martin Shovel pp.9, 32, 71, 76, 86, 87, 98 (bottom), 132, 133; Tony Simpson pp.17, 50, 89, 98 (top),
110, 111, 145; Tim Slade pp.26, 27, 54, 55, 82, 90, 96, 97, 148; Judy Stevens pp.21, 61 (top), 62, 74,
95, 109, 144; Martin Ursell pp.45, 64 (top), 84, 116, 117 (bottom) 121; Jim Wells pp.20, 66, 114, 117
(top), 157.

The handwriting is by Kathy Baxendale and Pete Lawrence (p.30).

The recordings were made by Marie-Thérèse Bougard and Charlie Waygood at Post Sound Studios,
London.

The publishers would like to thank the following for permission to reproduce copyright material:
Bravo Girl; Camping Ste.-Anne-la-Palud, Bretagne; France-Dimanche; Fédération Unie des Auberges de
Jeunesse (FUAJ); Journal SPA Jeunesse; Office du tourisme de Québec; Office du tourisme de Saumur;
Okapi; OK Podium; Phosphore; RATP; Salut! magazine.

Every effort has been made to contact copyright holders of material reproduced in this book. Any
omissions will be rectified in subsequent editions if notice is given to the publisher.

All rights reserved. This publication may not be reproduced, stored in a retrieval system or transmitted, in
any forms or by any means, without the prior permission in writing of Oxford University Press. Within the
UK, exceptions are allowed in respect of any fair dealing for the purposes of research or private study, or
criticism or review, as permitted under the Copyright, Designs and Patents Act, 1988, or in the case of
reprographic reproduction in accordance with the terms of licences issued by the Copyright Licensing
Agency. Enquiries concerning reproduction outside those terms should be addressed to the Rights
Department, Oxford University Press, at the address above.

Designed by Oxprint Design, Oxford.
Printed by G. Canale & C. S.p.A., Italy.

Table des matières

CLIFTON SCHOOL ROTHERHAM

Welcome to *Francoscope à la mode*. This course was written not only with your examination, but very much with *you*, in mind. Its four modules take you systematically through the four topic areas of your GCSE examination, and help you develop your listening, speaking, reading and writing skills to a high level. Work done in earlier years is revised, but you are offered a variety of tasks, ranging from the straightforward to the very challenging. Here is an outline of the way the course works:

- Each four-page unit gives practice in all four skills.

- There is a wealth of recorded material with a range of speakers/voices.

- You work with your teacher and the rest of the class, in a group, with a partner, and on your own.

- In the *Extra* sections, you are given tips on study skills and dictionary work, and supplementary materials to help you build up your vocabulary, practise your grammar, and attempt more challenging tasks.

- In the *Projets*, you work with your classmates on the preparation and presentation of more ambitious projects, bringing all your skills together in more extended work.

- A grammar section with practice exercises enables you to check the rules and practise them.

- The end vocabulary provides a quick reference section and complements your dictionary work.

The symbols used in the course are as follows:

 = pair-work

 = listening item

The tasks in *Francoscope à la mode* will prepare you well for your examination, but we hope they will also be interesting in their own right.

To do well in this subject, you'll need to work hard; we are confident that this course will guide you through the work and help you get the best out of your efforts.

Bon courage et bonne chance!

1 Puis-je me présenter? ● ● ● ● ● ● ● ● ● ● ● ● ●

❶ Comment t'appelles-tu?

Salut! Je m'appelle Isabelle Roland.
Je suis française. J'ai quinze ans.

Bonjour. Je m'appelle Sophie Dupré. J'ai
seize ans et demi. Je parle français mais je
suis belge. J'habite Liège en Belgique.

Moi, je m'appelle Nicolas Buisson. J'ai un nom
français et je parle français... mais je ne suis pas
français. Je viens du Québec. Je suis canadien!

❷ Où habites-tu?

Copie ces adresses.

Exemple: *13 rue des fossés, 82000 Montpezat-de-Quercy, Tarn et Garonne.*

Maintenant, trouve les villes sur une carte.

*13 rue des fossés,
82000 Montpezat-de-Quercy,
Tarn et Garonne.*

1

*236, boulevard Lafayette,
76530 La Bouille,
Seine-Maritime.*

2

*39, avenue La Roseraie
Ribeauvillé,
Haut-Rhin.*

3

*16 bis, rue du 14 mai 1945,
83380 Les Issambres,
Var.*

4

*Les Oliviers,
45, rue des Acacias,
75017 Paris*

5

*La Pacifique
2533 Papeete,
Tahiti.*

❸ Bonjour

Écoute la cassette. Réponds aux questions pour les deux personnes qui parlent.

1 Comment s'appelle-t-il/elle?
2 Ça s'écrit comment?
3 Quel âge a-t-il/elle?
4 Il/Elle est de quelle nationalité?
5 Quels autres renseignements sont donnés?

Je m'appelle...		Ça s'écrit comment?
Je suis	anglais(e)	J'ai... ans
	écossais(e)	Je suis né(e) le... à...
	gallois(e)	Mon adresse est...
	britannique	Le code postal est...
	français(e)	Mon numéro de téléphone est...

4 ## Des renseignements sur moi

Copie cette fiche de renseignements et remplis-la.

Nom de famille:	Prénoms: ....
Nationalité:	Né(e) le .... à ....
Adresse:	
....	
Code Postal:	No. de téléphone: ....
Passe-temps:	Ambitions: ....

5 ## C'est le...

Écoute la cassette. Choisis le numéro de téléphone correspondant à chaque personne.

Exemple: 1 = c

1	Pierre Lefèvre	**a**	43 45 55 66
2	Anny Laroche	**b**	25 90 82 71
3	Gaëlle Plon	**c**	35 32 10 60
4	Christine Leroux	**d**	54 12 45 66
5	Thierry Dupont	**e**	46 70 09 80

6 ## Nom, adresse et autres renseignements

Copie cette fiche. Écoute la cassette et corrige les fautes.

Nom de famille: *Durand*	Prénoms: *André Richard* ....
Nationalité: *canadienne*	Né(e): *le 18 août 1974 à Montréal*
Adresse: *16, avenue de la Gare, Drancy, France*	
93700	
Code Postal: *93700*	No. de téléphone: *46 09 29 14*

7 ## Bonjour Monsieur/Mademoiselle

Travaille avec un/une partenaire. Inventez des dialogues comme celui-ci.

– Bonjour Monsieur/Mademoiselle.
– Quel est votre nom?
– Et vos prénoms?
– René – ça s'écrit comment?
– Quelle est votre date de naissance?
– Où êtes-vous né(e)?
– Vous êtes de quelle nationalité?

– Bonjour Monsieur/Mademoiselle.
– Tavernier.
– René Pierre.
– R–e–n–é.
– Je suis né le 10 juin 1982.
– À Caen.
– Je suis français.

Puis changez de rôle.

...Comment êtes-vous? ....

8 J'ai les cheveux longs...

1 J'ai les cheveux longs, roux et les yeux verts.
2 J'ai les cheveux courts, blonds et les yeux bleus.
3 J'ai les cheveux noirs, raides et les yeux gris.
4 J'ai les cheveux gris, frisés et les yeux marron.
5 J'ai les cheveux châtains, bouclés et les yeux noirs.
6 Je suis chauve, j'ai une barbe et je porte des lunettes.

9 Qui est-ce?

 a Écoute la cassette. À quelle photo correspondent les quatre descriptions?

Exemple: 1 = *Personne 3.*

b Décris les deux photos qui restent. Utilise ce tableau pour t'aider si nécessaire.

Je/Il/Elle mesure Je fais/Il/Elle fait (environ/à peu près) 1,80m
Je suis/Il/Elle est grand(e)/gros(se)/petit(e)/de taille moyenne/chauve
J'ai/Il/Elle a les cheveux châtains/roux/gris/longs/courts/frisés/bouclés/en brosse
J'ai/Il/Elle a les yeux bleus/marron/gris/verts/noirs/noisette
Je porte des lunettes/des lentilles
Je suis/Il/Elle est gentil(le)/sympa(thique)/timide/bête/drôle/intelligent(e)/égoïste/
méchant(e)/antipathique/snob/bizarre/casse-pieds/chouette/agréable.

10 Les qualités et les défauts

 a Écoute la cassette. Relève les qualités et les défauts des trois personnes.

Exemple: 1 *Elle est sympathique, mignonne et agréable.*

b Fais une liste de tes défauts et de tes qualités. Utilise le tableau pour t'aider.

Exemple: *En général, mes copains disent que je suis drôle mais quelques-uns de mes profs
me trouvent assez méchante! Chez moi, ma sœur aînée me trouve affreuse et
embêtante; c'est bizarre, car, en réalité, c'est elle qui est désagréable et snob.*

① C'est qui?

Regarde les dessins et lis les descriptions. Copie la grille et remplis-la!

Prénom	Lettre
1 Suzanne	
2 Karim	
3 Isabelle	
4 Yannick	
5 Simone	
6 Jean	

1 Dans ma classe, il y a une fille qui s'appelle Suzanne. Elle est grande, très grande, et mince. Elle a de longs cheveux noirs. Je la trouve gentille, très chouette et, en plus, intelligente.

2 Il y en a une autre, Isabelle, qui a aussi de longs cheveux noirs et qui est très grande et mince. Elle m'énerve parce qu'elle est égoïste, snob et désagréable.

3 Il y a aussi un mec dans ma classe qui s'appelle Karim. Il est petit et brun. Il a les cheveux en brosse et les yeux marron. Il est marrant et sympathique.

4 Il y a aussi Yannick. Il est antipathique et casse-pieds. Il est aussi un peu bizarre. Il a les cheveux châtain en brosse et les yeux marron.

5 Et puis il y a Jean. Il est de taille moyenne et porte des lunettes. Il a les cheveux longs, blonds et frisés. Il est timide, sympa et gentil.

6 Enfin il y a Simone, qui a les cheveux longs, blonds et frisés. Elle n'est pas grande. Elle porte des lunettes. Elle est timide, agréable et gentille.

② Une rencontre

Écoute la cassette. Réponds aux questions sur Nathalie.

1 Quel est son nom?
2 Quel âge a-t-elle?
3 Combien de frères a-t-elle?
4 Et combien de soeurs?

5 De quelle nationalité est-elle?
6 Quelles sont ses qualités?

③ Copains, copines

Écris une description d'au moins 80 mots de ton copain/ta copine idéal(e). Explique comment il/elle doit être et les qualités qu'il/elle doit avoir.

2 Ma famille...........................

① Voici ma famille

Je te présente mes parents... mon frère et ma soeur.

J'ai un/deux frère(s)		Je n'ai pas de frère/soeur	
J'ai une/deux soeur(s)		Je n'ai ni frère ni soeur	
		Je suis fils/fille unique	
Mes parents sont divorcés/séparés		Dans ma famille il y a... personnes	
Il/Elle s'appelle... Ils/Elles s'appellent...		Il/Elle a... ans	

mon		ma		mes
père	beau-père	mère	belle-mère	parents
frère	demi-frère	soeur	demi-soeur	cousins
oncle	cousin	tante	cousine	grands-parents
grand-père		grand-mère		

② Mes frères et soeurs

Écoute la cassette. Cinq personnes parlent de leur famille. Copie la grille et remplis-la!

Prénom	Nombre de frères	Âge	Nombre de soeurs	Âge
1 Pascal	1	8	2	10 et 5
2 Anaïs				
3 Didier				
4 Madeleine				
5 Jean-Jacques				

③ Photos de famille

a Lis les descriptions suivantes. Choisis la photo qui correspond à chaque description.

Exemple: 1 = *a*

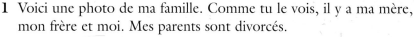

1 Voici une photo de ma famille. Comme tu le vois, il y a ma mère, mon frère et moi. Mes parents sont divorcés.

2 Sur cette photo de ma famille, il y a mon père, mes deux frères, ma mère et moi.

3 Voici une photo de ma famille. C'est ma soeur aînée, mon beau-père, ma mère et moi.

b Choisis une photo dans l'exercice **a** ou dans un magazine. Décris les membres de la famille de la photo à un/une partenaire. Donne leur prénom, leur âge, décris leur caractère, *etc.*

Exemple: *Voici une photo de ma famille. On est cinq dans ma famille. Ma mère s'appelle Yvonne. Elle a 37 ans. Elle est gentille et sympathique. Elle est brune et elle a les yeux verts. Mon père s'appelle Pierre. Il a les cheveux noirs et les yeux marron. Il est égoïste et sévère...*

4 Les animaux domestiques

a *un chien*

c *un lapin*

d *un hamster*

b *un chat*

e *une gerbille*

f *un cheval*

g *un oiseau*

h *un rat*

i *un serpent*

a Copie la grille. Écoute la cassette. Quatre personnes décrivent leur animal domestique. Remplis la grille.

Personne	Animal
Christine	*un hamster*
Serge	
Martine	
Djamel	

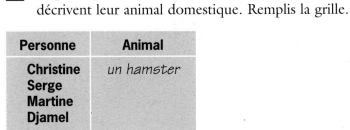
j *un poisson*

k *une araignée*

l *une souris*

b Ces personnes cherchent un animal domestique.
Choisis un animal pour eux. Recopie les phrases et complète-les.

1 J'habite dans une ferme à la campagne. Je voudrais un animal pour mes enfants qui ont douze et quatorze ans. Il y a un grand champ et une grange. J'aimerais avoir un/une...

2 Je suis à la retraite et malheureusement je n'ai pas beaucoup d'argent. Je voudrais un petit animal pour me tenir compagnie. Je ne supporte pas les poils des animaux comme les chiens et les chats, car j'y suis allergique. J'aimerais avoir un/une...

3 Je suis très extravertie. J'adore choquer. Je voudrais faire un peu peur à mes amis. J'aimerais avoir un/une...

4 Je voudrais un animal mais je suis handicapé, donc je ne peux pas avoir un animal qu'il faut promener. Je dois rester au lit la plupart du temps et je voudrais un animal près de mon lit. J'aimerais avoir un/une...

c Écris une description de ton animal domestique préféré et dis pourquoi tu l'as choisi.
Utilise l'exercice **b** pour t'aider.

...*Que font tes parents dans la vie?* ....

⑤ Mon père est routier

Mon père est routier.

Ma mère est vendeuse.

fermier/fermière	coiffeur/coiffeuse	médecin
caissier/caissière	vendeur/vendeuse	ménagère/femme au foyer
chauffeur de taxi	serveur/serveuse	professeur
employé(e) de banque	au chômage	homme/femme d'affaires
étudiant(e)	garçon de café	comptable
ingénieur	secrétaire	à la retraite

Il/Elle travaille/dans un bureau/dans une usine/pour une compagnie qui s'appelle...
Il/Elle travaille à son compte

⑥ Les emplois

a Écoute la cassette. Cinq jeunes Français parlent du métier de leurs parents. Copie la grille et remplis-la!

		Emploi	Horaire	Opinion
Exemple:	**1** père	*ingénieur*	*8h30–5h30*	*intéressant*
	mère	*docteur*	*variable*	*fatigant mais satisfaisant*
	2 père			
	mère			

b Quel travail décrit-on ici? Remets les mots suivants dans le bon ordre.

Exemple: *cousin dans Mon où répare il voitures travaille garage un les. est garagiste Il.*
Mon cousin travaille dans un garage où il répare les voitures. Il est garagiste.

1 Ma un cousine dans hôpital à travaille Paris grand. Elle infirmière est.
2 école soeur Ma toujours à l' va. Elle lycéenne est.
3 Mon aîné frère d'emploi moment en n'a pas ce. au chômage Il est.
4 il père en air et élève des plein travaille animaux Mon. fermier est Il.
5 mère Ma très est à occupée maison la elle et travaille ne en pas de dehors la maison. est Elle ménagère.
6 Ma tante travaille ans et soixante-deux elle ne plus a. à Elle la retraite est.

7 Une lettre sur ma famille

a Lis la lettre et réponds aux questions.

Nous sommes quatre dans la famille: mon père, ma mère, ma sœur et moi. Je vais d'abord décrire mon père. Il s'appelle Bernard, il a quarante ans. Il a les cheveux châtains et les yeux marron. Il est grand et assez gros. Il est routier. Il travaille pour une cimenterie. Il est sympa et drôle, mais il est parfois très strict. Pendant ses heures de loisir, il aime aller à la pêche et regarder le sport à la télé. Aucun de ces deux passe-temps ne m'intéresse.

Ma mère, elle s'appelle Hélène. Elle a trente-sept ans et elle est vendeuse chez Monoprix. Elle travaille tous les jours sauf le dimanche. Elle est de taille moyenne. Elle est blonde et elle a les yeux bleus. En général, elle est gentille et agréable mais, de temps en temps, quand elle est fatiguée, elle est de mauvaise humeur. Quand elle a du temps libre, elle aime faire de l'aérobic (je l'accompagne) et regarder ses feuilletons préférés à la télé.

Ma sœur s'appelle Martine. Elle a treize ans. Elle est blonde aux yeux marron. Elle est embêtante et antipathique. Elle veut toujours faire les mêmes choses que moi. Je la trouve méchante et égoïste.

1 Qui est grand et gros?   Exemple: *C'est son père.*
2 Est-ce que sa mère travaille le mardi?
3 Qui est Bernard?
4 Qui a les cheveux blonds et les yeux marron?
5 Pourquoi sa sœur est-elle embêtante?
6 Lequel de ses parents est le plus âgé?
7 Avec quel parent crois-tu qu'elle s'entend le mieux et pourquoi?
8 Pourquoi a-t-elle un problème avec sa sœur?
9 Qu'est-ce qu'elle pourrait faire pour améliorer la situation?

b Écris une lettre comme celle-ci. Donne le plus de détails possible sur toi, ta famille et ton animal domestique.

3 Les passe-temps ....

❶ Tu es sportif?

Je préfère passer mes moments de loisir en plein air à faire du sport. En été, je fais du VTT et en hiver, je fais du ski. Tu es sportif, toi aussi?

J'aime la musique. J'ai une grande collection de cassettes et de disques compacts. Je fais aussi de la musique dans un groupe. Et toi? Es-tu musicien?

J'aime/Je n'aime pas/J'adore/Je déteste

faire de la natation/faire du sport/faire du shopping/faire des promenades à vélo/faire du VTT/faire les magasins
aller à la piscine/aller au cinéma/aller au concert
jouer au tennis/faire des jeux informatiques/jouer aux cartes
regarder la télé/écouter de la musique/lire/nager/sortir avec des copains
Je joue au/à la/à l'/aux + jeu   Exemple: *Je joue au rugby*
Je joue du/de la/de l'/des + instrument   Exemple: *Je joue du piano*
C'est formidable/passionnant/chouette/super/fantastique/extra/pas mal/affreux/barbant/ennuyeux/nul

❷ Ce que j'aime faire

 Écoute la cassette. Cinq Français parlent de leurs passe-temps. Écris ce qu'ils font.
Exemple: 1 *de la musique.*

❸ Un sondage

Copie la grille. Fais une liste de cinq passe-temps. Pour chaque passe-temps, pose la question: «Que penses-tu de... ?» à dix élèves. Pour noter les réponses rapidement, utilise les numéros donnés ci-dessous à côté des réponses.

Exemple: – *Que penses-tu de la lecture?*
– *La lecture, ce n'est pas mal.*
Écris 3 dans la colonne «la lecture».

Réponses
5 J'adore ça.
4 J'aime ça.
3 Ce n'est pas mal.
2 Je n'aime pas tellement ça!
1 Je ne peux pas supporter ça!

Nom d'élève	Passe-temps				
	lecture	natation	tennis	VTT	télé
1 Paul	3			~	
2					

4 À mon avis

Écoute la cassette. Cinq personnes parlent de ce qu'elles aiment et n'aiment pas faire. Dans la grille, coche les choses qu'elles aiment faire et mets une croix sous les choses qu'elles n'aiment pas faire.

	a	b	c	d	e	f	g	h	i	j
Joëlle	✓	✓					✓			✓
Jean-Claude										
Myriam										
Laurent										
Yves										

5 Je voudrais un correspondant!

Lis ces annonces et choisis un/une correspondant(e). Écris une lettre à cette personne. Parle-lui de toi. Donne-lui des détails sur tes distractions préférées, ta personnalité, *etc.*

1

J'ai 17 ans et je désire correspondre avec une fille ou un garçon de 16 à 18 ans. J'aime collectionner posters, photos et autographes de vedettes de cinéma, de chanteurs de pop, etc. Réponse assurée! – Laurence Colibri, Bât. A4 Appt. 3, Résidence Marly, 69005 Lyon

2

J'ai 16 ans et je voudrais correspondre avec un garçon ou une fille du même âge. J'aime la musique pop, la danse moderne, les sorties. Joindre photo. Réponse assurée. – Jean-Pierre Bloc, 29, rue du Muguet, 44300 Nantes

3

J'ai 16 ans et je désire correspondre avec des filles ou des garçons de mon âge. J'aime la nature, les promenades, tous les sports. Joindre photo. Répondez vite! Merci! – Catherine Renaud, 16, rue Alphonse Daudet, 63000 Clermont-Ferrand

4

J'ai 18 ans et je désire correspondre avec un garçon ou une fille de 15 à 20 ans. J'adore les boîtes, les boums, les concerts. Je joue de plusieurs instruments. Réponse assurée! – Henri Leloup, 123, boulevard de la République, 68200 Mulhouse

....*Consacres-tu beaucoup de temps à tes loisirs?*

6 Parlons de nos loisirs

Moi, j'adore faire du ski. J'en fais depuis trois ans et j'ai acheté des chaussures de ski et des skis. Malheureusement, comme ça coûte cher, je ne peux aller faire du ski qu'une fois par an.

Moi, je fais de l'équitation deux fois par semaine. Je vais dans un centre équestre et j'aide les gens à s'occuper des chevaux. Je fais de l'équitation depuis six mois et j'adore ça.

Lis le texte et les phrases ci-dessous. Vrai ou faux?

Exemple: 1 *Vrai*

1 Elle a commencé à faire du ski il y a trois ans.
2 Elle fait du ski plus d'une fois par an.
3 Elle trouve que le ski n'est pas cher.

4 Il a commencé à faire de l'équitation il y a deux ans.
5 Il fait rarement de l'équitation.
6 Il fait de l'équitation dans une ferme.

Je (ne) joue (pas) Je (ne) sais (pas) jouer	au tennis/au rugby/aux cartes, *etc.*
Je fais Je (ne) fais (pas)	de l'équitation/du ski/de la natation, *etc.* d'équitation/de ski/de natation, *etc.*

J'y joue depuis 2 ans/Ça fait 2 ans que j'y joue
J'en fais depuis 2 ans/Ça fait 2 ans que j'en fais

J'y vais	rarement/quelquefois/souvent/beaucoup/le weekend/le samedi (matin)/ chaque jour, *etc.*
J'en fais	tous les (deux) jours/toutes les (deux) semaines/une fois par jour/ deux fois par semaine, *etc.*

Je n'y vais pas/jamais
J'en fais/n'en fais pas

7 Depuis quand?

Écoute la cassette. Cinq Français parlent du sport qu'ils pratiquent. Copie la grille et remplis-la!

		Sport	Depuis quand?	Tous les combien?	Opinion
Exemple:	1	tennis	3 ans	souvent	c'est bon pour la santé
	2				
	3				
	4				
	5				

Et moi?

Réponds à ces questions.

1 Quel est ton activité de loisir préférée?
2 Tu la pratiques depuis quand?
3 Combien de fois par semaine?
4 Pourquoi est-ce que ça te plaît?
5 C'est cher?
6 C'est bon pour la santé?

En ce moment/Aujourd'hui	Il fait	mauvais/beau/chaud/froid/ du brouillard/du vent
		il pleut/il neige/il gèle/il y a du vent

1 *chaud/soleil/ beau/éclaircie(s)*

2 *froid*

3 *nuages/ nuageux/couvert*

4 *pluie/pluvieux/ mauvais/averses/ crachin*

5 *neige*

6 *verglas*

7 *brouillard/ brume/brumeux*

8 *vent(s)/brise(s)*

9 *orage/éclairs/ tonnerre*

10 *basses/en baisse*

11 *hautes/en hausse*

Ça dépend du temps qu'il fait!

Invente un dialogue avec un/une partenaire. Choisissez ce que vous pourrez faire ce week-end selon le temps qu'il fera. Voici quelques possibilités:

Qu'est-ce qu'on va faire? S'il pleut, on... S'il fait froid, on... S'il fait chaud, on... aller à la piscine/aller au cinéma/rester à la maison/regarder la télé/jouer au tennis/ faire du shopping/faire du lèche-vitrine

Exemple: – *Qu'est-ce qu'on va faire aujourd'hui?*
– *S'il pleut, on restera à la maison, mais s'il fait beau, on ira jouer au tennis.*

Le week-end

Écris une lettre à un/une correspondant(e) dans laquelle tu décris ce que tu fais normalement le week-end. Voici un exemple.

Les week-ends où je ne vais pas chez mes grands-parents, je sors le plus possible. Parfois, je retrouve des copains au café. On passe l'après-midi à bavarder. Quand il fait mauvais, on va souvent au cinéma ou à la patinoire. Quand il fait beau, on se balade en ville et on achète des vêtements ou des disques. Deux ou trois fois par mois, il y a une boum ou une soirée en boîte le samedi soir et j'y vais, bien sûr. En été, on va très souvent à la plage.

4 Ma maison ·····································

1 C'est quelle maison?

On décrit une maison – **a** ou **b**?

J'habite une grande maison en pleine campagne. La vue est superbe. C'est une maison en brique, qui a été construite il y a une trentaine d'années, et ma famille y habite depuis 1987. J'adore les grandes fenêtres qui donnent sur le jardin. En été, on peut s'asseoir sur la terrasse au rez-de-chaussée ou jouer sur la pelouse.

J'habite une maison/un appartement (au sixième étage/dans une résidence)/un bungalow/un studio
C'est un/une appartement/studio/maison moderne (en pierre/en brique)
C'est un/une petit(e)/grand(e)/vieux(vieil/vieille) appartement/studio/maison
J'y habite depuis un/cinq an(s)

Nous avons/On a	un salon/une salle à manger/une cuisine/une salle de bains/une chambre/un hall d'entrée/des toilettes/une cave/une buanderie/une véranda/un escalier/ un grenier/un balcon/un garage/une piscine/un jardin/une terrasse

Il y a deux/trois étages
Au sous-sol/Au rez-de-chaussée/Au premier étage/Au deuxième étage...
Dans le jardin il y a des arbres/des fleurs/une serre/une balançoire/une pelouse

---

2 Qui habite où?

a Écoute la cassette. Cinq personnes décrivent leur maison ou appartement. À quelle image correspond chacune des descriptions? Exemple: 1 = *a*

b Décris oralement un des dessins à ton/ta partenaire. Ton/ta partenaire doit choisir le numéro qui correspond à ta description. Utilisez les phrases dans le tableau pour vous aider.

À louer

Retrouve la maison que chacune de ces familles a louée en France.

Exemple: *Famille Leclerc* **3**

Famille Leclerc	**Famille Vachez**	**Famille Huet**	**Famille Etlin**
mère	mère	mère	mère
père	grand-père	fils (8 ans)	père
fille(14 ans)	grand-mère	fils (6 ans)	bébé (8 mois)
fils (17 ans)	fils (21 ans)	mère	
	fille (15 ans)	père	
	fille (17 ans)	fille (6 ans)	
		fils (2 ans)	
		fils (9 ans)	

1 **Ferme à la montagne.** Rez-de-chaussée: cuisine, salon, salle à manger, véranda, WC. Au 1er étage: 4 chambres à deux lits, salle de bains avec WC. Au 2ème étage: 2 chambres à deux lits. Jardin. Deux terrasses. Piscine.

2 **Maison à la campagne.** Rez-de-chaussée: salon/salle à manger, cuisine, 2 chambres à deux lits, douche, WC. Au 1er étage: deux chambres (dont une avec deux lits), salle de bains, WC. Jardin.

3 **Maison en centre-ville.** Rez-de-chaussée: salon/salle à manger, cuisine. Escalier très raide qui mène au 1er étage: deux chambres à deux lits, salle de bains et WC. Escalier très raide qui mène au 2ème étage: une chambre à un lit, douche et WC.

4 **Pavillon au bord de la mer.** Hall d'entrée, cuisine, douche/WC, salon/salle à manger, chambre avec deux lits et lit d'enfant. Jardin. Piscine.

Combien de pièces y a-t-il?

Écoute la cassette. On décrit des maisons. Copie la grille et remplis-la.

Maison	Chambres	Salle à manger	Salle de bains	Jardin	Terrasse	Avis
1	3	1	1	X	X	*pas assez de chambres*
2						
3						
4						
5						

Ma maison idéale

Ici un acteur français décrit sa maison idéale, mais sa description n'est pas complète. Recopie-la et complète-la. Comment est-ce que tu imagines cette maison idéale?

> Ma maison idéale se trouve dans le sud de la France, au bord de la mer, à cinquante mètres d'une plage privée. C'est une maison ultra-moderne à deux étages. Au rez-de-chaussée, il y a...

.....Ma chambre..........................

❻ À qui est cette chambre?

a Écoute la cassette. Quatre personnes décrivent leur chambre. Quelle chambre appartient à quelle personne? Copie la grille et remplis-la!

		Prénom	Chambre
Exemple:	**1**	Robert	c
	2		
	3		
	4		

b Lis cette description. Quelle image de l'exercice **a** correspond à cette chambre?

> Ma chambre est au troisième étage d'une vieille maison. Elle est assez grande. À gauche, il y a une armoire pleine de vêtements et, à côté, ma chaîne compacte. Dans le coin à gauche, il y a des étagères avec des livres. Il y a aussi des livres et des disques compacts par terre et sur le lit défait. Je déteste ranger ma chambre! Ma mère insiste toujours pour que ma chambre soit en ordre, mais je n'ai jamais assez de temps. Il y a toujours quelque chose de plus important à faire. Au mur, j'ai beaucoup de posters de chiens, de chats et de chevaux. Je les aime tous, mais ceux que je préfère sont les chats. J'ai aussi plusieurs bibelots sur ma table de nuit. Bien sûr, ce sont des chats. J'ai même une pendule avec un chat dessus.

> Dans la chambre, à gauche, il y a un/une/des/beaucoup de...
> à droite, il y en a un/une/beaucoup
> il n'y a pas de...
> il n'y en a pas
> au milieu de/au fond de/au-dessous de/au-dessus de
> devant/derrière/dans/sur/sous
> au mur/sur le plancher/par terre
> un lit/des lits superposés/une étagère/une chaise/un bureau/une table de chevet/une armoire/une commode/des rideaux/une moquette
> Les murs/les rideaux sont jaunes/verts/bleus/roses, etc.
> Je partage ma chambre
> Ma chambre est bien rangée/mal rangée/en désordre

7 Copie mon dessin!

Dessine une chambre. Décris ton dessin à ton/ta partenaire.

Exemple: *À gauche, au fond, il y a deux lits superposés qui sont défaits. Au fond, au centre il y a une fenêtre avec des rideaux marron et devant la fenêtre, il y a un vase plein de fleurs sur une table de chevet. À droite, à côté de la porte, se trouve l'armoire. Au centre de la chambre, il y a une table avec quatre livres. Au mur, à gauche, il y a un poster de moto.*

8 Quelle personne?

Choisis quelqu'un de célèbre. Comment tu imagines sa chambre? Justifie ta description.

Exemple: *Madonna a dix armoires et des glaces partout – elle est très vaniteuse.*

9 C'est comment chez toi?

a Choisis quelqu'un dans la classe avec qui tu ne travailles pas d'habitude et pose-lui les questions suivantes.

1 Est-ce que tu habites une maison ou un appartement?
2 Comment est-elle/il?
3 Combien de pièces y a-t-il en tout?
4 Combien y en a-t-il au rez-de-chaussée?
5 Et au premier étage?
6 Décris-moi ta chambre! Est-ce que tu partages ta chambre avec quelqu'un?
7 Est-ce que ta chambre te plaît?
8 Pourquoi?
9 Tu es content(e) de ta maison?
10 Pourquoi?

b Rédige les réponses de l'exercice **a** comme si c'était un article pour un magazine français. L'exemple suivant t'aidera.

Exemple:

> Susie habite une vieille maison au centre de Bristol. En tout, il y a neuf pièces. Au rez-de-chaussée, il y a un salon, une salle à manger, une cuisine, et un WC. Au premier étage se trouvent une salle de bains et quatre chambres. Susie ne partage pas sa chambre qui est assez grande. Les murs sont tapissés en papier peint jaune et les rideaux sont jaunes aussi. Ses parents ont décoré la chambre avec l'aide de Susie, il y a un mois. Dans sa chambre, Susie a une armoire, une table de chevet, une commode et des étagères. Elle a aussi un ordinateur qu'elle utilise pour faire ses devoirs et une télévision pour regarder ses émissions préférées. Les choses qu'elle aime le plus sont la télé et le poster d'un tigre qu'elle a accroché au mur. La chose qu'elle aime le moins est l'armoire parce qu'elle est très vieille et abimée.

L'usage du dictionnaire – 1

1 **Pouvez-vous m'aider... ?**

nom féminin

adjectif

prononciation

sympathie [sɛ̃pati] nf (inclination) liking (affinité) fellow feeling; (compassion) sympathy ◊ **j'ai de la ~ pour lui** I like him ◊ **sympathique** adj (personne) nice, friendly; (ambiance) pleasant ◊ **je le trouve ~** I like him ◊ **sympathisant, e** nm,f sympathizer ◊ **sympathiser** 1 vi to make friends; (fréquenter) to have contact (*avec* with).

nom masculin ou féminin

verbe

Monsieur, comment ça se prononce s'il vous plaît?

Ça se prononce sympathique.

Que veut dire sympathique en anglais?

Ça veut dire nice.

Madame, comment dit-on wallet en français?

On dit portefeuille.

Comment ça s'écrit ?

Ça s'écrit P-O-R-T-E-F-E-U-I-L-L-E.

C'est masculin ou féminin, le ou la, un ou une?

C'est masculin. Un portefeuille, le portefeuille.

2 Qu'est-ce que c'est en français?

Lis cet extrait, et réponds aux questions.

litre [litR(ə)] nm litre
1 **livre** [livR(ə)] nm book ◊ **~ de bord** ship's log; **~ d'or** visitors' book; **~ de poche** paperback.
2 **livre** [livR(ə)] nf (poids) = pound, half a kilo ◊ (monnaie) **~ sterling** pound sterling

a £ – c'est masculin ou féminin?
b 500g – c'est masculin ou féminin?
c *book* en français – c'est masculin ou féminin?

the = le (masculin), la (féminin)
a/an = un (masculin), une (féminin)

Comment dit-on en français:
d *a litre*   **e** *the book*   **f** *a pound*   **g** *a paperback?*

❸ Comment mieux apprendre

Pour bien apprendre il faut se concentrer... et faire des efforts.

a Répète les mots et les expressions à apprendre à haute voix.

b
- Fais la liste des mots et des expressions à apprendre avec l'équivalent en anglais à côté.
- Écris deux colonnes – version française à gauche, version anglaise à droite.
- Couvre la colonne gauche, et essaie d'écrire la version française.
- Corrige ta nouvelle liste en te référant à la liste originale.
- Continue à te tester jusqu'à ce que tout soit correct.

c Demande à quelqu'un (un copain, une copine, un parent) de t'interroger.

d Copie des mots ou des expressions sur des fiches en écrivant la traduction anglaise au verso. Mets-les dans tes poches. Sors-les de temps en temps en attendant le bus, en route pour l'école, *etc.* et entraîne-toi !

e
- Enregistre les mots et les expressions à apprendre sur une cassette.
- Laisse un blanc de deux ou trois secondes entre le français et son équivalent anglais.
- Tu vas pouvoir t'entraîner plus tard en réécoutant la cassette.

f
- Copie des mots ou des expressions avec leur équivalent en anglais sur des *Post-it*.
- Affiche-les un peu partout dans ta chambre... à côté de ton lit, sur ton miroir, sur la porte de l'armoire, *etc.*
- Tu les verras souvent et tu les apprendras plus facilement.

5 Mes heures de loisir ....

❶ Ce que je fais

a Écoute la cassette. Copie le texte et ajoute les détails qui manquent.

Le samedi je me lève assez tard, (1) _____ . Je me lave et je m'habille. En général, je retrouve Nicolas à (2) _____ à 11 heures moins 10. (3) _____ le bus jusqu'au centre-ville et nous descendons près du cinéma. Nous passons le reste de la matinée à (4) _____ . Nous commençons toujours par le (5) _____ où nous écoutons les nouveaux disques compacts. Quelquefois, Nicolas et moi en achetons (6) _____ parce qu'ils sont très chers. Nous allons aussi dans d'autres magasins et (7) _____ lèche-vitrine. Quand on a de l'argent, après un anniversaire ou quand (8) _____ du baby-sitting, on achète des vêtements, par exemple un jean ou un t-shirt. (9) _____ on mange dans un fast-food – nous avons un MacDonalds (10) _____ . C'est pas mal et c'est vite servi. L'après-midi, nous allons au cinéma (11) _____ pour voir un bon film d'horreur et s'il fait beau nous allons (12) _____ . Je rentre chez moi à l'heure (13) _____ . Je passe (14) _____ devant la télé sauf quand je fais du baby-sitting. En général, (15) _____ à minuit.

b Mets les images dans le bon ordre.

❷ Comment occupes-tu tes heures de loisir?

Écris une lettre à un/une ami(e). Explique-lui ce que tu fais pendant tes heures de loisir. Utilise l'exercice **1** pour t'aider.

❸ Interview d'une célébrité!

Travaille avec un/une partenaire. Trouve quelles sont les activités de loisir préférées de ton acteur/actrice favori(te). Prépare au moins trois questions à poser. Ton/ta partenaire jouera le rôle de l'acteur/l'actrice et inventera les réponses.

Est-ce que | tu veux | regarder la télé(vision)?
         | je peux |

Qu'est-ce qui passe ce soir sur TF1/France 2/France 3/M6/Canal+, etc.?
Qu'est-ce qu'il y a (à voir) sur la une/la deux/la trois, etc.?

un feuilleton (américain)/un (télé)film/un jeu (télévisé)/les actualités/les informations/la météo/un documentaire/une émission pour les jeunes/une émission de sports/une émission musicale/une émission de variétés/un débat (politique)/un dessin animé

Qu'est-ce que tu regardes à la télé?

a Copie la grille. Écoute ces trois personnes qui discutent des émissions de télévision. Indique la chaîne et l'émission qu'ils ont choisies et explique pourquoi.

	la chaîne choisie	l'émission choisie	pourquoi?
1			
2			
3			

France 3		Canal+		M6		arte	
20.50	Spécial questions pour un champion	**20.35**	Entre ciel et terre (*film*)	**20.50**	Loïs et Clark (*série*)	**20.40**	Transit (*magazine*)
22.55	Meurtre au 101 (*film*)	**22.55**	Garçon d'honneur (*film*)	**22.45**	Le domaine du crime (*film*)	**22.00**	La juive de Tolède (*tragédie*)

b Travaille avec un/une partenaire. Inventez une interview au sujet de la télévision. La personne **A** pose les questions et la personne **B** répond. Puis changez de rôle. Voici des questions et des réponses qui pourront vous aider.

Tu aimes... ?/Tu regardes souvent... ?/ Comment trouves-tu... ?/Qu'est-ce que tu penses de... ?/Quelle est ton émission préférée?/Pourquoi?/Quel genre d'émissions est-ce que tu n'aimes pas?/Qu'est-ce que tu as regardé hier soir?/Quelle était la meilleure émission d'hier soir?/Pourquoi?

Oui, j'aime bien ça!/J'adore ça!/Ça m'intéresse beaucoup!/Ça ne m'intéresse pas!/Je déteste ça!/J'ai horreur de ça!/Je trouve ça intéressant/ bête/ barbant, *etc.* parce que.../Mon emission préférée est/s'appelle.../J'ai regardé.../La meilleure émission était... parce que...

c As-tu répondu la même chose que ton/ta partenaire? Comparez vos réponses. Rédige un paragraphe sur tes émissions préférées.

...*Nous roulons sur l'or* ....

❺ Argent de poche

Lis cette lettre d'un ami français. Puis choisis la ou les bonne(s) réponse(s) aux questions ci-dessous.

> Tu me demandes dans ta dernière lettre si je reçois de l'argent de poche de mes parents et ce que je fais pour gagner de l'argent de poche. Eh bien, mes parents me donnent 50F par semaine, mais je ne travaille pas pour en gagner. Ils me donnent aussi des suppléments, si j'ai de bons résultats à l'école. Et, bien entendu, j'en reçois pour mon anniversaire et à Noël. Quand je vais au cinéma, à la piscine ou à la patinoire, mes parents me paient toujours l'entrée. Je dépense mon argent de poche en disques et en vêtements.

1 Ce garçon est   **a** paresseux   **b** travailleur   **c** gâté.
2 Ce garçon   **a** a de la chance   **b** n'a pas de chance.
3 Les parents du garçon sont   **a** avares   **b** généreux   **c** bêtes.
4 Il reçoit des suppléments quand   **a** il travaille mal au collège   **b** il travaille au cinéma   **c** il a de bonnes notes.
5 Ses parents paient   **a** ses vêtements   **b** son entrée à la patinoire   **c** son entrée à la piscine.

❻ À la maison, je dois travailler!

Je dois:

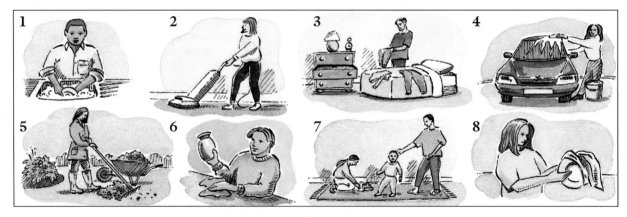

1 faire la vaisselle   4 laver la voiture   7 garder mes frères et soeurs
2 passer l'aspirateur   5 faire du jardinage   8 essuyer la vaisselle
3 ranger ma chambre   6 faire le ménage

> une/deux fois par semaine
> tous les jours/soirs

a Écoute la cassette. Quelle personne fait quel travail? Combien de fois par semaine font-elles ce travail? Copie cette grille dans ton cahier. Remplis-la en français.

		Nom	Activité	Nombre de fois par semaine
Exemple:	**1**	Paul	fait la vaisselle	trois fois
	2			
	3			
	4			
	5			

26

b Travaille avec un/une partenaire. Trouvez les réponses aux questions suivantes.
- Dans la classe, qui fait quel travail à la maison?
- Est-ce que les filles en font plus que les garçons?
- Quel travail est le plus détesté et pourquoi?

Présente les résultats sous forme de graphique et commente ton graphique par écrit.

7 Argent en plus

a Écoute la cassette. Qui fait quel travail – Céline, Pierre, Yannick, Vanessa, Pascal ou Émilie? Et combien gagne-t-il/elle? Copie la grille et remplis-la!

	Nom	Emploi	Salaire	Ça lui plaît?
1	Yannick	5	30F par semaine	oui
2				
3				

1 livrer les journaux
2 faire du baby-sitting
3 travailler comme caissier/caissière
4 travailler comme vendeur/vendeuse
5 travailler pour les parents (désherber le jardin, *etc.*)
6 travailler chez une coiffeuse.

Mes parents me donnent | ... livres par mois
Je reçois | ... francs par semaine/par heure
Je gagne
Pour gagner de l'argent (en plus) je travaille comme/dans...
Je dépense mon argent en...
Avec l'argent j'achète/je vais/je fais (des économies)...

b Travaille avec un/une partenaire. Le/la partenaire **A** est français(e), le partenaire **B** est un/une invité(e) anglais(e). Pour commencer, **A** pose les questions suivantes et **B** invente des réponses. Puis changez de rôles.

1 Est-il facile de trouver un petit boulot en Grande Bretagne/France?
2 Que fais-tu pour gagner de l'argent?
3 Où, quand et combien d'heures est-ce que tu travailles?
4 Tu gagnes combien?
5 Qu'est-ce que tu penses de ton job?
6 Pourquoi?
7 Quels sonts les meilleurs aspects de ton job?
8 Et les pires?

8 Ma réponse

Comment gagnes-tu ton argent? Réponds à la lettre de l'exercice **5**. Reçois-tu de l'argent de poche? Fais-tu du travail à la maison ou as-tu un travail à l'extérieur? Penses-tu qu'on te donne assez d'argent? Si tu n'as pas de petit boulot, explique pourquoi.

6 Qu'y a-t-il dans le coin?.....................

1 Ma ville

Est-ce qu'il y a un/une/des... près de chez toi? Il y a un/une/des... Il y en a (un/une)		un magasin/un supermarché/ une patinoire/un théâtre/ un centre sportif/une gare/ une gare routière/une banque/ une piscine/un bureau de poste/ un cinéma/un arrêt d'autobus
Le/La/L'... est Les... sont	à côté (tout) près (assez/très) loin à 200 mètres à 1 kilomètre	de	notre maison/appartement chez moi/nous

J'habite à cinq minutes (à pied/en voiture/en autobus) du/de la/de l'/des/d'un/d'une...
J'habite à.../J'habite une ville dans le sud/nord/nord-est/l'est/l'ouest/le centre, *etc.*
de l'Angleterre/de la France/du pays de Galles, *etc.*

2 À chacun son goût

Quatre personnes parlent de l'endroit où elles habitent. Qui préfère habiter en ville et qui préfère habiter à la campagne? Complète la phrase avec la personne correspondante.

- _____ aime habiter en ville/à la campagne.
- _____ n'aime pas habiter en ville/à la campagne.

Exemple: *Caroline aime habiter en ville.*

Caroline J'habite en ville. Ça me plaît beaucoup. Il y a beaucoup de magasins dans le coin. J'ai beaucoup de copains. Il y a toujours plein de choses à faire. Pour se déplacer il y a toujours plein d'autobus!

Jean-Marie C'est très tranquille ici à la campagne. Il y a beaucoup de bois et de champs où on peut se promener. On a un grand jardin et on peut avoir toutes sortes d'animaux, chats, chiens, lapins...

Marco Le bruit est épouvantable. Il y a trop de circulation. C'est sale, la ville! J'aimerais avoir un chien mais cela n'est pas permis dans l'immeuble où j'habite!

Céline *J'habite à la campagne. C'est vraiment barbant! Je n'ai pas assez de copains. Il n'y a rien à faire ici. La prochaine ville est à 30 kilomètres d'ici et il y a peu d'autobus.*

On peut aller	au cinéma/au théâtre/au centre sportif/au centre-ville/au centre commercial/dans les magasins/au casino/à la piscine/à la plage/à la patinoire/au musée/à la pêche/en boîte de nuit
On peut faire	des randonnées pédestres/du shopping/du patinage/du VTT/du judo/de l'équitation/de la natation/toutes sortes de sports/de la planche à voile/de la voile/du canoë-kayak

3 Mon quartier

a Écoute la cassette. Cinq jeunes Français parlent de leur quartier. Copie la grille et remplis-la!

	Nom	Endroit	Distance de sa maison	Autres détails
1	Martin	stade	5km	va voir des matchs de football et des compétitions d'athlétisme
2	Nathalie			
3	Jean-François			
4	Sophie			
5	Corinne			

b Travaille avec un/une partenaire. Préparez un dialogue à partir des questions suivantes. Apprenez-le par coeur.

Exemple: 1 *J'habite en Écosse.*

1 Dans quel pays est-ce que tu habites?
2 Dans quelle région du pays?
3 Tu habites en ville ou à la campagne?
4 Aimes-tu vivre là où tu habites?
5 Préférerais-tu habiter à la campagne ou en ville?
6 Pourquoi?
7 Quelle est la meilleure raison pour habiter dans ta région?
8 Le pire aspect de ta région, c'est quoi?

c Écoute la cassette. Quatre Français parlent de leur quartier. Écoute la cassette une deuxième fois et relie la phrase à la bonne personne.

1 Quelquefois, on va en boîte.
2 Il y a aussi une salle d'exposition.
3 Il n'y a pas grand-chose à faire.
4 On se retrouve chez des amis.
5 Il y a une soirée disco pour les jeunes tous les vendredis soirs.
6 On peut pratiquer une grande variété de sports.
7 Il y a aussi un petit cinéma.
8 Il y a quand même des magasins qui sont assez bien.

Personne	Phrase n°.
Élodie	
Catherine	
Bruno	1
Marc	

....Qu'est-ce qu'on peut faire? ....

4 Un article

Écris un article sur ta région ou sur ta ville idéale. Fais une liste des éléments qui, à ton avis, sont importants pour avoir une vie agréable. Est-ce que tu préfères la tranquillité de la campagne ou le vacarme de la ville? Préfères-tu le cinéma et les magasins ou les forêts et les rivières?

5 Qui a visité Portsmouth?

Trois Français ont envoyé des cartes postales d'Angleterre. Qui a visité Portsmouth?

1

Nous sommes ici depuis trois jours. Nous avons visité le jardin très célèbre d'une grande maison et la vieille ville. C'est très joli mais, à part ça, il n'y a pas grand-chose à voir. Demain, nous allons à Windsor pour visiter «Windsor Castle».

Mlle Anny Morice
19 rue de Verdun
44000 Nantes
France

2

On passe d'excellentes vacances. Le paysage est superbe et j'adore les petits villages cachés entre les collines. Nous avons passé la journée au lac, je ne sais pas lequel, il y en a dix ou douze dans la région. Paul a fait de la voile.

Michel Bogart
54 rue de Bel-Air
44200 Rezé
France

3

C'est notre deuxième jour ici, mais nous avons déjà fait beaucoup de choses. Hier, nous sommes allés au chantier naval où nous avons visité de vieux bateaux. C'était passionnant. Tu sais, le plus récent date du dix-neuvième siècle. Les deux autres sont plus vieux que ça. Aujourd'hui nous allons à la plage.

Mélanie Duval
Appt. 256
rue de la Rochelle
La Tranche-sur-Mer
France

6 Ma région

Travaille avec un/une partenaire. Inventez une publicité sur votre région pour la radio française. Choisissez le public à qui vous destinez cette publicité, par exemple les familles avec jeunes enfants de quatre à six ans, ou les adolescents.

7 La Maison des Sports

Écoute la cassette. Un jeune Français parle du centre sportif de sa ville. Réponds à ces questions:

Exemple: 1 *Il habite Clermont-Ferrand.*

1 Où habite ce garçon?
2 Qu'est-ce qu'on peut faire à la Maison des Sports Municipale?
3 Quelles sont les trois catégories de personnes qui peuvent utiliser la Maison des Sports?
4 Combien de fois par semaine ce garçon va-t-il à la Maison des Sports?
5 Quels sports fait-il?
6 Quelles sont les heures d'ouverture de la Maison des Sports?
7 Qu'est-ce qu'on peut faire si on n'est pas sportif?

8 Au centre sportif

a Travaille avec un/une partenaire. Inventez un dialogue. La personne **A** est un touriste britannique qui veut réserver trois terrains au Tennis Club d'Alençon. Il/Elle ne veut jouer que le matin. La personne **B** est un/une employé(e) du club. **A** ferme son livre. **B** regarde le tableau ci-dessous.

Personne A

– Vous avez un court de libre **lundi matin** vers **9** heures?
– Peut-être **mardi** matin?
– Voulez-vous me le réserver, s'il vous plaît?
– Smith. S—m—i—t—h.

Personne B

– Non, il n'y en a pas **ce matin-là.**
– Oui, il y en a un à... heures.
– C'est à quel nom?
– Merci, Monsieur/Madame.

	Le Tennis-Club d'Alençon				
	lundi	**mardi**	**mercredi**	**jeudi**	**vendredi**
9h	Legros		Durand	Martin	Gilles
10h	Villibord	Fournier	Hérault	Lacroix	
11h	Seguin	Cambier			France
12h	Marron		Rouxeville		Leblanc

b Rédige une brochure d'information pour le centre sportif de ta ville. Il faut donner des renseignements sur les heures d'ouverture, les activités disponibles, et les équipements de sport.

c Réponds à ces questions sur ton centre sportif:

1 Pourquoi aimes-tu aller au centre sportif?
2 Pourquoi le préfères-tu aux autres centres?
3 Qu'est-ce qui manque dans les autres centres?

7 Mes habitudes

1 **Quel désordre!**

Voici la journée de M. Menguy en images. Malheureusement, les images et les légendes sont dans le désordre. Remets-les dans le bon ordre. Écoute la cassette pour vérifier si tu as raison et écris la bonne légende dans ton cahier.

1 M. Menguy dort.
2 M. Menguy regarde son réveil et se lève.
3 Il se rase.
4 Il se douche.
5 Il se dépêche d'aller au travail.

6 Il s'habille.
7 Il dîne.
8 Il se promène.
9 Il prend son petit-déjeuner.
10 Il achète une bouteille de vin chez Leclerc.

se lever (Je me lève)	se laver (Je me lave)
s'habiller (Je m'habille)	se doucher (Je me douche)
se baigner (Je me baigne)	se raser (Je me rase)
se maquiller (Je me maquille)	se dépêcher (Je me dépêche)
se déshabiller (Je me déshabille)	se peigner (Je me peigne)
s'appeler (Je m'appelle)	se brosser les dents (Je me brosse les dents)

2 **Quelle est ta routine journalière?**

a Discute avec ton/ta partenaire et décide lequel de vous deux:

- a le style de vie le plus sain.
- a la journée la plus stressée.

Utilisez les questions et réponses suivantes pour vous aider.

À quelle heure est-ce que tu te lèves? *Je me lève à...*
Où est-ce que tu t'habilles? *Je m'habille dans...*
Prends-tu un petit-déjeuner? *Oui, je mange (du pain grillé).*
Arrives-tu à l'école à l'heure? *Non, je suis toujours en retard!*
Où est-ce que tu prends ton déjeuner? *Je le prends (à l'école).*
À quelle heure te couches-tu? *Je me couche (à 11 heures).*

b Écoute la cassette. Une Française décrit ce qu'elle fait avant d'aller au travail. Complète les phrases 1 à 9 en français.

Je m'appelle Marie. (1) _____ , je me lève à (2) _____ . Je vais (3) _____ à 7 heures 27. Je me douche (4) _____ . À (5) _____ je retourne dans ma chambre où (6) _____ , je me maquille et (7) _____ . Je descends à la cuisine et je prends mon petit-déjeuner (8) _____ . Je quitte (9) _____ à 9 heures moins le quart. J'arrive au travail à 9h00.

3 Une lettre

a Un ami français t'a écrit. Il décrit sa routine journalière. Lis sa lettre, puis les phrases ci-dessous. Sont-elles vraies ou fausses? Si une phrase est fausse, corrige-la.

> Dans ta dernière lettre, tu m'as demandé quelle était ma routine journalière. Eh bien, voici comment je passe mes journées. Pendant la semaine, quand j'ai cours, je dois me lever à six heures. Le réveil sonne à 5 heures 50 et je me réveille doucement. À 6 heures je me lève et je vais dans la salle de bains prendre une douche, me raser et me laver les cheveux. Une fois que je me suis séché les cheveux, je retourne dans ma chambre où je m'habille et je me peigne.
>
> Quand je suis prêt, je descends dans la cuisine où mes parents prennent le petit-déjeuner. Je prends des céréales et je bois un café. Après avoir mangé, je remonte pour me laver les dents. Ensuite, j'ai juste le temps de faire mon lit avant de quitter la maison, à 7 heures 10. Je prends le bus pour le lycée et j'y arrive à 7 heures 45, mais ça dépend de la circulation. Les cours commencent à 8 heures. En général, je finis vers 5 heures. J'arrive chez moi avant 6 heures et je fais mes devoirs pour le lendemain. Nous mangeons vers 8 heures et j'aide en faisant la vaisselle, après le repas. Les jours où j'ai cours le lendemain, je retourne dans ma chambre pour continuer mes devoirs et puis je regarde la télé jusqu'à 11 heures. Ensuite je me couche et je lis pendant quelques minutes avant de m'endormir. Et toi? Quelles sont tes habitudes?

Exemple: 1 *Faux. Il sonne à 5 heures 50.*

1 Le réveil sonne à 7 heures.
2 Il prend le petit-déjeuner avant de se laver les cheveux.
3 Il quitte la maison un peu après sept heures.
4 Il va à l'école à pied.
5 Il arrive chez lui un peu avant le dîner.
6 Il aide à faire la vaisselle de temps en temps seulement.
7 Quand il a cours le lendemain, il ne fait pas ses devoirs.
8 C'est un garçon très sérieux.
9 Il a une vie intéressante.

b Écris une réponse à sa lettre.

....Qu'est-ce que tu as fait? ....

4 Le week-end dernier

Écoute la cassette. Deux jeunes Français, Richard et Martine, décrivent leur week-end.
Copie la grille et remplis-la!

RICHARD	Activités sportives (+ heures)	Repas (+ heures)	Activités à la maison (+ heures)
samedi **dimanche**	*foot à 10h*	*petit-déjeuner à 8h30*	*télé à 9h15*
MARTINE			
samedi **dimanche**			

Exemple:

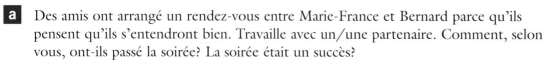

J'ai Je n'ai pas	acheté/visité/travaillé/mangé/bu/fait... joué/décidé/vu/lu/écrit/pris...
Je suis Je ne suis pas	allé(e)/arrivé(e)/resté(e)/sorti(e)... parti(e)/rentré(e)...
Je me suis Je ne me suis pas	levé(e)/couché(e)/amusé(e)/douché(e)... habillé(e)...

5 Une rencontre arrangée

a Des amis ont arrangé un rendez-vous entre Marie-France et Bernard parce qu'ils pensent qu'ils s'entendront bien. Travaille avec un/une partenaire. Comment, selon vous, ont-ils passé la soirée? La soirée était un succès?

b Imaginez ce que Marie-France ou Bernard racontent à leur meilleur(e) ami(e), le lendemain de leur rendez-vous. Voici ce que Marie-France et Bernard auraient pu faire ensemble ainsi qu'une liste des qualités et des défauts qu'ils peuvent avoir. À vous de choisir!

Activités	Qualités et défauts
aller au cinéma	gentil(le)
manger au MacDo	sympathique
aller regarder un match de foot	timide
aller jouer au billard	égoïste
aller à la piscine	méchant(e)
faire une promenade	casse-pieds
rester à la maison	snob
faire du babysitting	chouette
écouter des disques compacts	drôle
aller au café	bête
aller en boîte	mignon(ne)

6 Ce que j'ai fait

a Dans cette description, il y a huit erreurs. Recopie dans ton cahier les phrases où il y a une erreur, puis écris la phrase correcte. Les mots corrects qu'il faut utiliser sont:

| télévision cadeau football restaurant pris couchée train shopping |

Le week-end dernier était très spécial car c'était le week-end de mon anniversaire. Samedi matin, je suis allée au lycée mais je suis rentrée vers 12 heures et immédiatement mes parents et moi avons pris le petit déjeuner pour Paris. Nous sommes arrivés à une heure et nous sommes allés tout de suite dans un théâtre où ils m'ont offert un superbe repas d'anniversaire. L'après-midi, nous avons fait du babysitting et j'ai acheté une nouvelle robe (un cadeau de ma mère) et une paire de chaussures (un frère de mon père). Nous avons acheté le train de 6 heures et nous sommes rentrés à la maison. J'ai vite mangé et puis mon amie Christine est arrivée et nous sommes allées en boîte. Je suis rentrée vers une heure et je me suis levée tout de suite. Dimanche matin, je suis allée dans un centre hippique où j'ai fait de l'équitation pendant deux heures. L'après-midi, je suis allée avec un groupe d'amis au stade pour voir un match de piscine. Je suis rentrée chez moi vers 7 heures et j'ai dîné. Le soir, je suis restée chez moi et j'ai regardé la radio.

b Étudie le passage ci-dessus pendant deux minutes. Maintenant, raconte à ton/ta partenaire ce qui s'est passé, si possible sans regarder le texte.

Exemple: *Puisque c'était son anniversaire, la fille...*

7 L'histoire d'un week-end

Raconte par écrit ce qui s'est passé le week-end dernier en utilisant les dessins suivants.

Exemple: *J'ai dormi jusqu'à huit heures, puis mon père m'a réveillé...*

8 L'éducation ·····························

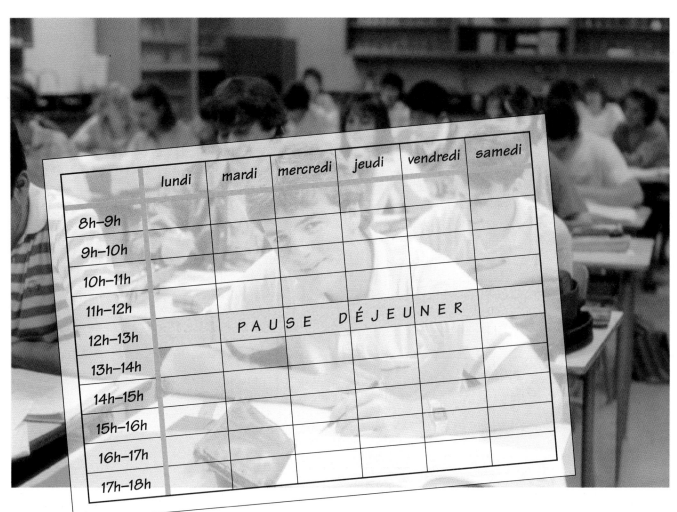

	lundi	mardi	mercredi	jeudi	vendredi	samedi
8h–9h						
9h–10h						
10h–11h						
11h–12h						
12h–13h		P A U S E	D É J E U N E R			
13h–14h						
14h–15h						
15h–16h						
16h–17h						
17h–18h						

1 Mon emploi du temps

 a Écoute la cassette. Pierre parle de son emploi du temps. Copie l'emploi du temps ci-dessus et remplis-le.

> J'apprends le français/l'histoire, *etc.*
> Je fais de la gym/du sport, *etc.*
> J'aime/j'adore l'EMT/l'EPS/l'éducation civique/les sciences nat., *etc.*
> Je suis fort(e) en.../Ma matière préférée est...
> Je trouve ça intéressant/amusant/facile/passionant/génial
> Je trouve ça difficile/ennuyeux/compliqué car...
> À mon avis le/la/l'/les... est/sont intéressant(e)(s)/difficile(s)/ennuyeux/ennuyeuse(s) car...
> Je n'aime pas.../Je déteste.../Je suis faible/nul(le) en...
> Je ne brille pas en...
> Le/la/l'/les... , ce n'est pas mon point fort

b Par écrit, compare ton emploi du temps et l'emploi du temps français de l'exercice **a**.

Exemple: *Malheureusement, je fais trois heures de maths; mais c'est pire en France, car on en fait cinq heures.*

Quelle est ta matière préférée?

Écoute ces cinq jeunes Français qui parlent de leurs matières préférées et de celles qu'ils aiment moins. Copie la grille dans ton cahier. Remplis-la.

	Matière	♥	💔	Raison
1	économie	✓		c'est facile
	physique		✓	c'est pas mon point fort
2				
3				
4				
5				

Et tes amis?

Quelles matières préfèrent tes amis? Fais un sondage dans ta classe pour savoir quelles sont les matières préférées de tes camarades et pourquoi. Ensuite, présente les résultats dans un graphique ou rédige un article pour expliquer pourquoi ces matières sont si appréciées.

Comme je déteste la géographie!

Voici trois jeunes Français qui racontent pourquoi ils aiment ou n'aiment pas certaines matières. Après avoir lu ces trois déclarations, discute avec ton/ta partenaire et donne-lui ton avis sur les différentes matières. Ensuite, changez de rôle.

1 François

La géographie est la matière que je préfère car j'aime être bien informé sur le monde qui m'entoure. En plus, j'ai envie de faire le tour du monde quand j'aurai mon bac. Je m'intéresse beaucoup aux différentes cultures et je voudrais habiter à l'étranger.

2 Marianne

La matière que je déteste le plus est l'histoire. C'est barbant! Le prof m'énerve car il a une voix très ennuyeuse et je mélange toutes les dates. Les cours sont pénibles et il me semble qu'ils durent des heures et des heures au lieu de 50 minutes. Tu auras compris que je ne brille pas en histoire, et je suis sûre que je désespère le prof.

3 Sandrine

La matière qui me plaît le plus est le dessin car on se sert de son imagination. Je préfère travailler avec mes mains et j'adore voir une peinture évoluer au fur et à mesure des cours.

Mon collège

5 Voici mon collège

Travaille avec un/une partenaire. Regardez la photo et répondez aux questions suivantes.

1 Combien d'élèves y a-t-il sur la photo?
2 Est-ce qu'ils arrivent ou est-ce qu'ils partent?
3 Quel âge ont-ils?
4 Qu'est-ce que tu penses du bâtiment?
5 Qu'est-ce que les élèves portent comme vêtements?
6 Comment trouves-tu leur façon de s'habiller?

6 L'uniforme scolaire

Écoute la cassette. Trois jeunes Français, Eric, Marie-Claude et Louise, parlent de ce qu'ils portent à l'école, expliquent pourquoi et disent ce qu'ils pensent de leurs vêtements.

a Qui a fait les observations suivantes? Associe un nom à chaque observation.

1 C'est très pratique et je ne pense jamais à ce que je dois porter.
2 Je peux choisir chaque jour ce que je pense être le plus pratique.
3 Je trouve que c'est difficile de choisir mes vêtements chaque matin.

b 1 Fais une liste des vêtements portés par chacun des Français interrogés.
2 Rédige un paragraphe sur ce que les Français interrogés pensent de leurs vêtements.

Exemple: *Eric porte... parce que... Marie-Claude considère que...*

Je porte un uniforme scolaire/Je ne porte pas d'uniforme	
Il faut porter	une jupe/un pantalon/une robe/une chemise/un chemisier/ un gilet/un blazer/un pull/un sweat/une cravate/un chapeau/ une casquette/des chaussures/des chaussettes/un collant/
Je porte	un t-shirt/un veston/un blouson/un jean/des chaussures de sport

bleu(e)(s)/jaune(s)/noir(e)(s)/blanc(he)(s)/vert(e)(s)/brun(e)(s)/rouge(s)/rayé(e)(s)/à carreaux

c Travaille avec un/une partenaire. Inventez un dialogue à partir des questions suivantes. Puis, changez de rôle.

1 Qu'est-ce que tu portes à l'école?
2 Que penses-tu de l'idée d'un uniforme?
3 Si tu avais le choix, que porterais-tu à l'école? Pourquoi?
4 Pour quelles raisons est-ce qu'on vous oblige à porter un uniforme en Angleterre?
5 Qu'est-ce que tu penses du système français où l'uniforme n'est pas obligatoire?

Les équipements et les activités

Il y a deux erreurs dans le texte ci-dessous. Lis le texte et regarde les photos. Si nécessaire, réécris le texte en le corrigeant.

Mon école s'appelle le Collège Guy de Maupassant. Elle est en centre-ville, mais les élèves viennent aussi des alentours. Ça veut dire qu'il y a au moins mille cinq cents élèves. Les bâtiments sont grands et comportent quatre étages. On y étudie toutes les matières: histoire, géo, maths, français, anglais, sciences, *etc.* Malheureusement, en ce moment on n'a pas la possibilité de faire de l'informatique. Cependant, on a évidemment tous les autres équipements, comme les laboratoires de sciences. Dans le gymnase, on fait du basket, du volley et du handball. On joue aussi au rugby et au football, mais dans la cour car nous n'avons pas de terrain de sports.

> Mon collège est vieux/moderne/énorme/petit/délabré/en bon état/bien équipé/mal équipé
> Il y a quatre bâtiments/deux étages/un gymnase/un centre sportif/un terrain de sports/un atelier/ une salle d'ordinateurs/un laboratoire de langues, *etc.*
> Il y a un club de théâtre/de football/de basket/de volley/de rugby/de danse/de musique/d'échecs, *etc.*

Un reportage

Sur une cassette, enregistre un reportage sur ton collège. La cassette est destinée aux élèves d'un collège français. Dans ce reportage, tu donneras aussi ton avis. Il doit durer au moins une minute.

1 **Les deux correspondantes**

Argentan, le 3 mai

Chère Sam,

Je suis très contente d'avoir une correspondante qui a les mêmes goûts que moi. Ça me change beaucoup de ma première correspondante anglaise. Quand j'avais 14 ans, j'avais une corres, Emma, qui habitait dans le Dorset. Elle avait le même âge que moi, mais ça n'a pas marché, parce qu'elle s'intéressait à la musique pop (ce qui ne m'a jamais intéressée). Elle m'envoyait des magazines pleins de photos de chanteurs et de groupes mais moi, bien sûr, je les jetais à la poubelle. Ce qui m'a étonnée un peu, c'est qu'elle ne semblait pas s'intéresser à l'école, mais parlait tout le temps de sortir avec ses copains, d'aller au pub ou au club des jeunes. Qui plus est, elle n'était pas sportive comme nous le sommes toutes les deux. Elle travaillait dans une boutique le weekend et j'ai l'impression qu'elle dépensait tout son argent en cigarettes, alcool, produits de beauté et vêtements. Bien entendu, ce n'est pas mon style!
Elle ne connaissait pratiquement pas un mot de français et m'écrivait toujours en anglais. Ça ne m'a pas trop dérangée puisque ça m'a aidée à perfectionner mon anglais, mais je préfère écrire parfois en anglais parfois en français, comme nous le faisons, nous.

Amitiés
Brigitte

a C'est vrai ou c'est faux? Si c'est faux, corrige la phrase!

Exemple: *La première correspondante de Brigitte avait 13 ans.*
C'est faux. Elle avait 14 ans.

1 Brigitte préfère Emma à Samantha.
2 Elle a été déçue par sa correspondante Emma.
3 Brigitte partage les goûts de Samantha.
4 Emma était plus âgée que Samantha.
5 Emma aimait l'école.
6 Samantha est sportive.
7 Brigitte a gardé les magazines qu'elle recevait de sa première correspondante.
8 Brigitte n'admirait pas du tout Emma.
9 Emma était forte en français.
10 Samantha écrit seulement en anglais.

b Quels sont les avantages d'avoir un(e) correspondant(e) à l'étranger? Fais-en une liste.

Exemple: 1 *Perfectionner la langue.*
2 *Pratiquer le français,* etc.

2 Vous avez envie d'avoir un chien?

Voici un dépliant de la SPA (Société Protectrice des Animaux).

1 Les chiens ont besoin de compagnie et d'attention. Ils ne doivent pas être laissés seuls plus de quatre heures de suite. Est-ce que les humains restent à l'école ou au travail toute la journée? Les chiens laissés seuls à la maison finissent par s'ennuyer et aboient à longueur de journée. Les abandonner lorsqu'ils peuvent en souffrir (mentalement aussi bien que physiquement) est illégal.

2 Qui paiera? Les chiens reviennent cher. Il faut les nourrir, les faire vacciner et les soigner lorsqu'ils sont malades, les assurer, les faire garder pendant les vacances, sans compter les jouets, paniers, laisses et colliers, et autres accessoires. En 1993, on considérait qu'un corniaud de taille moyenne revenait, pendant 15 ans, à environ 70 000 F au total.

3 Les chiens ont besoin, au minimum, d'une ou deux longues promenades par jour. Ceci prend du temps et vous ne pouvez pas y échapper, même s'il pleut, s'il fait froid ou s'il neige.

4 Les chiens doivent être nourris à la même heure chaque jour. Votre famille n'est-elle pas trop occupée? Si vous partez le week-end, pouvez-vous emmener le chien avec vous?

...??POURTANT, JE NE SUIS PAS UN JOUET.

5 Votre jardin est-il convenablement clôturé? Tenez-vous essentiellement aux fleurs et aux légumes qui s'y trouvent? Êtes-vous prêts à nettoyer ce que le chien aura fait chaque jour?

Lis les conseils de la SPA à propos des chiens. Étudie la situation de chacune des personnes ci-dessous. Selon toi, devraient-ils avoir un chien? Essaie de justifier tes réponses.

Exemple: *Les Marsaud ne devraient pas avoir un chien parce que...*

1 Les Marsaud habitent un appartement au cinquième étage d'un immeuble en plein centre-ville. Il n'y a pas de parcs à proximité.

2 M. Junaud est veuf. Il habite une maison en banlieue. Il a soixante-dix ans, mais il est toujours en bonne santé. Il n'est pas riche, mais il a suffisamment d'argent pour vivre confortablement.

3 Pierre et Jeanne habitent en banlieue. Ils ont tous les deux un bon emploi et gagnent beaucoup d'argent. Ils travaillent loin de chez eux et doivent quitter la maison de très bonne heure le matin. Ils rentrent, épuisés, très tard le soir.

4 La famille Argaud se compose de Mme Argaud, Cyril, neuf ans, Anne-Laure, six ans, et la mère de Mme Argaud. Pendant que Mme Argaud est au travail, grand-mère est là pour faire les courses, cuisiner et pour accompagner la petite à l'école et aller la chercher. Mme Argaud reçoit un assez bon salaire et sa mère touche une allocation retraite.

5 Marie habite toute seule. Elle est handicapée et ne peut pas marcher. Il est vrai qu'elle passe de longues heures toute seule chez elle, mais elle se déplace sans trop de problèmes grâce à un fauteuil roulant et elle fait de longues promenades. Elle se débrouille bien à la maison. Elle a des copains qui lui rendent souvent visite.

6 M. et Mme Lenoir ont 55 ans. Leurs deux fils sont mariés, et leur fille est à l'université. Ils travaillent tout près de chez eux. Leur passe-temps préféré c'est le jardinage. Ils sont très fiers de leur jardin et y cultivent plein de fleurs et de légumes. Ils se fâchent souvent quand leurs petits-enfants viennent jouer dans le jardin, car ils ont tendance à tout abîmer.

Projet
1

Prenons contact avec le Québec
Le scénario

Ton collège vient de recevoir un paquet du Québec. Dedans, il y a une lettre, un petit dossier d'information et une cassette. Huit étudiants canadiens (filles et garçons) accompagnés de leur prof veulent faire un échange.

Salut/Hi

Je m'appelle Benoît et j'ai 16 ans. Je suis canadien et j'habite dans la petite ville de Chicoutimi. Mes copains et moi (huit en tout, plus notre prof) voudrions passer cinq jours chez vous et plus tard vous pourriez, à votre tour, nous rendre visite ici au Canada. Avec cette lettre, il y a une cassette avec des détails sur chaque personne, les informations qu'on veut, et aussi un petit dossier d'information. Dans le dossier, il y a un brochure sur le Québec. (Nous n'avions pas le temps d'en préparer une nous-mêmes mais peut-être que vous pourriez préparer une brochure de votre région pour nous.) On a inclus aussi une description d'une journée typique d'un jeune Canadien et une photo d'une maison de notre région; nous sommes sûrs que nos maisons sont bien différentes des petites chaumières que vous habitez! Finalement, il y a une photo de moi.

À bientôt
Benoît

Les tâches

- D'abord, lisez les informations envoyées par les Canadiens et écoutez la cassette. Vous allez préparer un dossier pour envoyer aux Canadiens.

- Qui va accueillir les jeunes Canadiens? Choisissez les huit élèves dans votre classe qui s'entendraient le mieux avec eux (mêmes intérêts, *etc.*). Et quel(le) prof s'entendrait le mieux avec le prof canadien?

Les huit élèves sélectionnés
- Préparez une cassette de présentation pour votre correspondant(e) canadien(ne) – un portrait de vous-même. Donnez des détails sur votre famille, vos intérêts, *etc.*

Les autres élèves
- Préparez un dossier d'information sur votre région et votre collège. Notez les différences que les Canadiens vont éprouver.

- Établissez un programme d'activités pour les cinq jours de leur séjour. Tenez bien compte de leurs intérêts. Qu'est-ce qu'ils aiment faire?

- Écrivez une lettre aux Canadiens pour joindre au dossier (comme celle de Benoît).

- Comparez votre routine quotidienne avec celle d'Anne.

Ma routine quotidienne

Le vendredi je me lève à 7h00. Je prends ma douche et je m'habille. Je prends mon déjeuner – des céréales, des rôties, un jus d'orange. J'enfile une paire de jeans avec un t-shirt. Je prends l'autobus scolaire au coin de ma rue. J'arrive à l'école où je dis bonjour à mes amis.

À 8h40 je vais au casier déposer mon manteau et mes bottes et prendre mes livres pour mon premier cours qui commence à 8h45. J'entre en classe. À 9h40 la cloche sonne et nous avons cinq minutes pour aller au casier et pour arriver au prochain cours. À 10h45 nous avons une récréation de 15 minutes. Après la récréation nous avons un cours et puis à midi, nous dînons – dans ma boîte à lunch il y a des crudités, un sandwich au jambon, un yogurt, un fruit et un jus pur.

Nous recommençons l'après-midi à 1h15 et nous avons un cours suivi par une récréation de 15 minutes. Le dernier cours de l'après-midi commence à 2h30 et dure une heure.

Quand les cours finissent à 3h30 nous partons magasiner au centre-ville. Ensuite, nous nous arrêtons souper à la rôtisserie vers 6h où je rencontre mon chum. Par la suite, nous allons, tous, au cinéma à 8h. En sortant du cinéma nous allons chez une des filles de la gang pour parler, rire et raconter des blagues. À minuit, je retourne à la maison.

Anne

Canadien	Français
rôtie	pain-grillé
déjeuner (m)	petit-déjeuner (m)
dîner	prendre le déjeuner
boîte à lunch (f)	panier-repas (m)
souper (m)	dîner
gang (f)	bande (d'amis) (f)
chum (m)	petit-copain (m)

Informez-vous

De par le monde...
Il est possible d'obtenir de l'information supplémentaire sur la région de Québec auprès des différentes délégations gouvernementales du Canada et du Québec à travers le monde. Les conseillers de ces délégations sauront vous fournir les renseignements utiles et nécessaires à la préparation de votre voyage chez-nous.

...et dans la région !
Pour des informations touristiques sur la région de Québec communiquez avec l'Office du tourisme et des congrès de la Communauté urbaine de Québec.

Par téléphone   (418) 692-2471 ou 651-2882
               1 800-363-7777 (Tourisme Québec)

Par écrit   Office du tourisme et des congrès
            de la Communauté urbaine de Québec
            60, rue D'Auteuil
            Québec (Québec) G1R 4C4
            Télécopieur : (418) 692-1481

Au comptoir Vieux-Québec   Vieux-Québec
            Bureau d'information Maison du Tourisme
            60, rue D'Auteuil   12, rue Sainte-Anne

            Sainte-Foy
            Bureau d'information
            3005, boul. Laurier

Il y a d'autres bureaux d'information permanents dans la région, notamment à l'Île d'Orléans, à Sainte-Anne-de-Beaupré, à Cap-Santé et à Saint-Raymond.

Demandez-les !
Il existe des guides concernant l'hébergement, les forfaits offerts ou traçant un profil détaillé de la région de Québec. Demandez-les et préparez-vous à vivre une expérience inoubliable.
• Guide et carte touristiques
• Guide d'hébergement

Congrès et voyages d'affaires
Les conseillers de l'Office du tourisme et des congrès de la Communauté urbaine de Québec et des délégations gouvernementales à l'étranger sont en mesure de vous aider dans l'élaboration et l'organisation de votre congrès, réunion ou convention que vous planifiez dans la région de Québec. N'hésitez pas à profiter de leur expérience et de leur expertise développées au fil des ans. À ce propos, veuillez noter qu'un tout nouveau centre des congrès sera inauguré à l'automne 1996.

Dépôt légal - 2ᵉ trimestre 1995

Une collaboration de   Industrie Canada
                  Tourisme
                  Région du Québec   Canadä

Une production de

Office du tourisme et des congrès de la Communauté urbaine de Québec

Québec, ville candidate pour la tenue des Jeux Olympiques d'hiver de 2002

9 Renseignez-vous! ....

1 Au Syndicat d'Initiative

 a Regarde les photos ci-dessous et écoute la cassette. Indique quelle photo correspond à quel passage.

Exemple: 1 = *c*

 b Lis les phrases suivantes et écoute la cassette encore une fois. Choisis la bonne réponse (**a**, **b** ou **c**). Ensuite, écris la phrase complète.

Exemple: 1 *Pour trouver l'Office de Tourisme dans une ville française, on cherche le panneau portant l'inscription 'Syndicat d'Initiative'.*

1 Pour trouver l'Office de Tourisme dans une ville française, on cherche le panneau portant l'inscription
 a Hôtel de Ville
 b Commissariat
 c Syndicat d'Initiative.

2 On trouve un Syndicat d'Initiative
 a dans la banlieue d'une ville
 b au centre-ville
 c dans un centre commercial.

3 On peut y trouver
 a les horaires de cars
 b les billets de train
 c les cartes postales.

4 On peut y trouver des renseignements sur
 a les émissions de télévision
 b les concerts
 c les journaux.

5 En général, on peut y obtenir
 a une liste des magasins
 b des adresses d'hôtels
 c une liste des rues principales.

Avez-vous	un plan	de la ville?
Je voudrais	une liste	de restaurants
Je cherche		d'hôtels
		de campings
		de monuments historiques
		de chambres d'hôte
		des endroits intéressants

une carte de la région
un dépliant sur la ville/la région
un horaire des bus/trains
des renseignements sur les concerts/les musées/les spectacles

Combien ça coûte?	C'est... francs
	C'est gratuit

À votre service!

Écoute ces trois personnes dans un Syndicat d'Initiative. Copie la grille et remplis-la!

	Qu'est-ce qu'il/elle veut?	**Combien ça coûte?**
Exemple: **Personne 1**	un horaire des trains	gratuit
Personne 2		
Personne 3		

Je peux vous aider?

Travaille avec un/une partenaire. Inventez des dialogues. La personne **A** est employé(e) du Syndicat d'Initiative, la personne **B** est touriste. **B** demande les choses illustrées ci-dessous.

Exemple: **A** *Bonjour monsieur/madame. Je peux vous aider?*
B *Pouvez-vous me donner une liste des restaurants, s'il vous plaît?*
A *Oui, bien sûr.*
B *C'est combien?*
A *C'est gratuit/c'est 11F50, monsieur/madame.*

Pour se mettre en contact

4 Avant la visite

a Lis ce passage et complète les phrases.

> Si tu vas visiter une ville française, avant ton départ, écris au Syndicat d'Initiative de la ville en question. Si tu vas visiter toute une région, écris au Syndicat du chef-lieu, c'est-à-dire, de la ville principale. Si tu n'en connais pas l'adresse exacte, mets tout simplement le nom de la ville (de préférence avec le code postal de la ville ou du département). Ne t'inquiète pas: ta lettre arrivera à destination!

1 Avant le séjour on peut écrire _____.
2 Le chef-lieu, c'est _____ de la région.
3 Si on ne connaît pas l'adresse, on peut écrire _____.
4 Le _____ de la ville ou du département est important.

Je vous serais très reconnaissant(e) de m'envoyer Pourriez-vous m'envoyer Je voudrais recevoir J'aimerais aussi	une liste d'hôtels, un dépliant en anglais des renseignements sur... , etc.
Je voudrais aussi savoir	ce qu'on peut faire dans la ville ce qu'il y a comme distractions pour les jeunes les meilleures attractions de la ville les principaux sites touristiques
Je vous remercie d'avance Je vous prie d'agréer, monsieur, l'expression de mes sentiments distingués	

b Tu veux aller en France. Tu écris une lettre au Syndicat d'Initiative pour obtenir des renseignements. Copie et complète cette lettre en choisissant la bonne phrase ci-dessous.

Légende:
1 Combien de temps?
2 Nom de la ville
3 Quand?
4 Quoi?
5 Quoi d'autre?

> Monsieur,
>
> J'ai l'intention de passer une ——(1)—— dans la ——(2)—— au mois de ——(3)—— et je vous serais très reconnaissant(e) de m'envoyer une ——(4)—— ainsi qu'une ——(5a)—— . J'aimerais aussi recevoir un ——(5b)—— .
> Je vous remercie d'avance et vous prie d'agréer, monsieur, l'expression de mes sentiments les meilleurs.
>
> *S.F. Poole*

liste des principaux sites touristiques	dépliant de la région en anglais
liste des campings	quinzaine
ville de Rennes	juillet

5 L'Office de Tourisme est fermé

Écoute la cassette. Réponds aux questions suivantes.

1 Combien coûtent les réservations d'hôtel?
2 Est-ce que l'Office de Tourisme ne peut organiser que les séjours individuels?
3 Pendant quels mois y a-t-il des visites guidées de la ville?
4 À quelle heure commencent les excursions nocturnes?
5 En août, qu'est-ce qu'on peut faire pendant la soirée?
6 Quand est-ce que l'Office de Tourisme est ouvert?

6 Le Syndicat d'Initiative répond

a Tu as écrit aux Syndicats d'Initiative de trois villes françaises. Voici leurs réponses. Quelle ville préfères-tu?

Prends des notes pour décider de ta destination. Réponds aux questions suivantes.

BIENVENUE À NANCY!

Ville historique, située à 200 km. à l'est de Paris, avec une population de 330 000 habitants, la ville de Nancy est heureuse de vous accueillir! Pour rendre votre séjour le plus agréable possible, l'Office de Tourisme vous propose

- les réservations hôtelières gratuites sur place
- l'organisation de tous séjours collectifs ou individuels
- la préparation de circuits touristiques et gastronomiques
- des visites guidées de la ville

En saison
- visite guidée de la ville, tous les jours du 15 juillet au 15 septembre à 9h30 et à 16h00

Tourisme nocturne
De juin à septembre à partir de 21h00
- visite commentée de la vieille ville
- de l'ensemble architectural du XVIIIe siècle
- point de vue de l'Arc de Triomphe
- spectacle son et lumière sur la Place Stanislas
- visite des Grands Salons de l'Hôtel de Ville

L'INDRE SE PRÉSENTE

Nom: INDRE
Prénom: en Berry
Localisation: Région Centre coeur de France
Taille: 7.000 km² – 240.000 habitants

Signes particuliers:
un accès aisé:
– 2 heures de train de Paris
– 2h30 par l'autoroute
– un aérodrome de dimension internationale à Châteauroux

● Quatre régions naturelles aux charmes complémentaires: plaine céréalière de la Champagne, bocages de polyculture du Boischaut nord, étangs de Brenne, prairies du Boischaut sud.
● Des dizaines de monuments historiques classés ou inscrits: châteaux, églises, abbayes... et un site archéologique prestigieux à Argentomagus.
● Une vingtaine de musées et expositions permanentes.
● Une tradition gastronomique solidement établie.

DESTINATION AVIGNON

Carte de visite

Altitude: 21m

Climat: méditerranéen, tempéré et venté (le vent local est appelé Mistral). Étés chauds et secs, printemps et automnes cléments, hivers généralement doux, 300 jours de soleil par an.

Population: environ 100 000 habitants.

Une des capitales du Sud de la France, au carrefour de la Provence et du Languedoc, proche de la Méditerranée, sur une voie empruntée depuis des millénaires, entre l'Italie et l'Espagne.

Ville d'art, d'histoire et de négoce.

1 Où se trouve la ville exactement?
2 C'est une grande ville? Combien d'habitants y a-t-il?
3 Est-ce que c'est une ville calme/une ville touristique?
4 Qu'est-ce qu'il y a à voir dans la ville/dans la région?
5 Qu'est-ce qu'il y a à faire dans la ville/dans la région?
6 Qu'est-ce que tu aimes/n'aimes pas?
7 Quelle ville préfères-tu? Pourquoi?

b Travaille avec un/une partenaire. Discutez des villes que vous avez choisies. Pourquoi avez-vous décidé de choisir cette ville? Qu'est-ce que vous espérez faire pendant votre visite?

Module 2

10 Pouvez-vous m'aider? ....

❶ En ville

Voici le plan du centre-ville de Camaret-sur-Mer en Bretagne:

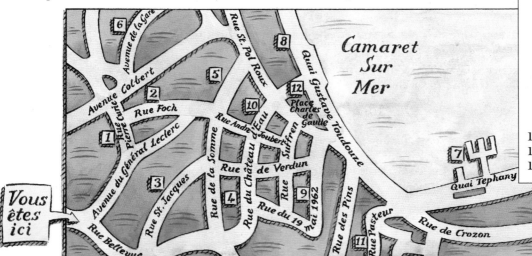

Légende

  1 Le centre omnisport
  2 La piscine municipale
  3 La poste
  4 La mairie
  5 La gare routière
  6 La gare SNCF
  7 Le port de plaisance
  8 La Banque Nationale
     de Paris
  9 L'Hôtel Lagrange
10 Le cinéma Astoria
11 L'Hôpital Ste Anne
12 Le Syndicat d'Initiative

 Regarde le plan de la ville. Écoute ces cinq personnes. Où vont-elles? Copie la grille et remplis-la!

Personne	Destination
a	10 le cinéma Astoria
b	

Pardon,	monsieur, madame, mademoiselle,	où	est le/la/l'... sont les...	s'il vous plaît (?)
			je cherche le/la/les... pour aller au/à la/à l'/aux...	

Allez/Continuez tout droit au rond-point/au pont
Tournez à gauche/à droite (au carrefour/aux feux)
Prenez la | première / deuxième | rue à gauche/à droite
Descendez/Montez/Suivez la rue X (jusqu'au/à la/à l'/aux...)
Traversez la place/le pont
C'est droit devant vous/sur la gauche/sur la droite
Le/La/L'... se trouve rue X/sur la place Y

❷ Pardon, madame/monsieur...

 Travaille avec un/une partenaire. Regardez le plan de ville. **A** cherche les endroits indiqués ci-contre. Il/Elle demande la bonne route à **B**.

Exemple: **A** *Pardon, madame/monsieur, pour aller à l'hôtel Lagrange s'il vous plaît?*
        B *Suivez la rue Bellevue jusqu'à la rue du Château d'Eau*
           et prenez cette rue. Après, tournez à droite
           dans la rue du 19 mai 1962. Descendez
           cette rue et prenez la deuxième à gauche.
           Et voilà, c'est sur votre gauche.

③ Allez tout droit...

Regarde le plan de l'exercice **1**. Lis les directions suivantes et trouve l'endroit auquel elles mènent.

Exemple: 1 = *la gare SNCF*

1 Descendez l'avenue du Général Leclerc puis prenez la première à gauche. Continuez jusqu'au rond-point. Traversez la place et prenez la rue de droite, qui s'appelle avenue de la Gare.

2 Continuez le long de la rue Bellevue. Prenez la troisième à gauche. C'est sur votre droite, à 200 mètres de là.

3 Prenez la première à gauche et continuez tout droit. Au carrefour, tournez à droite puis tout de suite à gauche. C'est sur votre gauche.

4 Descendez cette rue et prenez la quatrième à gauche. Continuez jusqu'au bout de cette rue – vous allez passer quatre rues sur votre droite, puis c'est sur la place à droite.

Pardon!

Écoute ces cinq conversations. Réponds en français aux questions suivantes.

Exemple: 1a = *tout droit*

1 a Quelle est la direction pour Sarzay?
  b C'est loin?

2 a Que cherche cet homme?
  b Est-ce qu'il prend la deuxième ou la première à gauche?

3 a Est-ce que cette femme cherche l'Hôtel de Ville?
  b Pourquoi ne donne-t-on pas d'indications à cette femme?

4 a Qu'est-ce que c'est 'Rallye'?
  b Pourquoi est-ce qu'il faut faire demi-tour?

5 a Que cherche cet homme?
  b Où se trouve-t-il exactement?

⑤ Cherchez la question

Trouve la question qui correspond aux cinq phrases suivantes.

Exemple: *Je voudrais voir un film. Y a-t-il un cinéma près d'ici?*

1 Je voudrais téléphoner à un copain.
2 Nous avons tous faim.
3 Il me faut de l'essence.
4 Je dois me garer.
5 J'aimerais faire une petite promenade.

a Où y a-t-il un parking s'il vous plaît?
b Y a-t-il une station-service près d'ici?
c Y a-t-il un jardin public près d'ici?
d Y a-t-il un restaurant dans le coin?
e Où est la cabine téléphonique la plus proche?

Invente cinq questions qui correspondent aux phrases suivantes.

6 Je voudrais acheter de l'aspirine.
7 Je dois changer de l'argent.
8 J'ai besoin de timbres.
9 Je voudrais un plan de la ville.
10 Je dois passer la nuit dans cette ville.

Les autobus

C'est bien le	bus	pour... ?
	train	

Le bus	pour...	arrive	à quelle heure, s'il vous plaît?
train	de...	part	

Il s'arrête à... ? Il faut changer?

Un carnet
Un aller simple pour (*ville*) | s'il vous plaît
(*ville*) aller-retour

Ça coûte combien?

Il y a une réduction pour	les familles?	Plein tarif
	les mini-groupes?	Tarif réduit

6 À la gare routière

Regarde les images ci-dessous. Écoute les six personnes qui parlent. Ils prennent le bon bus?
Ecris *oui* ou *non*.

1 parc? **2** centre-ville? **3** gare? **4** Hôtel de Ville? **5** place du marché? **6** piscine municipale?

7 C'est quelle ligne?

Travaille avec un/une partenaire. La personne **A** doit prendre un bus et la personne **B** (employé(e) de la gare routière) donne des renseignements. Inventez des dialogues basés sur les informations du tableau ci-dessous.

Ligne	P et T 3	SNCF 6	Saint-Cyr 20	MJC 9
Tarif	3,10F	4,20F	6,00F	5,00F
Heures du départ	9h15	8h55	9h00	8h45
	9h30	9h25	9h10	9h45
	9h45	9h55	9h20	10h45
	10h00	10h25	9h30	11h45

Exemple: (l'heure de votre conversation.)

A *Je voudrais aller à Saint-Cyr. C'est quelle ligne, s'il vous plaît?* **B** *C'est la ligne numéro vingt.*
A *Le prochain bus part d'ici à quelle heure?* **B** *À neuf heures.*
A *Vous savez combien ça coûte?* **B** *Six francs.*

Un aller-retour pour...

Travaille avec un/une partenaire. Regardez le tableau et achetez les billets suivants.

Exemple: 1 – *Je voudrais un aller-retour pour Francheville, pour un adulte.*
– *Voilà. Ça fait 25 francs.*

TARIF		
Destination	Adulte	Enfant
Centre-ville	AS 10,90F	4,20F
	AR 16,00F	8,00F
Bron	AS 15,70F	10,00F
	AR 20,50F	15,60F
Gare	AS 7,50F	4,40F
	AR 10,00F	7,30F
Caluire	AS 4,90F	2,60F
	AR 7,10F	3,90F
Villeurbanne	AS 5,50F	3,00F
	AR 9,00F	5,50F
Francheville	AS 15,10F	8,20F
	AR 25,00F	12,80F

1
COMITÉ URBAIN DE TRANSPORTS EN COMMUN
FRANCHEVILLE
CGTE
ALLER-RETOUR
ADULTE: 1   ENFANT: 0

2
COMITÉ URBAIN DE TRANSPORTS EN COMMUN
BRON
CGTE
ALLER-RETOUR
ADULTE: 1   ENFANT: 2

3
COMITÉ URBAIN DE TRANSPORTS EN COMMUN
VILLEURBANNE
CGTE
ALLER-SIMPLE
ADULTE: 1   ENFANT: 1

4
COMITÉ URBAIN DE TRANSPORTS EN COMMUN
CENTRE-VILLE
CGTE
ALLER-RETOUR
ADULTE: 2   ENFANT: 0

5
COMITÉ URBAIN DE TRANSPORTS EN COMMUN
GARE
CGTE
ALLER-RETOUR
ADULTE: 2   ENFANT: 3

6
COMITÉ URBAIN DE TRANSPORTS EN COMMUN
CALUIRE
CGTE
ALLER-SIMPLE
ADULTE: 3   ENFANT: 1

Les tarifs

Écoute cette conversation. Réponds aux questions suivantes.
Exemple: 1 = *a*

1 Où va cet homme?   **a** au centre-ville   **b** au cinéma   **c** au centre sportif?
2 À Bordeaux, il y a un système à   **a** tarif unique   **b** plusieurs tarifs   **c** deux tarifs.
3 Il doit acheter   **a** un ticket   **b** un carnet   **c** cinq tickets.
4 Avec les bus à Bordeaux, on peut voyager   **a** 10km aux environs   **b** au centre-ville
seulement   **c** n'importe où.
5 Il peut changer de bus   **a** trois fois   **b** deux fois   **c** souvent.
6 S'il change, il faut qu'il   **a** paye un autre ticket   **b** composte son ticket   **c** montre
son ticket au conducteur.
7 Le ticket est valable   **a** quatre heures   **b** deux heures   **c** une heure.

Je cherche des renseignements

Tu vas bientôt partir en France. Tu veux voyager en
bus de la gare de Bron à la maison de la famille qui
te reçoit à Saint-Cyr.
Écris une lettre au Syndicat d'Initiative et
renseigne-toi sur le numéro du bus que tu dois
prendre, le tarif, et les horaires.

11 J'ai besoin d'argent!

① Argent liquide

En France, les cartes bancaires sont acceptées à partir de 100F, parfois plus. De toute façon, cela doit être clairement indiqué dans le magasin.

Les banques sont principalement ouvertes du lundi au vendredi de 9h à 16h30 sans interruption sauf en province où elles sont fermées, comme la plupart des magasins, entre 13h et 15h.

Pour changer de l'argent, il y a de nombreux bureaux de change un peu partout dans les grandes villes. Le taux de change est libre mais doit être affiché.

Les distributeurs de billets sont de plus en plus nombreux; parfois ils permettent également de changer de l'argent.

Lis le passage ci-dessus. Complète les phrases suivantes avec les mots qui conviennent. (Tu ne dois pas utiliser tous les mots.)

1 Les cartes bancaires ne sont pas acceptées pour moins de _____ .

2 Les banques sont généralement ouvertes _____ heures par jour du lundi au _____.

3 En province, les banques sont _____ en début d'après-midi.

4 Il y a _____ de bureaux de change surtout dans les grandes villes.

5 Quand les banques sont fermées on trouve souvent aussi _____.

> cherche beaucoup trouve 100F six heures sept heures et demie 80F 17h 12h vendredi fermées les distributeurs de billets

② Les banques sont ouvertes ou fermées?

Choisis la bonne réponse. Recopie la question et réponds par une phrase complète.

Exemple: 1 *Le samedi, la Banque Populaire ouvre à 8h30.*

1 Le samedi, la Banque Populaire ouvre à
   a 8h30.
   b 9h.
   c 10h.

2 La Banque Nuger ferme à 19h30
   a tous les jours.
   b du mardi au vendredi.
   c le samedi seulement.

3 La Caisse de Montferrand ouvre à 13h30
   a du lundi au vendredi.
   b du mardi au vendredi.
   c du mardi au samedi.

Le Crédit Agricole
2, avenue des Etats-Unis (place Gaillard): du mardi au vendredi inclus, de 8h45 à 12h et de 13h30 à 18h15. Le samedi de 8h45 à 12h et de 13h30 à 16h30.

3, avenue de la Libération: du lundi au vendredi de 8h45 à 18h30, le samedi de 8h15 à 12h.

15, boulevard Léon Jouhaux, Montferrand: le samedi de 9h à 12h30, lundi de 15h à 18h10, du mardi au vendredi de 9h à 12h30 et de 14h à 18h10.

Aulnat-Aéroport: lundi de 15h30 à 18h, mardi au vendredi de 9h30 à 12h30 et de 14h à 18h10, samedi de 9h30 à 12h.

La Banque Nuger
Centre Commercial Plein-Sud, route d'Issoire: du mardi au vendredi de 10h à 13h et de 14h30 à 19h30: samedi de 10h à 13h et de 14h à 19h.

Le Crédit Mutuel
Caisse de "Jaude", 36, avenue des Etats-Unis: du mardi au samedi de 8h30 à 12h30 et de 14h à 18h.
Caisse de "Montferrand", place de la Fontaine: du mardi au

vendredi de 8h30 à 12h et de 13h30 à 18h30, samedi de 8h30 à 12h et de 13h30 à 16h

Banque Populaire
1, avenue du Puy-de-Dôme et 144, boulevard Lafayette (ouverts le samedi de 8h30 à 12h et de 12h30 à 14h).
14, place de la Résistance (ouvert le samedi de 10h à 12h30 et de 14h à 17h).

Autres banques
À la gare S.N.C.F. du 1er juin au 30 septembre, tous les jours, y compris dimanches et fêtes, de 9h à 19h.

> J'ai besoin d'argent
>
> Je dois toucher de l'argent/un chèque/de l'argent liquide
>
> | Je voudrais | encaisser | un | chèque de voyage | de... livres (sterling) |
> | | changer | | traveller's cheque | |
>
> Je voudrais changer... livres (sterling) en francs
>
> Quel est le taux de change? Est-ce qu'on doit payer une commission?
> Je crois qu'il y a une erreur

À la banque

Écoute ces cinq personnes dans une banque. Recopie la grille et remplis-la. (Il n'est pas toujours possible de remplir chaque colonne. Mets un tiret si la réponse n'est pas mentionnée.)

		Argent liquide	Chèque de voyage	Combien voudrait-il/elle changer?	Combien reçoit-il/elle?
Exemple:	1	—	✓	£20	—
	2				

Je voudrais changer de l'argent

Travaille avec un/une partenaire. La personne **A** travaille à la banque, la personne **B** voudrait changer de l'argent. Regardez les images et inventez des dialogues sur le modèle de celui-ci.

Bonjour monsieur/madame. Je peux vous aider?

Oui, je voudrais changer £20 sterling.

Ce sont des espèces ou un chèque de voyage?

C'est un chèque de voyage.

Avez-vous une pièce d'identité?

Oui, voilà mon passeport.

Vous voulez signer ici, s'il vous plaît.

Oui. Quel est le taux de change?

7,90F monsieur/madame.

Est-ce qu'on doit payer une commission?

Oui, il y a un supplément de dix francs.

Bon, d'accord. Merci monsieur/madame.

····À la poste ··························

5 J'ai besoin de timbres

Si tu as besoin de timbres, tu peux
les acheter...

1 ... dans certains cafés.

2 ... dans un tabac.

3 ... dans un bureau de poste.

4 ... peut-être même dans le
magasin où tu as acheté
tes cartes postales. Tu peux
toujours demander!

Je voudrais	envoyer	une lettre	en...
Pour		une carte (postale)	au... (+ *nom du pays*)
		ce colis/ce paquet	aux...

| Ça fait | combien, s'il vous plaît? |
| C'est | |

| Je voudrais | ... timbre(s) à... francs... centimes (?) |
| Voulez-vous me donner | |

6 Au guichet

Écoute ces quatre personnes dans un bureau de poste. Qu'est-ce qu'ils envoient? Copie la
grille et remplis-la!

		Carte Postale	Lettre	Paquet	Où	Combien ça coûte?
Exemple:	1		✓		Angleterre	2,80F

7 C'est combien?

Travaille avec un/une partenaire. La personne **A** est
touriste et la personne **B** est employé(e) de la poste.
A demande les timbres suivants.

Exemple: **A** *Je voudrais deux timbres à 1F20 et*
  un à 2F40.
  B *Bon, ça fait... 4F80, s'il vous plaît.*

8 Jeu de rôles

Travaille avec un/une partenaire. Inventez des dialogues basés sur les informations données ci-dessous.

Exemple: – *Bonjour monsieur/mademoiselle. Je peux vous aider?*
– *Je voudrais envoyer cette lettre et ce colis en Suisse, s'il vous plaît.*
– *Je dois les peser. Posez-les ici, s'il vous plaît.*
– *Bien sûr.*
– *La lettre – 30g, ça fait 2F10 et le colis – 75g – ça fait 9F30. 11F40 en tout.*

	2F10	2F80	2F20
	1F50	2F40	1F50
	9F30	7F30	7F50

9 Avis au public!

Lis l'extrait d'un dépliant du Ministère des PTT. Regarde les questions suivantes. Choisis la bonne réponse.

Exemple: 1 = *c*

1 Cet article est pour les gens qui:
a détestent les chiens
b distribuent le courrier
c ont un chien.

2 En un an presque 3,500 facteurs ou factrices:
a ont été blessés par des chiens
b ont été mis à la porte
c ont fait des tournées de distribution.

3 Pour les gens qui ont des chiens, il y a:
a des instructions précises
b des conseils
c des reproches.

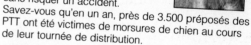

vous aimez votre chien

... et vous aimez aussi recevoir votre courrier

Votre préposé souhaite pouvoir déposer votre courrier chaque jour et, lorsque c'est nécessaire, pouvoir vous le remettre personnellement sans risquer un accident.
Savez-vous qu'en un an, près de 3.500 préposés des PTT ont été victimes de morsures de chien au cours de leur tournée de distribution.

Apprenez à votre chien la visite de votre préposé

Vous êtes certainement assuré et c'est très bien, mais vous savez aussi qu'il vaut mieux prévenir que guérir.

- ne laissez jamais votre chien divaguer sur la voie publique
- tenez-le attaché ou en laisse aux heures de passage de votre préposé
- placez votre boîte aux lettres de telle façon que son accès soit hors de l'attente du chien
- ayez un dispositif d'appel extérieur à votre appartement ou à votre clôture (sonnette timbre électrique...)

10 La vie pénible d'un facteur!

Tu es facteur. Les PTT te demandent de figurer dans un film vidéo promotionnel. Ils te demandent de raconter tes difficultés comme facteur. Qu'est-ce qui rend ton travail plus difficile? Raconte! Par exemple: chiens; codes postaux; adresses illisibles; boîtes aux lettres problématiques...

12 À l'hôtel

1 Avis aux voyageurs

Écoute ce passage et complète les phrases en choisissant les mots qui conviennent.

_____ catégories d'hôtels sont homologuées: de l'hôtel de tourisme à une étoile (bon marché, moins de _____ francs la nuit en province), à l'hôtel de _____ à quatre étoiles (plus de 1,500F la nuit).

À noter: le prix des chambres est souvent le _____ que vous soyez seul ou à _____. D'autre part, un lit supplémentaire pour _____ peut être fourni moyennant un supplément.

2 Comment est l'hôtel?

Regarde le dépliant ci-dessous sur les hôtels français.
Lis ces phrases. Écris *vrai* ou *faux* pour chaque phrase. Si la phrase est fausse, corrige-la!
Exemple: 1 = *Faux. Les hôtels sont ouverts toute l'année.*

1 Les hôtels sont ouverts de mars à novembre.
2 Tous les hôtels ont le chauffage central.
3 Les hôtels n'offrent pas de réductions.
4 On peut choisir la demi-pension dans l'Hôtel Novotel.

5 Il y a un parking pour les voitures.
6 Les hôtels proposent une cuisine traditionnelle.
7 Les hôtels sont en banlieue.

CLASSEMENT DES HÔTELS

****L: Hôtel hors classe. Palace
****: Hôtel très grand confort
***: Hôtel de grand tourisme, grand confort
**: Hôtel de tourisme, bon confort
*: Hôtel de moyen tourisme, confort moyen

LES PRIX SONT INDIQUÉS EN FRANCS FRANÇAIS
Les hôtels sans ascenseur ont généralement leurs chambres d'un accès facile ou même de plain-pied.
RÉDUCTION HORS SAISON: Tous les hôtels consentent des réductions appréciables. Écrivez-leur.
CHAUFFAGE CENTRAL: Dans tous les hôtels.
AGENCE DE VOYAGES: Tous les hôtels travaillent avec les Agences à l'exception de quelques établissements de faible capacité.

LOCALITÉS HÔTELS-ADRESSES CONFORT	Téléphone	Ouverture	Nbre de chambres	PRIX		Demi-pension
				Chambre mini/maxi	Pension mini/maxi	
**** NOVOTEL ● Tx940470 *ZAC DE KERGARADEC* ⊙ ♧ P ⚲ H	34.02.32.83	T.A.	85	250/296		
*** H. CONTINENTAL ● Tx 940575 *SQUARE DE LA TOUR AUVERGNE* Ⓐ ⚲ H	34.80.50.40	T.A.	76	175/240	250/380	★

LÉGENDE DES ABRÉVIATIONS
⊙ = Garage ⚲ = Chiens admis Ⓐ = Ascenseur T.A. = Toute l'année
♧ = Jardin ⚑ = Tennis ▨ = Piscine P = Parking
H = Chambres accessibles aux handicapés physiques

L'Hôtel Continental

SITUATION: En plein centre ville en face d'un square calme et fleuri. Un emplacement agréable qui permet de visiter la ville sans prendre son véhicule. Proche des gares et des ports.

CONFORT DES CHAMBRES: Belle décoration fonctionelle et classique. La plupart des chambres avec bains ou douches et wc privés. Certaines ont un balcon ou une terrasse avec vue agréable sur le square et sur la mer. Téléphone direct réseau, télévision et certaines avec télévision couleur.

AGRÉMENTS DE L'HÔTEL: Ascenseur, bar, piano-bar, 6 salons, billard. Parking à 5 m. Garages pour voitures et stationnement pour autocars à 50 m. Chiens admis à l'hôtel et au restaurant. Change. Cartes de crédit: Diners Club, American Express, Visa Carte Bleue, Access, Eurocard, Master.

RESTAURANT: 1 salle pour 250 couverts. 5 salons de 10 à 35 couverts. Très vaste salle au décor moderne, sono, piste de danse. Cuisine classique.

NOS POINTS FORTS: Une soirée jazz a lieu chaque jeudi jusqu'à 2h du matin, dans le cadre original et luxueux du bar Belle Epoque. Notre restaurant gastronomique propose des menus pour gourmets et, dans nos salons, nous organisons vos cocktails, lunchs et dîners de fête. Avec en plus, le grand avantage d'un emplacement en plein centre ville, à deux pas des cinémas, théâtres et boutiques.

3 L'Hôtel Continental

Quelles sont les caractéristiques de l'Hôtel Continental? Fais une liste en français. Quel est ton opinion sur l'hôtel? Compare ta liste avec ton/ta partenaire. Êtes-vous d'accord?

Où se trouve	la chambre? la piscine? la salle de séjour? la salle à manger? le restaurant? l'ascenseur? l'escalier? le sauna? la salle de jeux?	La chambre est située	au rez-de-chaussée au premier étage au deuxième étage au troisième étage au quatrième étage à côté du restaurant en face de l'ascenseur à gauche de la réception au bout du couloir

Qu'est-ce qu'il y a dans votre hôtel?

a Écoute cette conversation entre une réceptionniste et un client. Copie les plans ci-dessous et remplis-les.

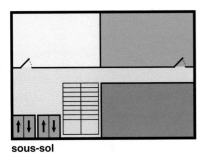
sous-sol

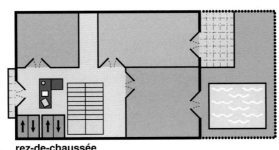
rez-de-chaussée

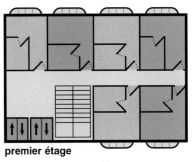
premier étage

b Tu travailles comme réceptionniste dans un hôtel. Tu aides les clients à se diriger dans l'hôtel.
Travaille avec un/une partenaire. Inventez des dialogues à partir du plan ci-dessus.
Exemple: – *Excusez-moi monsieur/madame. Où est le sauna?*
　　　　 – *Le sauna se trouve au sous-sol, en face de l'ascenseur, monsieur/madame.*

L'Hôtel Fantaisie

Prépare un dépliant sur un hôtel imaginaire. Donne des détails sur les chambres, les installations, les prix, *etc.*

Quelle chance!

Lis cette conversation puis réponds aux questions suivantes.

– *Allô... Hôtel Continental.*	– *Bonjour. Est-ce qu'il vous reste des chambres libres pour demain, c'est-à dire la nuit du 4 juillet?*
– *Que désirez-vous exactement?*	– *Une chambre pour deux personnes et une autre pour une personne, de préférence avec douche et WC.*
– *Oui, je peux vous trouver ça. C'est à quel nom?*	– *C'est au nom de Baker. B-A-K-E-R.*
– *Vous voulez rester combien de temps, madame?*	– *Une nuit seulement. Combien coûtent les chambres?*
– *200 francs la grande chambre, 175 francs la petite.*	– *Parfait. Merci... et à demain.*
– *Au revoir, madame.*	

1 Mme Baker fait une réservation pour quelle date?
2 Qu'est-ce qu'elle voudrait comme chambre?

3 Pour combien de nuits a-t-elle réservé?
4 Combien coûtent les chambres?

Je voudrais faire une réservation

Je peux vous aider?
Vous avez réservé?
Vous avez fait une réservation?
C'est pour combien de personnes?
Qu'est-ce que vous voulez comme chambre?
Vous voulez une chambre avec douche?/salle de bain?/WC?/en pension complète?
Je regrette, il n'y a plus de chambres avec...
Vous voulez rester combien de nuits?
C'est... francs par nuit
C'est pour combien de nuits?
C'est pour quelle date?
Quel est votre nom?
Voici votre clé. La chambre est au rez-de-chaussée/au premier étage
Je suis desolé. Je regrette, il n'y a plus de chambres libres ce soir

Vous avez des chambres libres?

Je voudrais (réserver) une chambre	pour une/deux personne(s)/à deux lits/avec un grand lit
Il me faudrait une chambre	avec douche/salle de bain/WC/téléphone/télévision
	en demi-pension/pension complète

C'est pour... nuits, du... au...

7 Jeu de rôles

Travaille avec un/une partenaire. Regardez les images ci-contre. Inventez des dialogues basés sur les images.

Exemple:

– *Je voudrais une chambre pour une personne avec salle de bain.*
– *Oui, c'est à quel nom?*
– *Thatcher.*
– *C'est pour combien de nuits?*
– *C'est pour deux nuits.*
– *Ah oui, voilà avec salle de bain/Je regrette, mais je n'ai plus de chambres avec salle de bain.*

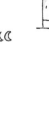

8 À la réception

Écoute ces cinq conversations entre une réceptionniste et ses clients. Réponds aux questions suivantes.

Exemple: 1 *Elle se trouve à gauche, dans la même rue que l'hôtel.*

1 Où se trouve la Maison de la Presse?
2 a Que cherche cette femme?
  b Pourquoi?
3 a Cet homme a demandé quelle sorte de chambre?
  b Comment est-ce qu'il peut résoudre son problème?

4 a Est-ce qu'il y a des chambres libres?
  b Où se trouve l'Hôtel des Voyageurs?
5 a Quand est-ce que cette femme va partir?
  b Pourquoi doit-elle payer avec sa carte de crédit?

⑨ Une lettre de réservation

Écris une lettre de réservation à un hôtel.
Regarde la lettre ci-contre, écrite par la
famille Adams. Remplace les images par
les mots qui conviennent.

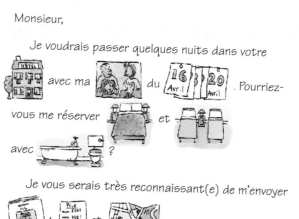

Monsieur,

Je voudrais passer quelques nuits dans votre [image] avec ma [image] du [16 Avril] [20 Avril]. Pourriez-vous me réserver [image] et [image] avec [image] ?

Je vous serais très reconnaissant(e) de m'envoyer [image] ; [image] et [image].

Je vous prie d'agréer, monsieur/madame,

l'expression de mes sentiments les meilleurs.

P. Adams

⑩ Je suis désolé(e)!

La famille Adams reçoit cette réponse de l'hôtel.

Hôtel Les Touristes
Chambon-sur-Lac
63790 Murol
Tél: 73.88.61.87

le 10 mars

Chers M. et Mme Adams,

Nous vous remercions de votre lettre du 6 courant.

Malheureusement, il ne nous est pas possible de vous offrir deux chambres avec salle de bain et WC du 16 au 20 avril. Il ne nous reste qu'une chambre avec douche et lavabo. C'est une chambre extrêmement confortable et il y a des WC juste à côté.

Je retiendrai cette chambre pour vous pendant une dizaine de jours en attendant votre réponse.

Réponds aux questions.

1 Quand est-ce que la famille Adams veut séjourner à l'hôtel?
2 Qu'est-ce qu'ils veulent comme chambre?
3 L'hôtel propose une chambre à la famille Adams. En quoi diffère-t-elle de la chambre demandée?
4 Qu'est-ce que la famille doit faire maintenant?
5 À ton avis, est-ce que la famille Adams devrait accepter la chambre proposée?

⑪ Je peux vous offrir...

Tu es le propriétaire de l'Hôtel Mercure. Tu reçois une lettre de reservation de la part d'une famille. Tu ne disposes pas du type de chambre demandé par les clients aux dates qui leur conviendraient. Réponds-leur, en leur proposant les autres types de chambres disponibles.

L'usage du dictionnaire – 2

1 Les noms

Cherche un nom pour compléter une phrase.

flu [flu:] *n* grippe *f*

Flu?

J'ai la grippe

Complète les phrases suivantes. Cherche les équivalents français des noms anglais dans ton dictionnaire. Fais attention au genre (un/une?, le/l'/la?, mon/ma?, *etc.*).

1	Dans le village il y a un/une...	*wood*
2	Chez nous on a un/une...	*lawn*
3	Tu as le/la... ?	*calendar*
4	J'ai perdu mon/ma...	*comb*
5	Je voudrais un/une...	*stamp*
6	Je cherche le/la...	*brush*
7	Où est le/la...	*spade*
8	Il y a un/une... près d'ici?	*lake*

2 Les adjectifs

Cherche un adjectif pour décrire une personne ou un objet. Choisis la bonne forme, masculin ou féminin.

Exemples:

> **small** *adj* petit (masculin): Mon frère est *petit*;
> petite (féminin): Ma soeur est *petite*.
>
> **dangerous** *adj* dangereux (masculin): Le chien est dangereux.
> dangereuse (féminin): La route est dangereuse.

Complète les phrases suivantes en cherchant les adjectifs dans ton dictionnaire. Fais attention au genre (masculin ou féminin).

1	Il est... , ton chien.	*cute*
2	Elle est... , ta soeur.	*jealous*
3	L'émission est très...	*long*
4	Le film est...	*boring*
5	Nous avons une voiture...	*white*
6	L'eau est...	*cold*
7	Mon blouson est...	*torn*
8	Ton école est...	*old*

Les mots composés

Comment trouver des mots composés, par exemple, *sandcastle*? Ces mots sont faciles à trouver si tu les cherches sous le mot clé:

Exemple: cherche sous le mot clé *sand*.

sand [...] **~box** (US) *n* tas *m* de sable; **~castle** *n* château *m* de sable; **~paper** *n* papier *m* de verre; **~pit** (GB) *n* tas *m* de sable

sandcastle = un/le château de sable

Cherche les mots suivants. Le mot clé est en italique.

 1 *step*father (= ~father)
 2 *coat* hanger (= ~hanger)
 3 *compact* disc (= ~disc)
 4 *sports* centre (= ~centre)
 5 four star *petrol* (= four star ~)
 6 *fit*ted carpet (= ~ted carpet)
 7 *bank* account (= ~account)
 8 *German* measles (= ~measles)
 9 *cotton* wool (= ~wool)
10 *dish*washer powder (= ~washer powder)

Plus d'un sens

Comment chercher de bons équivalents? Beaucoup de mots anglais ont plus d'un sens. Il faut faire bien attention en choisissant le bon équivalent en français. Un bon dictionnaire fournira des explications pour t'aider à choisir la meilleure traduction.

Exemple:

Voici ma maman

Voici ma momie

Cherche les mots français qui correspondent aux différents sens des mots suivants:

 1 bald =   6 date =
 2 bank =   7 key =
 3 boot =   8 kid =
 4 bowl =   9 ring =
 5 chip =   10 rose =

13 On fait les courses ....

1 Jours et heures d'ouverture

Écoute la cassette et choisis les mots qui conviennent pour compléter ce passage.

Les _____ magasins sont, en général, _____ de 10h à _____ _____ interruption. Ils proposent, à Paris et dans certaines grandes villes, une _____ jusqu'à 22h. En _____, la plupart des magasins ferment entre _____ et 14h et le _____.

| grands |
| lundi |
| 19h 12h |
| province sans |
| ouverts |
| nocturne |

des enveloppes	la boucherie
une brosse à dents	la boulangerie
des allumettes	le tabac
du savon	la charcuterie
un journal	la confiserie
des timbres	la crémerie
une boîte de chocolats	la droguerie
des aliments	la librairie
des livres	la papeterie
des journaux	la pharmacie
des médicaments	la pâtisserie
des pellicules photos	la poissonnerie
de la viande	la quincaillerie
des vêtements	la Maison de la Presse
des produits de beauté	l'épicerie

2 Où est-ce qu'on achète... ?

Utilise les mots du tableau ci-dessus. Regarde les images. Associe les mots et les images qui y correspondent.

Exemple: 1 *une boîte de chocolats – la confiserie*

3 Je vais faire des courses

Écoute ces quatre conversations. Dans quels magasins ont-elles lieu? Copie la grille et remplis-la!

	nom du magasin	achat
Exemple: 1	*magasin de sport*	*une paire de baskets*
2		

4 Qu'est-ce que tu vas acheter comme cadeau?

À l'aide d'un dictionnaire, écris ce que tu achèterais comme cadeau pour les personnes suivantes. Explique ton choix.

1 cinq professeurs de ton école
2 cinq camarades de classe que tu n'aimes pas
3 cinq camarades de classe que tu aimes bien
4 cinq vedettes de télévision.

Exemple: *Pour mon professeur d'anglais, j'achèterais un livre parce qu'elle aime beaucoup lire.*

5 C'est pour offrir?

Écoute cette jeune fille qui achète un cadeau. Réponds aux questions suivantes.

Exemple: 1 *Au pays de Galles.*

1 Dans quel pays rentre-t-elle le lendemain?
2 Pour qui achète-t-elle un cadeau?
3 Cette personne a quel âge?
4 Combien veut-elle payer?
5 Qu'est-ce qu'on lui recommande?
6 Combien doit-elle payer?
7 Qu'est-ce que la vendeuse lui propose?

Est-ce que vous avez du/de la/de l'/des... ?			
Je cherche Je préfère acheter Je n'aime pas ça			
Je voudrais Je prends Donnez-moi Vous me donn(er)ez Dans la vitrine, j'ai vu...	un (petit/grand) paquet une (petite/grande) bouteille une (petite/grande) boîte, *etc.* une paire	d' de	aspirine parfum chocolats chaussettes
Vous avez cet article en bleu/rouge/blanc/en coton/en laine/en cuir/en argent/en or? Vous avez quelque chose de	plus moins	cher/joli/grand, *etc.*?	
Combien coûte	le/la/l'/les..., s'il vous plaît? ce/cet/cette/ces...? celui-ci/celui-là/celle-ci/celle-là/ceux-ci/celles-là?		
C'est pour offrir. Pourriez-vous	me faire un paquet-cadeau? l'/les emballer?		
Il me faut	un cadeau pour mon père/ma mère/un garçon de 13 ans, *etc.*		

Faire les magasins

6 Qu'est-ce que c'est?

Regarde les images ci-dessous. Écris une description de chaque article.

Exemple: 1 *C'est une montre sport pour homme. Elle a un bracelet en cuir bleu et une fonction réveil. Elle coûte 95F.*

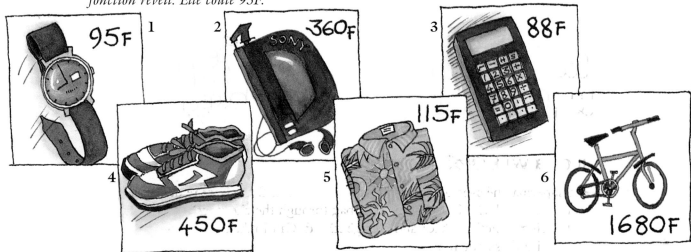

7 Le magasin de souvenirs

Tu vas faire des courses avec ton/ta correspondant(e). Tu veux acheter des souvenirs pour ta famille. Tu en as fait une liste. Inventez un dialogue avec le vendeur/la vendeuse.

Exemple:	– Bonjour monsieur/mademoiselle. Je peux vous aider?	– Oui, je cherche un cadeau pour ma mère. Dans la vitrine, j'ai vu une jolie écharpe. Je peux la voir?
	– De quelle couleur?	– Bleu, vert et blanc.
	– Oui, voilà. Celle-ci est à 120F et celle-là est à 150F.	– Je prends celle-ci parce qu'elle est moins chère.
	– D'accord, je vous fais un paquet cadeau?	– Merci, c'est très gentil.

Cadeaux et souvenirs

Ce jeune Anglais rentre bientôt en Angleterre. Écoute-le. Copie la grille et remplis-la.

Personne	Cadeau	Déjà acheté Oui/Non	Autres informations
Exemple: **Papa** **Mémé** **Maman** **Paul** **Christine**	*portefeuille*	*oui*	*en cuir*

Qu'est-ce que ça veut dire?

Tu entres dans un supermarché avec un ami. Il ne comprend pas le français, et te demande:
a What do I do with my trolley?   **b** Can I take my bag through the checkout?
c What if I want to bring something back and change it?   **d** Can I take the dog in?
e What should I do with these potatoes?

Indique le bon panneau, et explique-lui en anglais ce qu'il faut faire.

1 **Nous avertissons notre aimable clientèle que les articles vendus ne peuvent être repris!**

2 **Ayez l'amabilité de montrer vos sacs ouverts à la caisse**

3 **FAITES PESER LES LÉGUMES**

4 **CHARIOTS Pour éviter tout accident replacer ici les chariots après utilisation merci**

5 **CHIENS INTERDITS**

À toi maintenant! Qu'est-ce que tu as fait?

Pendant la dernière semaine de tes vacances, tu écris une lettre à un/une ami(e). Tu lui racontes ce que tu as fait en ville. Dans ta lettre, réponds aux questions suivantes.

– Où es-tu allé(e)?
– Avec qui?
– Comment, et quand?
– Tu es entré(e) dans quels magasins?
– Qu'est-ce que tu as acheté? Pour qui, et pourquoi?
– Combien d'argent as-tu dépensé?
– Tu étais content(e) de tes achats?

Je suis allé(e) au/à la/à l'...
Je suis partie de la maison à...
Je suis entré(e) dans...
Je suis sorti(e)...
Je suis resté(e)...
Je suis arrivé(e)...
Je suis rentré(e) à...
Je me suis bien amusé(e)

J'ai pris l'autobus/le train
J'ai voyagé en...
J'ai acheté un(e).../J'ai fait des achats
J'ai decidé de...
J'ai choisi...
J'ai pris le bleu/le plus grand...
J'ai mangé/bu...
J'ai été...

14 Au café ....

➊ C'est combien?

Travaille avec un/une partenaire. Tu vas au Café des Amis.
Tu demandes au garçon/à la serveuse le prix des consommations.
Ton/Ta partenaire joue le rôle du garçon/de la serveuse.

Exemple: – *C'est combien un sandwich au jambon?*
             – *C'est 28F.*

➋ Qu'est-ce que tu prends?

Écoute ces quatre dialogues. Qu'est-ce qu'ils commandent?
Copie la grille et remplis-la!

	À manger	À boire
1	sandwich au jambon	jus d'orange, café express
2		

On pourrait avoir la carte/la carte des vins/l'addition, s'il vous plaît?

Je voudrais Moi, je prendrai Pour moi	un thé (au lait/au citron)/un café/un (café)-crème/un express/un coca un verre de limonade/de bière/d'eau minérale (gazeuse)/d'Orangina un sandwich au/à la/à l'/aux… une glace au/à la/à l'/aux… une crêpe au/à la/à l'/aux…
Vous avez	des glaces/sandwichs/crêpes/boissons non-alcoolisées/plats chauds/ frites/croque-monsieurs/quiches/jus de fruits?

Je voudrais	un sandwich une crêpe une glace	au à l(a) aux	pâté/jambon/fromage beurre/miel/citron/chocolat/cassis/café vanille/pistache/confiture/framboise/orange oeufs/tomates

➌ Vous désirez?

Travaille avec un/une partenaire. Commandez les choses suivantes.

1  **2**  **3**

Exemple: – *Bonjour messieurs-dames. Vous désirez?*
             – *Je prendrai une crêpe à la confiture et un coca.*
             – *Et pour vous monsieur/madame?*
             – *Je voudrais un sandwich au fromage et un grand crème, s'il vous plaît.*
             – *Tout de suite, messieurs-dames.*

Café Des Amis

CAFÉ 9F
CAFÉ [GRAND CRÈME] 12F
THÉ 10F
THÉ AU CITRON 12F
CHOCOLAT CHAUD 12F
BOISSONS GAZEUSES
COCA LIMONADE FANTA SPRITE 14F
FRITES 18F
PIZZA 30F
CROQUE MONSIEUR 26F
AU FROMAGE 26F
BAGUETTES/ SANDWICHES
AU JAMBON 28F
AU PÂTÉ 28F

L'addition, s'il vous plaît!

Écoute la cassette. Choisis la bonne réponse pour chaque question. Écris simplement la lettre de la réponse correcte.

1 Les deux garçons
   a partagent l'addition
   b se disputent
   c paient par carte de crédit.

2 L'addition est de
   a 47 francs
   b 60 francs
   c 57 francs.

3 Un des garçons met
   a un billet de 50 francs
   b un billet de 20 francs
   c un billet de 100 francs.

4 Comme pourboire,
   a ils laissent 3 francs
   b ils laissent 13 francs
   c ils ne donnent rien.

Une soirée en ville

a Tu es en ville avec tes deux amis/amies. Vous avez vu un film au cinéma. Vous avez faim et vous entrez dans un café. À vous trois, vous avez 250 francs. Regardez le menu à la page 66 et choisissez ce que vous allez manger. Travaillez par groupes de trois et inventez un dialogue.

b Quand tu rentres dans ta famille tu écris une lettre à ton oncle et ta tante. Décris-leur ta soirée – dis ce que tu as pensé du film, du café, de ton repas et de la soirée en général.

Où est-ce qu'on va manger?

Regarde les affiches ci-dessous. Réponds aux questions suivantes.

1 a Qu'est-ce qu'on peut manger dans la Grange au Maximin?
   b Où se trouve ce café exactement?
2 a Combien d'heures par jour le restaurant Pat'À Pain est-il ouvert?
   b Quelles sont les spécialités de ce restaurant?
3 a Qu'est-ce qu'on peut manger de spécial à l'Auberge de l'Âtre?
   b Ils ont une bonne cave?

PAT'À PAIN

PAIN-BRIOCHE
SANDWICH
RESTAURANT
Ouvert 7 jours/7
de 6 à 21 h
45 ter, rue H.-Bouquillard
NEVERS - Tél. 86.57.93.17

L'AUBERGE DE L'ATRE

*F*rancis et Odile Salamolard vous accueillent dans un cadre agréable et champêtre.
Spécialités: poissons, crustacés, champignons, gibiers. Plus de 300 vins sélectionnés pour votre plaisir...

Les Lavaults - 89630 QUARRÉ-LES-TOMBES
Tél. 86.32.20.79 - Fax 86.32.28.25

CRÊPERIE

LA GRANGE AU MAXIMIN
LES SETTONS 86 84 51 76
entre la Base Nautique et le Barrage

LE MAXIMIN À LA VILLE
AUTUN 85 26 21 91

29, grande rue Marchaux

... Bon appétit! ....

7 Vous avez une table?

Cet homme veut réserver une table dans un restaurant.
Écoute la conversation. Copie la grille et remplis-la.

Nom du restaurant	Quel jour?	À quelle heure?	Nom du client

Je voudrais Vous avez	une table	pour deux/quatre/huit personnes pour vendredi soir/mardi soir/jeudi à midi? à 8 heures/vers 9 heures? en terrasse/dans le coin/dans la partie non-fumeurs?
Moi, je prends/Moi, je prendrai Pour mon copain/ma copine/monsieur, etc. Voulez-vous nous apporter		le/la/l'/les... (encore) un/une (encore) du/de la/de l'/des... ? la carte/le menu/la liste des vins/l'addition?

8 Je peux réserver?

Travaille avec un/une partenaire. Tu es touriste; ton/ta partenaire est réceptionniste au
restaurant *La Dolce Vita*. Le/La touriste veut des renseignements. Tu poses des questions.
Tu veux savoir:

– quelles sont les spécialités du restaurant?
– s'il y a une fermeture hebdomadaire; si oui, quand?
– si c'est un grand restaurant
– le prix moyen de la carte
– si le restaurant est cher

Si tu es satisfait(e) des réponses, fais la réservation.

Quand vous aurez fini, changez de rôle. Choisissez un deuxième restaurant dans la liste
ci-dessous.

RESTAURANTS DE SPÉCIALITÉS					AVIGNON / 84000	
Nom *Adresse*	*Téléphone* *Fax*	*Fermeture* *Hebdomadaire*	*Nombre* *de couverts*	*Prix* *premier menu*	*Prix* *moyen carte*	
GOULBARGE (*Cuisine indienne*) 1, rue Grande Fusterie	90.86.61.94		50	39F 74F	70F 125F	
LA COUSCOUSSERIE (*Cuisine orientale*) 5, rue Favart	90.86.87.89		54	54F	110F	
LA DOLCE VITA (*Spécialités italiennes et provençales*) 4, place de la principale	90.86.81.87	lundi	50	69F	80F	
LE PAVILLON D'OR (*Spécialités vietnamiennes et chinoises*) 4, rue Carnot	90.82.06.76		110	40F 60F	40F	

Vous désirez?

Qu'est-ce qu'ils demandent? Qu'est-ce qu'ils répondent?
Quelle question correspond à quelle réponse?

1 Comment voulez-vous votre bifteck?
2 Qu'est-ce que tu veux à boire?
3 Qu'est-ce que vous voulez comme légumes?
4 Qu'est-ce que tu prends comme dessert?
5 Tu veux du fromage?

a Des haricots, je pense.
b Une crème caramel!
c Un morceau de Brie et un morceau de Roquefort.
d Bien cuit, s'il vous plaît.
e Je veux bien une bière, s'il te plaît.

Vrai ou faux?

Écoute cette conversation au restaurant. Écris *vrai* ou *faux* pour chaque phrase.

1 Le touriste commande à la carte.
2 Il n'aime pas la soupe du jour.
3 Il se décide finalement pour une entrée simple.
4 Comme plat principal, il prend un bifteck.
5 Il prend beaucoup de légumes.
6 Il commande une boisson pas trop chère.
7 Il y a un bon choix de parfums exotiques pour les glaces.

La carte s'il vous plaît!

Voici des phrases dites par un garçon/une serveuse dans un restaurant. Mets-les dans le bon ordre.

1 Qu'est-ce que vous voulez comme dessert?
2 Voici la carte.
3 Bonsoir messieurs-dames.
4 Vous prenez du café?
5 Qu'est-ce que je vous sers comme entrée?
6 Et à boire?
7 Et comme plat principal?
8 Qu'est-ce que vous voulez comme apéritif?
9 Vous avez fait votre choix?

Maintenant, décide quelle réponse va avec quelle question. Joue la scène avec un/une partenaire.

a Nous voudrions deux Pernods et deux Schweppes, s'il vous plaît.
b Moi, je vais prendre la soupe de poisson. Pour ma femme, la salade de crabe, et pour mes filles, la salade paysanne.
c Comme boisson, je voudrais une bouteille de vin rouge – Côtes du Rhône – et une carafe d'eau.
d Bonjour monsieur.
e Nous voudrions quatre glaces au chocolat.
f Merci. Le menu est à 99 francs, n'est-ce pas?
g Comme plat principal nous voulons deux poulets chasseur et deux entrecôtes normandes.
h Deux crèmes seulement, s'il vous plaît.
i Oui, je crois que nous avons décidé.

15 Qu'est-ce qu'on va faire? ....

1 On va sortir?

1

> Dis, Yves, tu veux venir au cinéma ce soir?
> Il y a un très bon film au 'Rex'.

> Non, je ne peux pas. Je dois
> finir mes devoirs pour demain.

2

> Tu veux venir à la fête demain soir?

> Où ça?

> À la Salle Polyvalente.

> Oui, je veux bien.
> Ça commence à quelle heure?

> À vingt heures.

Si on allait... ? Si on sortait... ?		

Est-ce que tu	veux voudrais as envie de/d'	+ infinitif... ?
Ça te dit de/d'		+ infinitif... ?

Où est-ce qu'on se rencontre?   Quand est-ce qu'on se rencontre?   À quelle heure?

Oui je veux bien!	D'accord!
Bien sûr!	Bonne idée!

Non, merci
Je ne veux pas/C'est impossible
Je ne peux pas (parce que...)
Ça ne me dit pas (parce que...)

Je veux/voudrais Je ne veux/voudrais pas J'aimerais J'ai envie de/d' Je n'ai pas envie de/d' Je préférerais	+ infinitif

On se rencontre à...
On se donne rendez-vous à...

2 Ça te dit de... ?

Travaille avec un/une partenaire. Regardez les images. Décidez:

1 ce que vous allez faire   **2** où vous vous retrouverez   **3** à quelle heure

Exemple: – *Ça te dit d'aller à la piscine?*
    – *Non, je n'ai pas envie. Je préférerais aller au cinéma.*
    – *D'accord. Où est-ce qu'on se retrouve?*
    – *Chez moi, vers 14 heures?*
    – *Bonne idée. À tout à l'heure.*

1   **2**   **3**

Des invitations

Écoute les deux conversations et remplis les blancs.

1 – Dis, Pierre, tu veux venir à une (1)_____ ?
 – Bien sûr! Où ça?
 – (2)_____ . Tu la connais, non? Elle habite
  juste à côté de la (3) _____ .
 – Ah oui. C'est quand?
 – (4) _____ à partir de huit heures.
 – Quand est-ce que ça va finir?
 – (5)_____ ... Une heure... qui sait?

2 – Dis, Nicole, tu viens (6)_____ ?
 – Quand ça?
 – Eh bien... (7)_____ .
 – Non, je ne (8)_____ pas. Je ne suis pas libre.
  Je dois (9)_____ de Mme Linnot... mais
  j'aimerais bien y aller... Je dois (10)_____
  un jean.
 – Si on y allait cet (11)_____ alors?
 – D'accord! Vers quelle heure?
 – Disons... vers (12)_____ heures?
 – D'accord... À tout (13)_____ .

À minuit	Chez Annie	maintenant	après-midi	à l'heure	en ville
garder les enfants	m'acheter	Samedi soir	peux	deux	poste	boum

Tu veux	venir	au cinéma	ce soir?
	aller	à une soirée	demain après-midi?
			samedi soir?
Tu es libre			le premier mai, *etc.*?

Oui	je suis libre	Non,	je ne peux pas venir
	je peux venir	Je regrette,	je dois me laver les cheveux
		Je suis désolé(e),	je dois garder les enfants
D'accord, je veux bien (venir)			je dois faire mes devoirs
			mes parents ne me laissent pas sortir
			je ne me sens pas très bien
			je suis crevé(e)

Toujours des excuses!

Travaille avec un/une partenaire. Une personne invite l'autre, mais il/elle ne peut pas venir.
Exemple: – *Tu veux aller au cinéma?*
          – *Je ne peux pas venir parce que je dois faire mes devoirs.*

Qu'est-ce qu'on va faire?

5 Je vais consulter mon agenda

Regarde l'agenda et réponds par écrit aux questions suivantes.

Exemple: – *Tu veux venir nager mardi matin?*
– *Je regrette, je ne peux pas venir car je vais chez le dentiste à 11h45.*

1 Tu veux venir au tournoi de tennis vendredi après-midi?
2 Ça te dit de venir à la patinoire samedi soir?
3 Tu aurais envie de faire une randonnée dimanche?
4 Tu veux venir à la boum chez Muriel vendredi soir?

6 Ça te dit?

Écoute cette conversation entre deux jeunes. Copie la grille et remplis-la.

	Activité ?	Oui/Non ?	Pourquoi ?	Autres détails ?
1 2	boum	non	doit rentrer en Angleterre	—

mars

l 20	
ma 21	dentiste 11h 45
me 22	
j 23	
v 24	chez le coiffeur 15h 30 repas familial anniversaire de Grand-père 19h
s 25	cinéma avec Pascal 18h 30
d 26	rendre visite à papy et mamy 10h 30

7 Où va-t-on?

Lis ce dépliant sur la vie nocturne à Avignon. Travaille avec un/une partenaire. Choisissez trois activités à faire ensemble. Si ton/ta partenaire te propose quelque chose que tu n'aimes pas, dis-lui pourquoi tu ne veux pas le faire.

Avignon

LES DISCOTHÈQUES

★ Le 5/5 :
Porte St Roch, Avignon, Tél : 90 82 61 32

★ L'Esclav'bar (gay) :
Rue du Limas

★ 46 ème Avenue :
gare routière

★ Le Loulaby :
Châteaurenard, Tél : 90 94 30 02

★ Le Privilège :
Les Angles, Tél : 90 25 55 27

★ Le Sholmès :
Rochefort du Gard, Tél : 90 31 73 73

★ Le Stax :
Châteaurenard, Tél : 90 94 12 36

VIE NOCTURNE
La nuit venue, Avignon propose toute une gamme de spectacles et animations. Un éventail de ceux-ci vous est offert dès votre arrivée à l'Office de Tourisme dans notre bulletin bi-mensuel "Rendez-Vous".

■ **PATRIMOINE**
Depuis l'île de la Barthelasse ou le pont Daladier, ne manquez pas ce panorama d'Avignon la nuit d'où le Palais des Papes surgit tel un décor de théâtre.

★ Journées nationales du Patrimoine, 18 et 19 septembre 1993 :
Prenez rendez-vous avec l'histoire ! Dans le cadre de cette manifestation vous parcourez des rues illuminées, la ville se révèle à vous dans un éclairage insolite.

★ Nuits d'été :
Pendant le festival de théâtre d'été, le spectacle descend dans les rues qui se transforment en scènes nocturnes. De nombreux lieux de spectacles, de rencontres accueillent le public tard dans la soirée.

★ Baptême des Côtes du Rhône Primeurs :
Un événement qui, alors que la vigne arbore sa parure automnale, livre la rue principale, la place de l'horloge, le palais des papes à la joie des amateurs de vin. Les confréries bachiques, revêtues de leurs plus beaux atours, ouvrent le cortège. La fête se termine par un feu d'artifice embrasant la façade du palais.

■ **CINÉMAS**
De nombreuses salles s'offrent à vous, reportez-vous à la liste de notre rubrique "Culture au présent".

■ **RESTAURANTS-SPECTACLES**
★ Le Jardin de la Tour :
9, rue de la tour, Tél : 90 85 66 50

★ Le Mirelo (bateau restaurant) :
allées de l'Oulle, Tél : 90 85 62 25

★ La Mirande :
(concerts classiques hors saison)
4, place de l'amirande, Tél : 90 85 93 93

★ Le Massacan :
(guitariste tous les soirs)
rue Ferruce, quartier Balance,
Tél : 90 85 66 06

■ **CAFÉS-THÉÂTRES**
★ La Tâche d'encre :
22 rue des teinturiers, Tél : 90 85 46 03

★ Le Mégafaûne :
36 bis, rue Rempart St Lazarre,
Tél : 90 85 64 75

★ Le Caf'conce :
25, rue Carnot, Tél : 90 85 79 71

■ **DANCINGS**
★ Le 5/5 :
Porte St Roch, Avignon, Tél : 90 82 61 32

★ Le New Ambassy club (cabaret) :
27, rue Bancasse, Avignon,
Tél : 90 86 31 55

★ Le Bataclan :
Caumont/Durance, Tél : 90 23 07 25

★ Le Roaljorero :
Monteux, Tél : 90 66 24 04

★ Le Sholmès :
Rochefort du Gard, Tél : 90 31 73 73

Une liste exhaustive des discothèques et dancings d'Avignon est à votre disposition à l'Office de Tourisme.

La vie nocturne

Lis le texte et les questions. Écris *vrai* ou *faux* pour chaque phrase. Si la phrase est fausse, corrige-la!

Exemple: 1 = *Vrai*

1 Les activités sont organisées dans les MJC.
2 La liste des activités se trouve à l'hôtel de ville.
3 Le festival de danse a lieu chaque mois.
4 On peut aussi s'inscrire aux stages pendant ce festival.
5 Le jazz club se réunit tous les vendredis.
6 Des listes de sports et de stages figurent dans les rubriques 'cinéma' et 'culture au présent'.
7 On peut trouver des renseignements sur les spectacles dans le journal avignonnais.

Spécial jeunes/ Vie nocturne

BAMBINS

Des activités pour vos bambins ? Nous n'en manquons pas à Avignon !
Un petit train touristique leur permettra de visiter la ville, d'une façon amusante et sans se fatiguer du 15 mars au 15 octobre. Un autre petit train les mènera de la place du Palais au jardin du Rocher des Doms où ils pourront découvrir avec joie terrains de jeux, fontaines et canards ! Le square, situé à côté de l'Office de Tourisme, offre également des distractions pour les tous petits.
Un carrousel à l'ancienne, avec ses chevaux de bois, les attend tous les jours sur la place de l'horloge. "Marionnettes en Avignon" et d'autres compagnies de théâtre créent régulièrement des spectacles, invitent des artistes pour distraire vos chérubins. En juillet, un festival de théâtre-enfants leur est proposé chaque année, ainsi qu'une halte garderie d'éveil artistique.
Et si vous voulez sortir le soir, renseignez-vous à l'Office de Tourisme, des associations de garde d'enfants vous attendent et les accueillent.

18 ANS ET PLUS...

Les aînés ne s'ennuieront pas non plus ! Toute l'année de multiples activités sont organisées dans les M.J.C. à l'intention des jeunes (liste à l'Office de Tourisme). Pour ceux qui aiment la danse, un festival spécifique "Les Hivernales" se tient chaque année pendant les vacances de février et propose des stages. De nombreuses manifestations concernent les jeunes (voir notre calendrier manifestations annuelles), un jazz club (A.J.M.I.) anime régulièrement les jeudis avignonnais.
Des chantiers de restauration du patrimoine proposés par l'A.P.A.R.E. (90 85 51 15) dans la région permettent une toute autre approche de la Provence. Stages, sports en tous genres vous attendent (voir nos rubriques "culture au présent" et "détente sport").

Qu'est-ce qui t'intéresse?

Ton/Ta correspondant(e) t'a écrit pour te demander ce que tu voudrais faire pendant ta visite chez lui/elle le mois prochain. Lis la lettre et réponds. Explique ce que tu fais normalement chez toi et ce que tu voudrais faire pendant ton séjour en France.

Avignon, le 14 juin

Cher/Chère Leigh

J'attends avec impatience ta visite le mois prochain. Mes parents sont déjà en train de faire les préparatifs. Mon père a retapissé les murs de ma chambre et maintenant c'est tout bleu et tout propre. Ma mère a fait cuire deux grands gâteaux – j'espère que tu les aimeras! Moi, je me demande ce que nous allons faire le mois prochain – il y a beaucoup à faire dans ma région et dans ma ville. Est-ce que tu aimes le sport? Il y a une grande patinoire à glace tout près de chez nous. Au centre sportif, on peut faire plein de sports différents. Mon ami m'a proposé une boum chez lui avec tous mes amis. Tu aimes danser? Dans la ville voisine, il y a un grand cinéma avec trois écrans – peut-être qu'il y aura un film que tu voudras voir. Écris-moi bientôt.

Amitiés

Dominique

16 Au secours!

1 Un coup de main

Je peux	t' / vous	aider?	Tu veux / Vous voulez	m'aider?
Je peux	emprunter / prendre	ton/ta/tes... ? / votre/vos... ?	Oui,	si tu veux / si vous voulez / bien sûr
Veux-tu / Voulez-vous	me prêter	ton/ta/tes... ? / votre/vos... ?	Non,	j'en ai besoin / je n'en ai plus / il n'y en a plus
Tu as	un/une/des...?			

2 Tu as... ?

du savon	un radio-réveil	une serviette	des chaussettes	un Kleenex
du shampooing	un sèche-cheveux	une chemise	des chaussures	
du déodorant	un coussin	une couverture	des piles	une carte téléphonique
un rasoir	un drap	de l'argent	des cassettes	du sparadrap
un jean	un cintre	une enveloppe	un collant	un parapluie	une calculatrice
un maillot de bain	un timbre	une ceinture	un stylo	

Regarde ces images. Tu auras peut-être besoin de ces articles pendant tes vacances.
Travaille avec un/une partenaire et demande quatre ou cinq de ces articles.

Exemple: – *Je peux t'aider?*
– *Oui, peux-tu me prêter du savon?*
– *Oui, bien sûr.*

3 Qu'est-ce que tu veux?

Écoute ces cinq conversations. Trouve les détails qui manquent. Copie la grille et remplis-la.

Qu'est-ce qu'il/elle veut?	Pourquoi?	Où se trouve l'objet?
1 Papier/enveloppe	pour écrire une lettre	dans le tiroir du buffet
2		

Je peux emprunter... ?

Alain séjourne en France, mais il a perdu sa valise. Écoute la cassette et regarde les images. Qu'est-ce qu'Alain veut emprunter? Un jean – oui ou non? Écris *oui* ou *non* pour chaque article. Si c'est *non*, explique pourquoi il n'emprunte pas l'article.

Exemple: 1 = *oui*

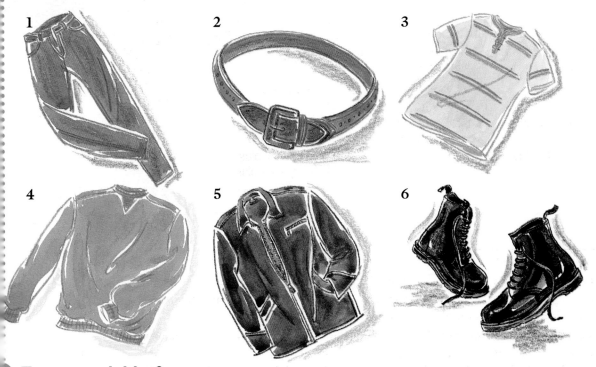

Tu peux m'aider?

Finis ces phrases avec les mots qui conviennent.

1 J'ai perdu un bouton. Tu as... ?
2 Je suis très enrhumé(e). Y a-t-il... ?
3 Je voudrais prendre un bain. Avez-vous... ?
4 Je me suis coupé(e) à la main. Y a-t-il... ?
5 Je dois emballer ce cadeau. Tu as... ?

Mais pourquoi?

Quelles raisons peux-tu inventer pour justifier les phrases suivantes?

Exemple: 1 *J'ai perdu mon maillot de bain à la piscine la semaine dernière.*

1 Tu peux me prêter un maillot de bain pour demain matin?
2 Si possible, je voudrais emprunter une ceinture.
3 As-tu encore une couverture, s'il te plaît?
4 Est-ce que je peux te demander un service. Tu ne pourrais pas me prêter ton vélo?
5 Est-ce que je peux me servir du téléphone en vitesse, s'il vous plaît?
6 Je peux emprunter un t-shirt pour ce soir?
7 Est-ce que je peux emprunter des piles, s'il te plaît?

Que faire alors?

7 Que faire maintenant?

Écoute la cassette. Réponds aux questions suivantes.

Exemple: 1 *Non, il n'y en a plus ce soir.*

1 Est-ce qu'il y a d'autres trains pour Drancy ce soir?
2 Le prochain train est à quelle heure?
3 Est-ce qu'elle peut prendre le bus?
4 Une chambre d'hôtel ou un voyage en taxi?
  Qu'est-ce qui est moins cher?

8 Quel désastre!

Tu écris une lettre à ton/ta correspondant(e). Tu lui racontes les problèmes que tu as eus pendant un voyage récent. Tu as manqué le dernier train pour rentrer chez toi. Qu'est-ce que tu as fait?

Qu'est-ce que tu veux faire? Tu veux (aller en ville) ou tu préfères/tu préférerais (rester à la maison)?		
Je (ne) veux (pas)	aller en ville	Ça m'est égal !
J'ai/Je n'ai pas envie de/d'	rester à la maison	Restons à la maison
Je préfère/Je préférerais	sortir en boîte	Allons en ville

9 Qu'est-ce qu'on fait?

Regarde les images ci-dessous. Invente la conversation entre les personnes qui se trouvent dans chaque image. Utilise les phrases de la grille 'aide-mémoire' (ci-dessus) ainsi que les verbes du tableau suivant.

rester à la maison	sortir	venir (avec...)
écouter de la musique	y aller à pied	rentrer à la maison
prendre un taxi	en chercher un(e) autre	regarder la télé

Exemple: 1 – *Puisqu'il pleut, qu'est-ce que tu veux faire?*
         – *Je préférerais rester à la maison écouter de la musique.*
         – *D'accord! Bonne idée.*

0 Que faire?

Travaille avec un/une partenaire. Qu'est-ce que vous faites dans les situations suivantes?
Inventez un dialogue avec ton/ta partenaire, dans lequel vous décidez ce que vous allez faire.

1 Tu as perdu ton passeport.
2 Tu es arrivé(e) trop tard au cinéma et le film a déjà commencé.
3 Tu es au centre-ville pour faire des achats et il commence à pleuvoir.
4 Quand tu sors d'un magasin, tu t'aperçois que la vendeuse s'est trompée en te rendant
   la monnaie et qu'elle t'a donné trop d'argent/5F de moins qu'elle aurait dû.

1 Un coup de téléphone

Il est très important de savoir bien prendre des messages et de noter tous les détails
nécessaires.

X a appelé/téléphoné.	Tu dois Tu veux... ? Il/Elle dit que... Il/Elle a dit que... Il/Elle te demande de + *infinitif* Il/Elle veut savoir si.../où.../à quelle heure...

Six personnes ont téléphoné. Note les messages pour la famille.

Exemple: 1 *Claude a téléphoné. Il a dit qu'il ne peut pas venir à la boum parce qu'il est malade.*

1 Veux-tu lui dire que je suis malade et que je ne peux pas venir à la soirée ce soir?

2 Dis-lui que j'ai trouvé son appareil-photo dans la voiture de mon père. Il était sous le siège!

3 Il y a une soirée samedi chez Simon Legrand. Demande-lui s'il/si elle veut venir.

4 Dis-lui de me rappeler plus tard dans l'après-midi. J'ai quelque chose d'important à lui dire.

5 Demande-lui s'il/si elle peut venir chez moi m'aider à réparer mon vélomoteur.

6 Dis-lui que le concert commence à 20h. J'ai déjà payé les billets. Il/Elle peut me rembourser ce soir.

BRIGITTE

CLAUDE

PATRICK

MARIANNE

SERGE

SIMONE

1 En grève!

a Lis l'article suivant qui parle d'une grève des transports en France.

UN JEUDI SANS TRAINS...
GRÈVE: ENCORE

**Les syndicats ont mis le pays à pied
La vie de millions de Français empoisonnée**

C'est la première fois que tous les moyens de transport du pays sont touchés le même jour. Métro, RER, autobus, trains de banlieue et de grandes lignes – TGV compris – avions. La France a connu hier une journée de paralysie aggravée par d'importants embouteillages.

La journée aura été particulièrement rude pour les millions de Parisiens qui avaient, malgré tout, décidé de se rendre au travail.

Les syndicats applaudissent à la réussite de cette journée. Cette journée d'action tend à montrer que les exigences des salariés seront désormais 'fortes', notamment chez les jeunes qui veulent 'des résultats, du concret'.

b Complète ce texte en remplissant les blancs avec les mots qui conviennent.

Les _____ des transports _____ se sont mis en _____ jeudi, suivant l'ordre lancé par leurs _____ . Tous les moyens de transport ont été _____ et par conséquent il y a eu de nombreux _____ sur les routes. Les _____ ont été les plus touchés, surtout ceux qui ont essayé d'aller au _____.

Les syndicats sont très _____ de leur journée d'action. Les employés des transports, surtout les _____ , deviennent de plus en plus _____.

Ce ne sera certainement pas la _____ grève des transports!

dernière	satisfaits	jeunes	syndicats	militants	employés
embouteillages	paralysés	grève	Parisiens	travail	publics

2 Une visite

Cette famille française t'a demandé de recommander une visite pour leur séjour en Angleterre.

M. Lebrun
Mme Lebrun
Thierry (16 ans)
Jeanne (9 ans)
Anny (3 mois)

Tu trouves ce dépliant sur Warwick Castle. Lis le dépliant.
Écris une lettre à la famille Lebrun, en leur décrivant ce qu'il y a à voir et à faire.

Je pense avoir trouvé une excellente visite pour vous.

> Il y a...
> On peut...
> Il y a... où on peut...
> Je crois que Thierry (*etc.*)
>   aimerait...
> Pour Jeanne (*etc.*) il y a...

GENERAL INFORMATION

The Castle closes at 6pm from 1st April to 22nd October, and at 5pm from 23rd October to 31st March. Both car parks are locked 15 minutes after the Castle closes.

For the benefit of overseas visitors Bureau de Change facilities are available all year round at the Stables entrance.

For safety reasons, smoking is not permitted within the Castle and Stables buildings.

The toilets are shown on the plan and include baby changing facilities in the Stables and Undercroft. Disabled toilets are in the Stables and by the Conservatory.

Audio tours with a personal stereo, giving a detailed commentary on the Castle and Grounds are available in English, French and German.

Guide dogs only are allowed in the Castle and Grounds.

REFRESHMENTS

Light refreshments are served all day in the Stables Cafe and in the Stables 1st floor family Restaurant, which also has a lunch and children's menu. The Undercroft Restaurant in the Castle serves a variety of hot and cold dishes and has a morning coffee and afternoon tea menu.

Picnic areas are shown on the plan and during the summer, picnic boxes are available from the Pavilions. In fine weather, the outdoor barbecue serves hot snacks.

THE GIFT SHOPS

There are three main gift shops shown on the plan overleaf. The new Kingmaker shop is in the 14th century Undercroft. Our friendly staff will help you with your purchases including Kodak film and single use cameras.

THE GUIDE BOOK

This beautifully photographed full colour guide book is much more than an essential guide to Warwick Castle, its history and its characters. It is also a souvenir that will give you lasting memories of your visit to the finest mediaeval castle in England.

Où allons-nous passer nos vacances?

Le scénario

La classe veut faire un séjour pendant huit jours en juin dans un pays francophone. Vous pouvez choisir une ville en Suisse par exemple, ou en Belgique. Si vous préférez, vous pouvez choisir un pays francophone plus loin comme la Guadeloupe ou le Cambodge. Dans quelle ville allez-vous rester? À vous de découvrir.

Vous travaillerez dans des groupes de quatre à cinq personnes. Chaque groupe va choisir une ville différente pour l'étude. Vous allez présenter votre projet aux autres membres de la classe et en même temps persuader la classe de rester dans votre ville choisie. Votre présentation devrait comprendre des détails sur:

- la situation géographique de la ville
- le climat
- le logement
- le transport: est-ce que la ville est bien desservie et d'accès facile?
- le caractère de la ville (industrielle, calme, touristique)
- ce qu'il y a d'intéressant pour les touristes, surtout les jeunes – les activités, les sports
- les magasins et les cafés, les restaurants, les banques
- la gamme d'attractions touristiques: y a-t-il quelque chose pour tous les âges?

Les tâches

- Mettez-vous ensemble pour choisir une ville.

- Commencez votre dossier d'informations en vous servant des illustrés, des journaux ou des dépliants qui se trouvent dans le collège ou à la bibliothèque en ville.

- Écrivez au Syndicat d'Initiative de la ville. Expliquez que vous voulez visiter la ville au mois de juin pendant huit jours. Demandez les renseignements nécessaires pour une réservation convenable au groupe et pour vous informer sur la ville et sur la région.

- Travaille avec un/une partenaire. Préparez un poster de la situation géographique de la ville. Servez-vous d'un ordinateur si vous en avez.

- Faites une brochure pour la ville comme celle qu'on trouve dans un Syndicat d'Initiative.

- Écrivez à la gare et à la gare routière pour des horaires des trains et des bus et à l'aéroport pour des horaires des vols.

- Enregistrez sur une cassette une annonce pour les activités sportives et culturelles qu'on peut faire dans la ville.

- Écrivez à la Mairie de la ville. Il vous faut des renseignements sur le nombre d'hôtels, les autres possibilités d'accueil, le nombre et la gamme de commerces, les futurs aménagements qu'on prévoit.

17 Comment traverser la Manche? ....

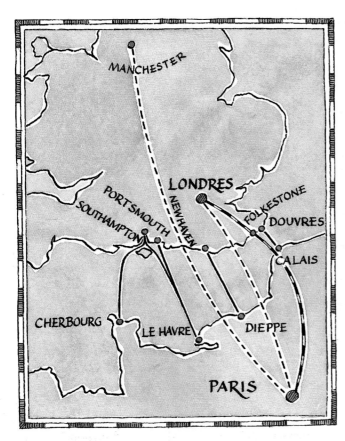

On peut traverser la Manche en bateau…

… en avion…

… en aéroglisseur (hovercraft)…

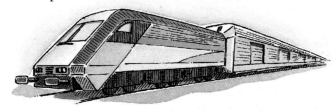

… ou par le Shuttle.

➊ En voyage

1 Quel est le moyen de transport le plus rapide?
2 Le plus confortable? Et le moins cher?
3 Lequel est le plus pratique pour les hommes/femmes d'affaires?
4 Pour les groupes scolaires? Et pour les personnes âgées?

5 Dans quels pays étrangers es-tu déjà allé(e)?
6 Quand?
7 Comment as-tu voyagé?
8 Combien de temps a duré le voyage?

J'ai pris Je prends Je vais prendre	le bateau/le ferry/l'aéroglisseur/l'hovercraft/l'avion/le Shuttle/le tunnel
J'y suis allé(e) J'y vais Je vais y aller	en avion/en bateau/en aéroglisseur/en hovercraft/par le Shuttle/par le tunnel

➋ Moi, j'y vais en…

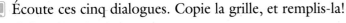

Écoute ces cinq dialogues. Copie la grille, et remplis-la!

Le métier de la personne?	Il/Elle voyage comment?	Pourquoi?	Comment n'aime-t-il/ elle pas voyager?	Pourquoi?
1 étudiante	en bateau	c'est pas cher	en avion	c'est cher/elle a peur

Formules de vacances

a Identifie les personnes qui parlent:

Exemple: 1 = *b*

b Lequel de ces quatre séjours préférerais-tu? Pourquoi?
Lequel aimerais-tu le moins? Pourquoi?
Avec qui passes-tu les vacances d'habitude?

Pourquoi le caravaning est-il si populaire?
Quelles autres formules de vacances existe-t-il?
Où irais-tu en vacances si tu étais millionnaire?

Qu'est-ce qu'ils en pensent?

Écoute ces six personnes.
Copie la grille, et remplis-la!

Type de séjour	aime (✓)/n'aime pas (✗)	Pourquoi?
1 *vacances à la montagne*	✓	*adore faire des promenades*

Pour se déplacer

a Voici des remarques concernant certains moyens de transport. Trouve un moyen de
transport qui correspond à chaque remarque (il y a souvent plus d'une possibilité):

1 Aux heures d'affluence, c'est affreux!

2 On peut aller directement à sa destination!

3 C'est souvent bondé.

4 C'est agréable, s'il fait beau!

5 Ce n'est pas pratique si on a des bagages.

6 Ça s'arrête... sans arrêt!

7 Il est souvent difficile de stationner!

8 S'il pleut, ce n'est pas pratique!

9 Il faut souvent attendre longtemps!

10 C'est très cher!

11 On peut s'arrêter quand et où on veut!

12 On ne voit pas grand-chose!

b Imaginez trois dialogues. Chacun doit contenir au moins une des expressions ci-dessus.

Exemple: **A** *Tu prends souvent le train?* **B** *Oui, je vais au travail en train.*
A *Ça te plaît?* **B** *Oui, mais c'est souvent bondé!*

6 Au guichet

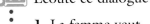

Écoute ce dialogue à la gare. Choisis les bonnes réponses:

1 La femme veut…
   a un aller simple.
   b un aller-retour.
   c un billet de groupe.

2 Ça coûte…
   a 50F14.
   b 50F40.
   c 50F80.

3 Son train va partir à…
   a 3h20.
   b 13h20.
   c 15h20.

4 Le train part…
   a du quai 1.
   b du quai 2.
   c du quai 3.

5 La femme…
   a doit changer une fois.
   b doit changer deux fois.
   c ne doit pas changer.

C'est bien le train pour… ?				Il s'arrête à… ?
Le train	de… pour…	arrive part	à quelle heure, s'il vous plaît?	Il faut changer?/ C'est direct?
Il	arrive sur quelle voie/à quel quai? part de quelle voie/de quel quai?			

Un aller simple pour (*town*) …(*town*)… aller-retour	s'il vous plaît,	première classe. deuxième classe.
Il y une réduction pour	familles/mini-groupes/étudiants?	

7 Qu'est-ce qu'ils disent?

Travaille avec un/une partenaire. Essayez de déchiffrer ces trois dialogues (vous trouverez toutes les expressions dans le tableau ci-dessus). **A** est touriste, **B** est employé(e) de la SNCF.

Exemple: 1 **A** *Je voudrais un aller simple pour Paris, s'il vous plaît, deuxième classe.*
         B *Voilà, monsieur/madame/mademoiselle…*

1 A 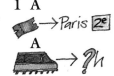→Paris 2ᵉ   B 60F50

2 A ⟲ Marseille 1ᵉ   B 70F10

3 A 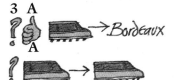→Bordeaux   B ✔

A 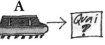→ ?h   B 10:15

A → Quai ?   B Quai ∧

A ? →   B ✗

8 Et toi? Où passes-tu tes vacances d'habitude?

a Parle de tes vacances. Utilise les expressions suivantes:

D'habitude, Normalement,	je passe nous passons	huit jours 15 jours trois semaines un mois, *etc.*	dans un gîte dans un hôtel dans une AJ en camping dans une caravane dans une pension, *etc.*	au bord de la mer. à la montagne. à la campagne. au pays de Galles. en France, *etc.*

Exemple: *Je passe 15 jours en camping à la campagne.*

b Imagine ce que dirait: 1 un père de famille qui n'a pas beaucoup de moyens.
                           2 une mère de famille qui n'a pas de problèmes d'argent.

J'ai pris	le train/le métro/l'autobus/le car/un taxi.
Je prends	
Je vais prendre	

J'y suis allé(e)	à pied/à vélo (en vélo)/à bicyclette/en moto/en scooter/
J'y vais	en train (par le train)/en métro/en autobus/en car.
Je vais y aller	

Hier… demain…

a Parle d'une visite que tu as faite récemment (Quand? Avec qui? Pourquoi? Comment?):

Exemple: *Le week-end dernier je suis allé(e) en ville avec une copine faire du shopping.*
J'y suis allé(e) en autobus.

b Parle d'une visite que tu as l'intention de faire (Quand? Avec qui? Pourquoi? Comment?):

Exemple: *Lundi prochain je vais aller à Londres avec mes parents visiter les monuments.*
Je vais y aller en train.

Où vont-ils?

Écoute ces dialogues et complète les phrases:

À la gare routière
1 La femme veut aller au…
2 Elle doit prendre la ligne…
3 Elle doit descendre Rue…
4 C'est le… arrêt.

Taxi!
1 L'homme veut aller à…
2 Comme bagages il a… et…
3 Son avion part dans…
4 Dans le taxi il va faire les… kilomètres en… minutes.
5 Heureusement, il n'y a pas de…

Le prochain train part à quelle heure?

Travaille avec un/une partenaire. Faites trois dialogues
qui ont lieu aux heures indiquées:

A est le/la touriste (à Paris). Il/Elle demande l'heure du départ du prochain train pour une certaine
gare, et l'heure de son arrivée là-bas. **B** est l'employé(e), et répond selon l'horaire ci-dessous.

Exemple:
A *Le prochain train pour…*
part à quelle heure, s'il vous plaît?
B *Il part à…, monsieur/madame.*
A *Et il arrive à quelle heure?*
B *À…, monsieur/madame.*

PARIS	08.44	09.10	10.00	11.40	12.57	10.44	14.00	10.17	10.20	17.00	17.51	10.00
LE MANS	10.30	10.58	11.49	13.37	14.46	15.30	16.25	18.08	18.08			
LAVAL			12.35	14.21	15.31	16.16	17.10	18.55	18.55			20.34
VITRE			12.55				17.30					20.55
RENNES (GARE SNCF)	12.07	12.32	13.16	15.07	16.09	17.02	17.58	19.26	19.42		20.57	21.24
LAMBALLE	12.57	13.18		15.55		17.51	18.45		20.26		21.43	22.18
ST BRIEUC (GARE SNCF)	13.14	13.35		16.13		18.09	19.04		20.41	20.03	21.59	22.35
GUINGAMP	13.38	13.57		16.34		18.30	19.25				22.20	
PLOUARET	13.58	14.14		16.53		18.49	19.44				22.36	
MORLAIX (GARE SNCF)	14.23			17.16		19.12	20.06				22.59	
LANDIVISIAU	14.45					19.32	20.26					
LANDERNEAU (GARE)	14.58			17.47		19.46	20.40				23.29	
BREST (GARE)	15.18			18.04		20.03	20.57				23.46	

La rentrée de vacances

Lis la lettre et écris une réponse
à ton/ta correspondant(e):

Je crois que tu viens tout juste de rentrer de vacances? Où es-tu allé(e) cet été? Comment as-tu voyagé? Parle-moi de ton séjour! As-tu déjà des projets pour l'année prochaine?

18 On arrive! ....

❶ Cherchons un terrain de camping

PROMENADE TOURISTIQUE à la Pointe du Raz, du Van, Morgat, Quimper et ses faïences, son Musée breton, Locronan, Chapelles et Calvaires, l'île de Sein, Presqu'île de Crozon – Promenade en mer par la vedette ROSMEUR– Visite de l'Odet

Camping de TRÉGUER

FRANCE   BRETAGNE

CAMPING☆☆ TREGUER PLAGE
6 ha. accès direct à la plage.

STE-ANNE-LA-PALUD
29550 PLONEVEZ-PORZAY
Tél. 98 53 52
Ouverture: 1ᵉʳ avril au 30 septembre.
•LOCATION CARAVANES et MOBIL-HOME
•FORFAIT SAISONNIER •FORFAIT WEEK-END

Baptèmes, survol de la côte en ULM

Une belle balade avec une approche originale et inoubliable de la région. En toute sécurité.

Tarifs

Emplacement (tente)	13,00
Adultes	13,00
Enfants (à partir de 7 ans)	8,00
Voiture	9,00
Moto, Cyclomoteur, Vélo	5,00
Chien	7,00
Camping-car, Caravane	13,00

BRETAGNE-SUD
SAINTE-ANNE
LA PALUD
BAIE DE DOUARNENEZ

a Lis ces informations sur le Camping Tréguer-Plage. Réponds en français aux questions suivantes:

Exemple: 1 *Il s'appelle Tréguer-Plage.*

1 Comment s'appelle le terrain de camping?
2 Dans quelle région de France se trouve-t-il?
3 Est-ce que 29550 est un numéro de téléphone?
4 C'est près ou loin de la plage?

5 Qu'est-ce qu'on peut louer au camping de Tréguer-Plage?
6 Le camping a combien d'étoiles?
7 Qu'est-ce qu'il y a au camping?
8 Qu'est-ce qu'on peut faire dans la région?

b Lis les tarifs du Camping de Tréguer-Plage en haut de la page.

- Fais une liste de tout ce que cette famille a à payer pour une nuit au camping.
- Fais l'addition. Combien doit-elle payer en tout?

❷ Qu'est-ce qu'il y a au camping?

Voici des symboles que l'on trouve dans les dépliants et listes de campings.

a Trouve la légende qui correspond à chaque symbole: Exemple: 1 = *Tennis*

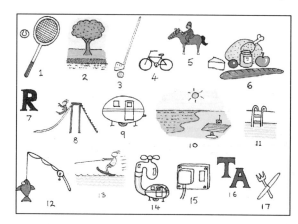

Réservations   Plage   Tennis   Piscine   Centre équestre
Golf   Alimentation   Bord de rivière   Location de vélos
Jeux pour enfants   Location de caravanes   Sports nautiques
Toute l'année   Restaurant ou plats cuisinés   Pêche en rivière
Prise d'eau pour caravanes   Branchement électrique pour caravanes

b Combien de ces choses considères-tu comme importantes/essentielles? Pourquoi?

Exemple: *Je considère la location de vélos importante parce que j'adore faire du vélo, et que je ne veux pas transporter le mien en France.*

Vous avez encore	de la place pour	une tente?		
Il vous reste		une caravane?		
Nous sommes	un(e) adulte et	un(e) enfant.	Nous avons	une/deux voiture(s).
On est	deux adultes,	deux enfants.	On a	une/deux moto(s), etc.
Nous voulons	rester	une	nuit(s), etc.	
On veut		deux		

Vous avez de la place?

Imaginez ces conversations à la réception du Camping Tréguer-Plage (**A** est touriste, **B** travaille à la réception):

Exemple: 1 **A** *Vous avez encore de la place pour une tente?* **B** *Oui. Pour combien de nuits?*
   A *Deux nuits.* **B** *Vous êtes deux adultes, n'est-ce pas?*
   A *C'est ça.* **B** *Vous avez une voiture?*
   A *Non, une moto.* **B** *Eh bien, ça vous fait…* etc.

On arrive au camping

Écoute cette conversation. Une famille arrive dans un terrain de camping en France.
Toutes ces phrases sont fausses. Corrige-les!

Exemple: *La famille a une voiture et une caravane.*
   Non, la famille a une voiture et une tente.

1 Ils sont trois adultes et deux enfants.
2 Les enfants ont cinq et sept ans.
3 Il faut payer pour un des enfants.
4 Ils veulent rester une semaine.

5 Ça fait 54F en tout.
6 Ils ont l'emplacement 27, loin du bloc sanitaire.
7 Victor est le père du propriétaire.

Pour réserver des places…

Écris une lettre à un terrain de camping.
Cette lettre te servira de modèle:

1 date?	5 combien d'adultes/d'enfants?	
2 combien d'emplacements?	6 combien de voitures/de motos?	
3 tente(s)? caravane(s)?	7 signature	
4 date(s) du séjour?		

le ....(1)......

Monsieur/Madame

Pourriez-vous nous / me réserver ....(2).......... pour ....(3).......

pour la nuit du ....(4)............. ?
du ....(4)...... au ....(4).......... ? Nous serons ....(5).......

et aurons ....(6)............. .

Je vous prie d'agréer, monsieur, l'expression de mes sentiments les meilleurs,
.............(7)..............

...À l'auberge de jeunesse

6 À la réception

Des jeunes gens arrivent dans une auberge de jeunesse.
Écoute la conversation. Réponds aux questions:

1 Combien de filles et de garçons y a-t-il?
2 Qu'est-ce que le père aubergiste veut voir?
3 Combien de nuits veulent-ils rester à l'auberge?
4 Qu'est-ce qu'ils ont besoin de louer?
5 Quel repas vont-ils prendre à l'auberge?
6 Où vont-ils prendre les autres repas?

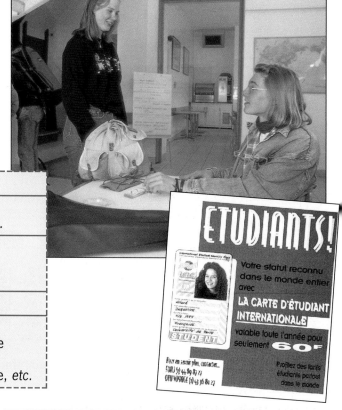

Vous avez des places libres?				
Nous sommes	un garçon deux garçons	et	une fille deux filles, *etc.*	
Il est possible de Je peux On peut	louer	un vélo des boules, *etc.*		ici?
Nous voulons rester une nuit/deux nuits, *etc.*				

Où est	le... la... l'...	?	Il est Elle est Ils sont	au sous-sol au rez-de-chaussée au premier étage
Où sont	les...		Elles sont	au deuxième étage, *etc.*

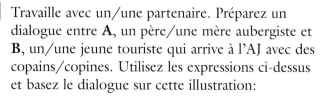

7 Où est...?

Travaille avec un/une partenaire. Préparez un
dialogue entre **A**, un père/une mère aubergiste et
B, un/une jeune touriste qui arrive à l'AJ avec des
copains/copines. Utilisez les expressions ci-dessus
et basez le dialogue sur cette illustration:

1 laverie-buanderie
2 salle de jeux
3 cuisine
4 cafétéria-réfectoire
5 bureau de la direction
6 réception
7 douches-filles
8 dortoir-filles
9 salle de séjour
10 salle de télévision
11 dortoir-garçons
12 douches-garçons

8 Et toi?

Tu as déjà logé dans une AJ?
Comment trouves-tu l'auberge ci-dessus?
Quels équipements manquent à ton avis?
Où passerais-tu la plupart de ton temps, si tu y passais la soirée? À quoi faire?
Quels sont les avantages d'une AJ?
Y a-t-il des inconvénients?
Où est l'AJ la plus proche de chez toi?

On peut louer… ?

Ces six personnes veulent louer certaines choses.

a Qui veut louer quel(s) objet(s)?

Exemple: 1 = *b*

b Pour les images **a–f**, imaginez une conversation plus tard dans la journée:

Exemple: – *Qu'est-ce que tu as fait aujourd'hui?*
– *J'ai loué des raquettes et des balles à la réception et j'ai joué au tennis avec des copains.*

Châtenay-Malabry

Lis cet extrait d'une feuille d'information sur l'AJ de Châtenay-Malabry. Toutes ces phrases sont fausses. Corrige-les!

> Cette petite auberge (36 lits) est située à 7 km au sud de Paris (13 km de Notre-Dame), dans une petite ville universitaire et résidentielle, à proximité du Parc de Sceaux et du Bois de Verrières. On peut y faire sa cuisine (aucun repas n'y est préparé).
>
> Les deux dortoirs sont mixtes.
>
> **Horaires:** salles communes et dortoirs sans interruption.
>
> **Accueil:** de 18h à 23h.
>
> **Accès par la route:** Porte d'Orléans, N20 jusqu'à Croix de Berny puis N186 direction Versailles, sortie Châtenay-Malabry, AJ près Viniprix.
>
> **Accès par métro/bus:** RER B jusqu'à Robinson, puis bus 198A (arrêt Cyrano de Bergerac) ou métro jusqu'à Porte d'Orléans, puis bus 195 (arrêt Cyrano de Bergerac).
>
> **Prix:** 28F, camping: 14F.

Exemple: *L'auberge peut accueillir 195 personnes.*
Non, l'auberge a 36 lits (195 est un numéro d'autobus!).

1 L'auberge se trouve loin de Paris.
2 Elle se trouve à l'est de la capitale.
3 Il n'y a pas d'espaces verts à proximité.
4 On peut y manger à la cafétéria.
5 Il y a un dortoir pour garçons et un dortoir pour filles.

6 Il faut quitter l'auberge pendant la journée.
7 Pour prendre une place, il faut arriver tôt le matin.
8 L'accès à l'auberge est difficile.
9 Si on apporte une tente, ça coûte plus cher que le logement à l'auberge elle-même.

Une lettre

Écris une lettre au directeur/à la directrice d'une AJ en France, au nom d'un groupe de copains et copines. Voici les détails de votre demande:

- Vous êtes quatre filles et quatre garçons (il vaut mieux donner votre âge).
- Vous voulez rester du 5 au 12 mai (c'est-à-dire six nuits).
- Vous n'avez pas grande envie de cuisiner vous-mêmes!

- Vous êtes tous sportifs.
- Vous voulez visiter un peu la région.
- Vous voyagez par le train, mais, une fois arrivés à la gare, vous ne savez pas comment arriver à l'AJ (transports en commun?).
- Vous voulez savoir combien ça va vous coûter!

19 En route! ....

① Préparatifs de voyage

 Écoute ces dialogues et remplis les blancs avec les mots indiqués dans la case ci-dessous.

a – Tu as vérifié l'*eau* et l'___ ?
 – Oui, c'est déjà fait.
 – Et la pression des ___ ?
 – Ne t'inquiète pas! Je vais faire ça à la ___ .

b – Regarde. J'ai besoin d'___ ! J'en prends ici?
 – Oui, c'est la dernière station-service avant l' ___ . Je fais le ___ ?
 – Non, il ne nous reste pas beaucoup d'___ .
 – J'en mets pour ___ francs, alors!

c – Que je suis bête!
 – Qu'est-ce qu'il y a?
 – J'ai mis du ___ au lieu de mettre du___ !
 – Ça ne craint rien. Encore heureux que tu n'aies pas mis du ___ !

d – Bonjour! ___ numéro sept, s'il vous plaît.
 – 160F.
 – Vous acceptez la ___ Visa?
 – Oui, m'sieur.
 – Il y a des toilettes ici?
 – ___ à l'intérieur, ___ derrière le bâtiment.
 – Merci.

> sans-plomb, toilettes-hommes, huile, autoroute, pneus, plein, pompe, eau, essence, toilettes-femmes, carte, super, gas-oil, cinquante, station-service, argent

② Des questions… des questions… !

 Écoute ces dialogues qui se passent dans (ou près d') une station-service. Choisis la bonne réponse!

Exemple: 1 = *b Il n'y a pas de toilettes à la station-service.*

1 a Il y a des toilettes à la station-service.
 b Il n'y a pas de toilettes à la station-service.
 c Il y a des toilettes dans le jardin.

2 a On ne peut pas acheter de bonbons.
 b On ne peut pas acheter de chocolat.
 c On ne peut pas acheter de glaces.

3 a L'homme au garage ne peut pas réparer la voiture.
 b L'homme au garage est mécanicien.
 c L'homme au garage ne travaille pas là.

4 a La femme veut acheter des cartes postales.
 b La femme cherche l'autoroute.
 c La femme veut aller à Troyes.

5 a L'homme a très peu d'essence.
 b L'homme n'a plus d'essence.
 c L'homme a beaucoup d'essence.

③ Véhicules

a Essaie d'identifier l'image qui correspond à chaque famille.
Écris le numéro de la conversation et la lettre de l'image. Exemple: 1 = *d*

b
1 Et dans ta famille, quels véhicules possédez-vous?
2 Comment sont-ils? (neuf/neuve, vieux/vieille, rouillé(e), *etc.*)
3 Qu'est-ce que tu t'achèterais, si tu étais très riche?
4 Explique ton choix!

Il faut absolument	vérifier les documents/l'eau/l'huile/la pression des pneus
Il est important de/d'	faire le plein d'essence
Il vaut mieux	essuyer le pare-brise/les phares, *etc.*
On devrait	

C'est loin!

Avant de se mettre en route, il y a certains préparatifs à faire.

a Fais-en une liste par ordre de priorité. Utilise les expressions ci-dessus.

b Travaille avec un/une partenaire. Imaginez un dialogue où vous parlez de ce que vous avez déjà fait (ou pas encore fait) comme préparatifs:

Exemple: **A** *Tu as déjà vérifié la pression des pneus?* **B** *Je n'ai pas encore…*
A *Tu vas… ?* **B** *Je croyais que tu allais…*
A *J'ai… mais je n'ai pas…* **B** *Moi aussi!/Moi non plus!* etc.

Et les pauvres passagers!

Un long voyage devient pénible pour les passagers, surtout pour les jeunes enfants.

a Fais une liste d'objets à amener (ou à acheter) avant de faire un long voyage. N'oublie pas qu'il s'agit de toute une famille!

b Travaille avec un/une partenaire. Imaginez un dialogue où vous parlez de ce que vous allez amener/acheter. Exemple:

A *Est-ce qu'on a… ?* **B** *Non, on n'en a plus!*
A *Tu as acheté… ?* **B** *Zut! J'ai oublié d'en acheter.*
A *Pour Daniel (etc.) il faut…* **B** *On a besoin de/d'… ,* etc.

On fait du stop

Deux jeunes auto-stoppeurs britanniques voyagent en France. Ils ont de la chance: un chauffeur de camion (un routier) s'arrête pour les prendre. Écoute leur conversation et réponds aux questions:

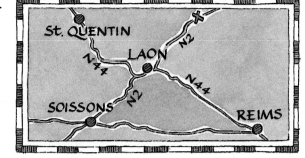

Exemple: *Quelle est la destination du routier? Il va à Soissons.*

1 Les auto-stoppeurs vont vers quelle ville?
2 Où le routier peut-il les déposer?
3 C'est loin de leur destination?
4 Quand le routier est-il venu en Angleterre?
5 Comment y a-t-il voyagé?
6 Où est-il allé?

7 Combien de temps y est-il resté?
8 Comment a-t-il trouvé la conduite à gauche?
9 Les auto-stoppeurs restent encore combien de temps en France?
10 Quand repartent-ils?

....En panne! ....

7 ## Allô... Ici le Garage St-Martin

Voici trois personnes qui sont tombées en panne et qui téléphonent au Garage St-Martin. Écoute les conversations et complète les phrases:

Exemple: 1 *La femme est sur la RN 85.*

1 a La femme est sur la RN…
  b Malheureusement il n'y a pas de… disponible en ce moment.
  c Le numéro de téléphone du Garage Laforge est le…

2 a L'homme est sur la RN…
  b … ne marchent pas.
  c La voiture est une… , immatriculation…
  d Elle est de couleur…

3 a … ne marche pas.
  b La voiture se trouve…
  c Le village s'appelle…
  d Il va falloir attendre…

S.A. GAUDEL
46, av. Ambroise-Croizat 38600 Fontaine   62.2
RICOU AUTOMOBILES
28, bd. de la Chantourne 38700 La Tranche   62.42
GARAGE ST-MARTIN
117, av. Gabriel-Péri 38400 St-Martin d'Hyères   62.54
S.A. RAYMOND Frères,
56-58 bd. Maréchal-Foch   62.81.
SUDAUTOS 78, Crs. J-Jaurès
38130 Echirolles   62.23.

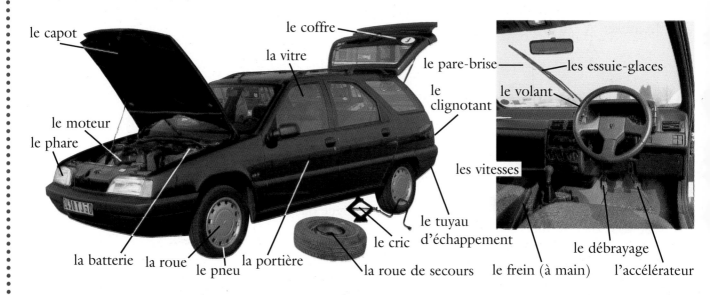

le capot — le coffre — la vitre — le pare-brise — les essuie-glaces — le clignotant — le volant — le moteur — le phare — les vitesses — le tuyau d'échappement — le cric — la batterie — la roue — le pneu — la portière — la roue de secours — le frein (à main) — le débrayage — l'accélérateur

8 ## Au secours!

Travaille avec un/une partenaire. Imaginez des conversations téléphoniques entre **A** (un/une touriste) et **B** (un/une garagiste) pour les situations suivantes:

1 Châteauroux   10 km   943   La Châtre

2 Mazamet   1 km   112   Bézier

3 Arras   20 km   939   Cambray

Exemple: **A** *Ma voiture est tombée en panne!* **B** *Où êtes-vous exactement?*
          A *Je viens de passer par… /Je suis sur la RN 943… à… kilomètres de…* **B** *C'est quelle marque?*
          A *J'ai une…/C'est une…* **B** *C'est quel genre de problème?*

Ma voiture est en panne			Le/La/Les…	ne marche(nt) pas
Pouvez-vous	m'aider me dépanner envoyer quelqu'un	?	Je pense que	est/sont cassé(e)(s) c'est le/la/l'… ce sont les…

Ça alors!

a Ton copain a des problèmes. Trouve l'image qui correspond à chaque problème.

1 Le pneu avant est très dégonflé. Je crois qu'il est crevé!
2 Il y a une fuite d'huile. Et une fuite d'eau aussi!
3 Je suis en panne sèche. J'ai oublié d'acheter de l'essence ce matin!
4 Elle ne démarre pas! La batterie est épuisée.
5 Le moteur fait un drôle de bruit. Et ça chauffe!

b Pour chaque problème, fais un dialogue avec un/une partenaire:

Exemple:
Qu'est-ce qu'il y a?/Qu'est-ce qui ne vas pas?
Je vais t'aider à…
Tu devrais…

Voulez-vous remplir cette fiche?

Votre voiture familiale a été volée en France. Vous allez au commissariat de police.

• Copie cette fiche, et remplis-la!
• Sous le titre *Détails supplémentaires* il faut signaler tous les articles de valeur qu'il y avait dans la voiture.

Exemple: *Dans le coffre il y avait…*

Pas de pot!

Écris une lettre à un/une correspondant(e) français(e). Raconte-lui comment tu es tombé(e) en panne récemment. Dis-lui…

• … quand ça s'est passé.
• … comment tu voyageais (en voiture, *etc.*).
• … avec qui tu étais.
• … où tu allais.
• … où tu es tombé(e) en panne.

• … de quel genre de problème il s'agissait.
• … d'où tu as téléphoné.
• … ce qui s'est passé par la suite.
• … combien ça a coûté.

Ajoute d'autres détails, si tu veux.

Module 3

20 Sorties, excursions, visites ·············

❶ Excursions en autocar

Excursions

RATP

RENSEIGNEMENTS — VENTE DE BILLETS
ET LOCATION DES PLACES
SERVICES TOURISTIQUES DE LA R A T P
PLACE DE LA MADELEINE
(Côté Marché aux Fleurs)
Tel. : 26:51:42:63
Bureau ouvert à partir du 17 mars :
du lundi au vendredi : de 7 h 30 à 18 h 45 ;
samedis, dimanches et fêtes : de 6 h 30 à 18 h ;

112 **Arromanches – 6 juin 1944:** «D Day»: Les plages du Débarquement: visite guidée du Musée du Débarquement présentant un ensemble de maquettes, de photographies, de dioramas, d'armes et d'équipements de soldats alliés. Film projeté en fin de visite. Le port artificiel. Omaha-Beach: le cimetière américain de Normandie et les monuments commémoratifs situés au sommet d'une falaise dominant la plage qui fut le théâtre de la plus grande opération amphibie de débarquement de troupes de l'histoire.

118 **Croisière sur l'Yonne:** Au départ d'Auxerre, embarquement sur le bateau-mouche qui au fil de l'Yonne et au pied du vignoble de l'Auxerrois fait découvrir quelques-uns des plus beaux paysages de Bourgogne. Déjeuner à bord inclus dans le prix avec boissons. Dégustation du Crémant de Bourgogne dans une cave à Bailly.

122 **Gala au Lude:** Spectacle nocturne retraçant cinq siècles d'histoire sur les bords de la Loire, dans le cadre de l'ancien château féodal du Lude, transformé en demeure de plaisance. Soirée animée par les habitants du Lude qui vous présenteront 350 personnages costumés, des ballets, des jeux d'eau et un feu d'artifice. Visite du château-fort de Châteaudun (se munir de vêtements chauds).

127 **Déjeuner au Parc du Marquenterre:** Visite du parc ornithologique du Marquenterre: un site pour l'homme, un refuge pour les oiseaux. Déjeuner inclus dans le prix.

133 **Le Touquet:** Un après-midi à «Paris-Plage», la station la plus élégante de la Côte d'Opale, créée au XIXe siècle à l'embouchure de la Canche. Son front de mer toujours animé, sa plage de sable fin, sa forêt dissimulant villas cossues ou cottages brittaniques, sans oublier son hippodrome.

Lis les détails de ces cinq excursions.

a Quelle(s) visite(s) recommanderais-tu pour…

1 … des personnes âgées?

2 … des jeunes gens sportifs?

3 … quelqu'un qui aime l'histoire?

4 … quelqu'un qui aime les animaux?

5 … quelqu'un qui aime se promener?

Explique ton choix de visites pour ces différentes personnes.

Exemple: *Je recommanderais la Croisière sur l'Yonne pour des personnes âgées, parce qu'elles pourraient se relaxer et regarder le beau paysage.*

b Quelle(s) visite(s) ces personnes devraient-elles éviter à tout prix? Pourquoi?

1 Quelqu'un qui souffre du mal de mer.

2 Quelqu'un qui prend facilement froid.

c Laquelle des visites choisirais-tu personnellement? Pourquoi?

❷ Des renseignements

Quelqu'un a demandé:

a 1 l'heure du départ.

2 l'heure du retour.

3 le prix des cinq excursions.

Copie la grille et remplis-la!

Excursion	Heure du départ	Heure du retour	Prix
112	7h30	22h00	222F
118			
122			
127			
133			

| Je voudrais | réserver | une place | pour | la visite de/du/de la, *etc.* |
| | louer | deux places | | l'excursion à/au/à la, *etc.* |

Il y a toujours des places libres?
Il y a une réduction pour enfants/groupes/étudiants/personnes âgées?

Ça part	quand?		Ça part	à... heures,	je crois?
Ça retourne	à quelle heure?		Ça revient		n'est-ce pas?
					c'est bien ça?
Ça coûte combien?			Ça coûte... francs, je crois, *etc.*		

b Travaille avec un/une partenaire. Utilisez l'aide-mémoire pour vous aider. Inventez une conversation entre **A**, un/une touriste qui veut réserver des places, et **B**, un/une employé(e) de la RATP:

Exemple: **A** *Bonjour. Je voudrais réserver deux places pour l'excursion au Touquet, s'il vous plaît.*
B *Certainement, monsieur/madame/mademoiselle.*
A *Ça part à quelle heure?* etc.

Venez nombreux!

Écoute ce haut-parleur qui annonce trois activités.

• Copie la grille et remplis-la!

		Activité	À quelle heure?	Où?	Prix
Exemple:	**1**	cirque	20h30	stade municipal	25F enfants 50F adultes

• Laquelle des trois activités t'intéresserait le plus? Pourquoi?
• Laquelle t'intéresserait le moins? Pourquoi?

Qu'est-ce qu'il y a à visiter?

a Trouve le symbole qui correspond à chaque activité.

b En utilisant le dépliant sur St-Gratien, inventez une conversation avec un(e) partenaire:

Exemple: *Tu as envie d'aller... ?*
Ça te dirait de visiter... ?
Moi, j'aime bien/j'adore...
Je n'aime pas/Je déteste... etc.

c Prépare un dépliant touristique sur ton village, ta ville ou ta région.

Visitez St-Gratien!

a **son jardin public**
(25ha de verdure avec bois et terrains de jeux)

b **son musée**
(objets des âges de pierre, de fer et de bronze)

c **son parc d'attractions**
(zoo, manèges, promenades à cheval)

d **son lac**
(sports nautiques, location de planches à voile et de bateaux)

e **sa galerie d'art moderne**
(peinture et sculpture du XXe siècle)

f **son centre sportif**
(volleyball, badminton, musculation, etc.)

g **son château**
(visites guidées, donjon, chambres de tortures, etc.)

h **sa piscine**
(couverte, chauffée)

····· Y a-t-il... ? ···························

⑤ Qu'y a-t-il pour votre service?

Imagine…
a où se trouve cet hôtel.
b de quelle nationalité est Madame Jones.
c pourquoi elle est en France.
d qui lui a écrit, et pourquoi.

⑥ A l'hôtel 'Au bon accueil'

 a Écoute les trois premières conversations.
Toutes ces phrases sont fausses. Corrige-les!

Exemple: *La femme parle à Madame Lejeune.*
Non, elle parle à Monsieur Lejeune.

1 a La femme veut poster des lettres.
 b Elle cherche la Poste.
 c La boîte aux lettres est loin de l'hôtel.

2 a Il y a deux restaurants dans le quartier.
 b Le restaurant le plus proche est à environ 300 mètres en face de la gare.
 c C'est un mauvais restaurant.

3 a Monsieur Lejeune recommande le musée.
 b Il dit que le château n'est pas intéressant.
 c Il n'y a pas grand-chose à voir.

 b Écoute la quatrième conversation et essaie de trouver le Syndicat d'initiative sur le plan:

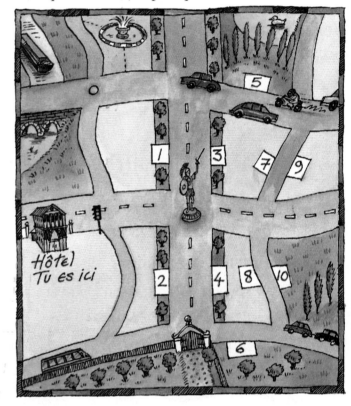

Y a-t-il un/une/des…	près d'ici? par ici? dans le coin?	Oui,	il y en a (un/une)	juste en face/par là/là-bas rue de la Gare/sur la place du Marché en face du/de la/de l'/des… à côté de… au bout de la rue
			il y en a beaucoup	à 200 mètres d'ici à cinq minutes (à pied/en voiture)
		Non,	il n'y a pas de/d'… il n'y en a pas	

C'est compliqué!

Ce touriste veut aller au camping municipal. Écris-lui les directions pour y aller:

Exemple: *Vous allez jusqu'au rond-point puis...*

Tourne/Tournez à gauche/droite	au/à la/à l'/aux... après le/la/l'/les...	cabine téléphonique rond-point/carrefour
Va/Allez jusqu'au/à la/à l'/aux... , puis tournez à gauche/droite. Traversez le/la/l'/les... C'est sur la gauche/droite		passage à niveau pont feux

Quel est le chemin le plus court?

Tu es   **a** chez toi   **b** au collège.

Réponds à ces visiteurs français. Indique le chemin le plus court pour aller aux endroits mentionnés. Utilise les expressions ci-dessus:

 Il y a une banque dans le coin? Je dois changer de l'argent.

Il y a une pharmacie près d'ici? Il me faut des médicaments.

 Il y a une station-service près d'ici? Il me faut de l'essence.

Il y a une boîte aux lettres ou un bureau de poste dans le coin? J'ai des cartes à poster.

Une lettre

Réponds à cette lettre:

Nous comptons passer une quinzaine de jours dans ta région cet été. On vient en voiture, donc on va pouvoir se déplacer facilement. Nous espérons faire beaucoup d'excursions et de visites. Peux-tu nous en recommander, en nous disant ce qu'il y a à voir et à faire là-bas? Peux-tu aussi recommander un logement pas trop cher? Après tout, on n'a pas d'argent à jeter par les fenêtres!

L'usage du dictionnaire – 3

1 **L'orthographe**

Le dictionnaire peut servir à vérifier l'orthographe d'un mot français:

> sister = seour? souer? suoer? soeur? sueor?

Vérifie l'orthographe des mots suivants:

> armchair = fateuil? fautieul? fautiueiul? fauteuil?
> brother = frére? frère? fréré? frèré?
> sir = monsueir? monseuir? monsieur? monsieure?
> twenty = vintg? vingt? vignt? vinte?
> Germany = Alemange? Allemange? Allemage? Allemagne?
> today = aujourdhui? aujord'hui? aujourd'hui? ajourd'hui?

2 **Les verbes**

Si tu cherches le sens d'un verbe (un copain m'a *envoyé*..., mon père *conduisait*..., *etc.*), il te faut en chercher l'infinitif (qui se terminera en **–er**, **–re**, ou **–ir**).

a Cherche l'infinitif des verbes suivants:

> il *reconnaît*, j'ai *rencontré*, je m'*ennuie*, elle s'est *levée*, il *vend*, je *souhaite*, vous *dormirez*, ils ont *accueilli*, tu *penses*, ils sont *restés*

Certaines personnes des verbes irréguliers ne ressemblent pas beaucoup à l'infinitif. Heureusement, un bon dictionnaire te l'indiquera.

b Cherche l'infinitif des verbes suivants:

> il *veut*, elle *peut*, ils *vont*, nous *faisons*, il *faut*, j'ai *eu*, ils avaient *bu*, on *verra*, j'*enverrai*, je *suis* (deux possibilités!)

3 **Chercher le sens**

Si tu cherches le sens d'un mot dans la section *Français–Anglais*, fais bien attention! Certains mots français – comme les mots anglais (voir à la page 61) – ont plus d'un sens.

Il a un bouton sur le nez.

> **bouton** *nm* button; (*BOT*) bud; (*sur la peau*) spot;
> (*de porte*) knob

Tous ces mots ont plus d'un sens. Cherche-les dans ton dictionnaire!

la cuisine	une pièce	un phare	un tableau
la maison	un poulet	un four	un avocat
un oignon	un vol	une piste	une place

L'écriture française

Les Anglais trouvent souvent l'écriture française difficile à lire et à comprendre. Les Français n'écrivent pas tous de la même façon, bien entendu, mais il y a beaucoup de similarités entre les différents styles. Voici une écriture typique:

MAJUSCULE	miniscule		
A	a	N	n
B	b	O	o
C	c	P	p
D	d	Q	q
E	e	R	r
F	f	S	s
G	g	T	t
H	h	U	u
I	i	V	v
J	j	W	w
K	k	X	x
L	l	Y	y
M	m	Z	z

Voici l'extrait d'une lettre écrite à la main. Recopie les mots entourés d'un cercle et donne l'équivalent en anglais (en le cherchant dans ton dictionnaire, s'il le faut):

Chère Emma,

Merci bien pour ta lettre et le cadeau. Tu sais combien j'aime les boucles d'oreille, et la couleur me va à merveille. J'adore le vert.

Récemment j'ai eu de gros problèmes à l'école, non pas avec mes études mais avec les copains. Ils me snobent et se moquent de moi derrière mon dos. Je ne sais pas ce que j'ai fait pour mériter ça. Je suis très malheureuse.

21 Qu'est-ce qu'on fait? ....

1 Écoutons la météo

Écoute la conversation, et choisis les bonnes réponses:

Exemple: 1 = c

1 La famille a envie d'aller...
    a à la plage.
    b à la montagne.
    c à la campagne.

2 Le matin...
    a il fera beau.
    b il fera froid.
    c il pleuvra.

3 L'après-midi...
    a le ciel sera gris.
    b le ciel sera bleu.
    c il y aura du brouillard.

4 Le soir...
    a il fera chaud.
    b il pleuvra.
    c il neigera.

5 Demain...
    a le temps sera froid.
    b le temps sera chaud.
    c le temps sera orageux.

Demain, Après-demain, Ce week-end, etc.	il va faire beau/froid/chaud, etc. il va pleuvoir il va neiger il va y avoir du brouillard, du vent, etc. le temps va être beau, pluvieux, etc.	ou	il fera beau/froid/chaud, etc. il pleuvra il neigera il y aura du brouillard, du vent, etc. le temps sera beau, pluvieux, etc.

2 Dans notre région...

Écoute ces trois personnes parler du temps qu'il fait là où ils habitent.
Copie la grille, et remplis-la!

	Il/Elle habite... (où?)	saison	temps
Exemple: 1	à Genève en Suisse	en hiver en été	il neige beaucoup il fait beau mais pas trop chaud

3 Une lettre météo

Écris une lettre à un/une correspondant(e) qui habite dans un pays francophone. Décris le temps qu'il fait d'habitude dans ta région, et les activités que l'on fait lors des différentes saisons. Voici des expressions pour t'aider:

chez nous, à + ville, en Angleterre, au pays de Galles, etc.

dans	le nord/le sud l'est/l'ouest le centre	de l'Angleterre/du pays de Galles, etc.

au printemps, en été, en automne, en hiver
en janvier/au mois de janvier, etc.
quelquefois, souvent, normalement, rarement, ne... jamais

Quel temps fait-il?

a Écoute ces cinq conversations, et identifie l'image qui correspond à chaque dialogue:

Exemple: 1 = *b*

b Écris une carte postale pour chacune de ces situations, en disant ce que tu as fait aujourd'hui à cause du temps:

Exemple:

> Cher Alain,
> Aujourd'hui j'ai voulu aller au club de tennis, mais il a plu à verse.
> J'ai dû rester à la maison toute la journée. Heureusement, il y avait
> un match de tennis à la télé cet après-midi. Et je l'ai regardé.

Ça dépend du temps

Qu'est-ce qu'on va faire? Ça dépend du temps! Complète ces phrases avec une activité qui convient:

1 S'il pleut,
2 S'il fait beau,
3 S'il fait froid,
4 S'il neige,
5 S'il fait mauvais,

on va...
on peut...
on pourrait...

Exemple: *S'il pleut, on pourrait rester à la maison et regarder la télé!*

Je préférerais…

Travaille avec un/une partenaire. Inventez une série de dialogues entre **A**, un/une jeune Anglais(e) et **B**, son/sa correspondant(e) français(e):

- **A** propose un choix d'activités à **B**.
- **B** fait son choix, et explique pourquoi.

Exemple: **A** *Tu veux venir en ville avec nous ou tu préfères rester à la maison?*
B *Je préférerais rester ici.*
A *Pourquoi?*
B *Il fait très chaud et je suis un peu fatigué(e). Je vais rester ici pour lire et pour me reposer.*

....À la mode ....

7 ## Tu veux faire du shopping?

Je cherche un/une/des…	Est-ce que je peux le/la/les prendre?
C'est combien ce/cet/cette/ces… ?	Est-ce que je peux l'/les essayer?

Vous avez	ce/cet/cette/ces…	en bleu (clair/foncé), rouge, *etc.*?
	un/une/des… comme ça	en laine, coton, velours, cuir, plastique, acrylique, *etc.*?
Vous avez quelque chose de	plus grand, petit, moins cher *etc.*?	

8 ## Je vais acheter des vêtements

Myriam, Jean-Luc, Marie-Pierre, Sophie et Laurent achètent (ou essaient d'acheter) des vêtements. Copie la grille, et remplis-la!

	Il/Elle cherche...	Détails	Prix (si mentionné)
Myriam	un T-shirt	avec J'aime Paris	
Jean-Luc			

9 ## Ça me plaît, mais…

Ces personnes aiment les articles en question, mais voudraient une autre couleur, un autre tissu, *etc.*

a Qu'est-ce qu'ils disent au vendeur/à la vendeuse?

Exemple: *Vous avez ce pantalon en gris, s'il vous plaît?*

b Travaille avec un/une partenaire. Regardez le tableau et préparez une série de dialogues entre **A**, un/une client(e) et **B**, un vendeur/une vendeuse:

- **A** veut acheter les articles ci-contre.
- **B** répond selon les couleurs disponibles.

Exemple:

B *Bonjour, madame. Qu'y a-t-il pour votre service?*

A *Ce pull me plaît, mais je n'aime pas la couleur. Vous l'avez en gris?*

B *Nous ne l'avons plus en gris. Mais il existe en rouge et en vert… , etc.*

✗	✗	✓	✗	✗	✓	✗
✓	✓	✗	✗	✗	✗	✓
✗	✗	✓	✓	✓	✓	✗
✗	✗	✓	✓	✓	✓	✗
✓	✓	✗	✗	✗	✓	✓
✓	✗	✓	✗	✓	✓	✓
✗	✓	✗	✗	✗	✗	✓

Ça me va?

Ces personnes te demandent ton avis sur les vêtements qu'ils ont achetés. Qu'est-ce que tu leur dis?

Exemple: *Je trouve que c'est trop large, et je n'aime pas la couleur!*

un peu…/très…/extrêmement…/(beaucoup) trop… petit, grand, court, long, serré, ample, large, étroit, bête, ridicule, exagéré

Qu'en penses-tu?

Travaille avec un/une partenaire. Découpez dans un magazine ou dans un journal quelques photos de personnes célèbres (vedettes, hommes/femmes politiques, *etc.*) et discutez de leurs vêtements:

Exemple: – *Qu'est-ce que tu penses de ses vêtements?*
– *Je les trouve un peu/très/trop…*
– *J'aime surtout…/Je n'aime pas du tout… parce que…*

Une lettre

Réponds à cette lettre.

Je présume que tu dois porter l'uniforme scolaire au collège. En quoi ça consiste exactement? Qu'est-ce que tu en penses? Quels fringues* préfères-tu porter? Qui est-ce qui les paie? C'est toi ou tes parents? Qu'est-ce que tu as acheté comme fringues récemment? Quelle est la dernière mode chez vous en ce moment? Est-ce que la mode est importante pour toi? Quelle personne célèbre admires-tu pour ses fringues? Qu'est-ce qu'il/elle porte?

* *fringues* = vêtements

Module 3

22 Ça s'est bien passé? ....

1 Comment c'était?

Écoute ces deux dialogues où des Français parlent de leurs vacances. Copie les phrases et mets *C'est vrai* ou *C'est faux*. Si c'est faux, corrige la phrase:

1 a Ils ont passé les vacances à l'étranger.
b Ils ont campé.
c Le terrain était sale et bruyant.
d Ils n'ont pas aimé les propriétaires du terrain.
e Le paysage était très beau et intéressant.
f Ils ont préparé leurs repas au terrain de camping; les repas à l'hôtel coûtaient cher.

Exemple: *Le séjour était catastrophique. C'est faux.*
Ça s'est bien passé.

2 a Ils sont restés en France.
b Ils étaient près de la plage.
c Ils étaient logés dans un grand hôtel.
d La propriétaire était très gentille.
e Les repas n'étaient pas délicieux.
f Il a fait beau presque tout le temps.

Ça m'a beaucoup plu Je me suis bien amusé(e) C'était formidable, extra, chouette, *etc.* J'ai trouvé ça sensass, marrant, *etc.*	C(e n)'était pas mal Ça allait	Ça ne m'a pas plu Je me suis ennuyé(e) C'était ennuyeux, décevant, barbant, nul, affreux, *etc.*

2 De quoi est-ce qu'ils parlent?

a Peux-tu inventer des questions? Lis les réponses ci-dessous et invente une question pour chacune. (Il y a plusieurs possibilités pour chaque réponse.)

Exemple: – *Comment c'était, le match?*
– *C'était super!*

> Qu'est-ce que tu as pensé du/de la/de l'/des… ?
> Comment tu as trouvé le/la/l'/les… ?
> Comment c'était, le/la/l'/les… ?
> Ça s'est bien passé, le/la/l'/les… ?

1 C'était super!　　2 C'était très confortable.　　3 L'eau était trop froide!　　4 Il y avait trop de monde.

5 Il y avait de l'ambiance!　　6 Ça m'a fait peur!　　7 C'était délicieux!　　8 C'était beaucoup trop long!

9 C'était exorbitant.　　10 Le service était excellent.　　11 Ça m'a déçu(e).　　12 C'était très pittoresque.

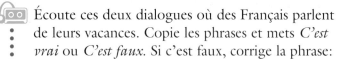

b Travaille avec un/une partenaire. Intégrez ces expressions dans une série de dialogues.

Exemple: – *Qu'est-ce que tu as fait hier soir?*
– *Je suis allé(e) au restaurant avec Yves.*
– *Comment c'était?*
– *Il y avait trop de monde, mais le repas était délicieux.*

Hier, Avant-hier, etc.	il a fait mauvais/beau/chaud/froid, etc.
	il a plu
	il a neigé
	il a gelé
	il y a eu du brouillard/du vent, etc.

Ça s'est bien passé, le week-end?

Jeanne et Marc parlent tous les deux à un copain/une copine au téléphone. Mets-toi à leur place et complète les récits. Où habitent les personnes chez qui tu as passé le week-end? Parle de ce que tu as fait, et n'as pas fait, du temps, *etc.*

Exemple: *Je viens de passer le week-end chez mon/ma cousin(e). C'était formidable!*
Je viens de passer le week-end chez mes grands-parents. C'était pas marrant.

Veinard(e)!

Imagine que tu gagnes un concours dont le gros lot est de passer la journée avec ta vedette de télévision favorite!

- Avec qui choisis-tu de sortir?
- Raconte ce que vous avez fait ensemble! (Sois sage!)

Le week-end dernier…

Écris à un(e) correspondant(e) et parle-lui d'un week-end que tu as passé avec des parents ou des amis. Base ton récit sur ces illustrations, mais ajoute d'autres détails, si tu veux:

1 Vendredi — aller à la plage — arriver
2 Samedi — aller en ville — aller au cinéma
3 Dimanche — rester à la maison — regarder la télé
4 Lundi — piqueniquer — rentrer

Exemple: *Le week-end dernier, je suis allé(e) passer le week-end chez mon/ma/mes…*

Vive les vacances!

6 Ça se passe bien, ton séjour?

Écoute ces cinq Britanniques qui sont en France. Copie la grille et remplis-la!

	Arrivée	Départ	Première visite?	Opinions
Exemple: 1	avant-hier (il y a deux jours)	dimanche matin	oui	s'amuse tout le monde est gentil

Je m'amuse ici!
Je passe un bon moment ici!
C'est | formidable | ici!
       | chouette
Ça me plaît (assez/bien/beaucoup)!

Je m'ennuie ici!
Je suis (un peu/très) déçu(e)!
C'est | dégoûtant!
       | pas marrant!
Ça ne me plaît pas (du tout)!

Je suis ici depuis hier/deux jours/une semaine, *etc.*
Ça fait deux jours/une semaine, *etc.* que je suis ici
Je suis arrivé(e) il y a deux jours/une semaine, *etc.*

Je reste encore deux jours/une semaine, *etc.*
Je pars aujourd'hui/demain (matin)/dans deux jours/samedi, *etc.*
C'est la | première | fois que je | suis | ici
         | deuxième | | viens | en France
         | troisième |

7 Dis-moi!

Un/Une Français(e) interviewe quatre Britanniques sur leur séjour en France. Ces schémas représentent les séjours en question. Prépare une série d'interviews avec un/une partenaire:

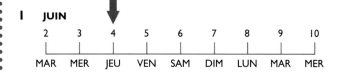

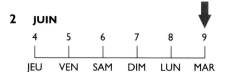

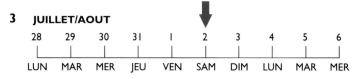

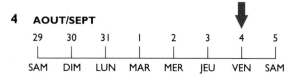

(La flèche ↓ = aujourd'hui)

Exemple: *Depuis quand es-tu en France? Tu es arrivé(e) quand?*
Tu restes encore combien de temps? Tu pars quand?
Que penses-tu de la France?
Comment trouves-tu la cuisine française?
Qu'est-ce que tu as fait depuis que tu es là?

● Mon séjour

a Écoute Martine, Chantal, Loïc et Gérard parler de leurs vacances. Complète les phrases suivantes:

… est allé(e)…(*où?*)…avec…(*qui?*)   … a vu/visité…(*quoi?*)   … a trouvé ça…(*comment?*)

Exemple: *Martine est allée à Versailles avec ses parents*, etc.

b Imagine que tu as visité ces endroits, toi aussi. Mais tu n'es pas d'accord avec ce qu'ils/elles disent. Dis ce que tu en penses!

Exemple: *Je ne suis pas d'accord. Moi aussi, j'ai visité… et…*

> J'ai trouvé ça…
> Ça (ne) m'a (pas) plu
> C'était…/Ce n'était pas…
> Au contraire…, *etc.*

● Une carte postale

Un Français a écrit cette carte à ses parents de Londres:

> Chers papa et maman,
>
> Je suis bien arrivé chez les Jackson. Ils sont très gentils!
> Hier, nous sommes allés à Londres. J'ai vu la Tour de Londres et Buckingham Palace (malheureusement je n'ai pas vu la Reine!). Nous avons visité plusieurs musées. Après avoir pique-niqué dans Regents Park, nous sommes allés au zoo. J'ai acheté plein de souvenirs (et des cadeaux pour vous!). C'était une journée formidable!
>
> Je vous embrasse.
>
> Paul

Écris ces cartes à un(e) ami(e) français(e) comme l'a fait Paul:

À mon avis…

Voici des remarques faites par des Français qui sont en vacances en Grande-Bretagne. Comment réagis-tu? Si tu n'es pas d'accord, justifie ta réponse!

Exemple: 1 *Ce n'est pas vrai. On mange des légumes verts aussi.*

1 Des frites… des frites… Ils ne mangent que ça!
2 Du thé… du thé… Ils ne boivent que ça!
3 Les garçons sont très égoïstes!
4 Les filles sont très snobs!
5 Il y a des graffiti partout!
6 Le soir, ils ne font que regarder la télé!

Vous êtes d'accord?

Quel(s) pays étranger(s) as-tu visité? Qu'est-ce que tu en as pensé?
Compare ton avis avec celui d'un(e) partenaire. Avez-vous ressenti la même chose?

Exemple: *Tu as visité… ? Comment tu l'as trouvé(e)?/Qu'est-ce que tu en as pensé?*

23 À votre service! •••••••••••••••••••••••

① **Où vas-tu?**

> Je vais au pressing. Je dois faire nettoyer mon manteau.

> Je vais à l'horlogerie. Je dois faire réparer ma montre.

> Je vais chez le coiffeur. Je vais me faire couper les cheveux.

> Je vais chez le photographe. Je vais faire développer mes photos.

1 Est-ce que ta famille a dû faire réparer quelque chose récemment?

2 Combien ça a coûté?

3 Tu te fais couper les cheveux souvent? Tous les combien?

4 Quand est-ce que tu es allé(e) la dernière fois chez le coiffeur?

5 C'est cher de se faire couper les cheveux là où tu habites?

6 Tu fais des photos, toi? De quoi?

7 Où est-ce que tu les fais développer?

8 Faire développer une pellicule 24 poses, ça coûte combien?

9 Et une pellicule 36 poses?

② **C'est possible… ?**

 Écoute ce dialogue et choisis la bonne réponse:

Exemple: 1 a *L'homme est dans un pressing.*

1 L'homme est
   a dans une bijouterie.
   b dans un pressing.
   c chez le coiffeur.

2 Il veut faire nettoyer
   a un pantalon.
   b une blouse.
   c un blouson.

3 Il veut faire réparer
   a le col.
   b une poche.
   c une fermeture éclair.

4 En tout ça va coûter autour de
   a 100F.
   b 110F.
   c 120F.

5 Ça sera prêt
   a cet après-midi.
   b demain après-midi.
   c demain matin.

   1 à quatre heures.
   2 avant quatre heures.
   3 après quatre heures.

6 La femme lui donne
   a de la monnaie.
   b un reçu.
   c une facture.

Pouvez-vous Je voudrais faire	réparer nettoyer développer	mon/ma/mes... ? ce/cet/cette/ces...	
Ça va prendre	combien de temps? longtemps?		
Quand est-ce que ça sera prêt? Ça va coûter combien?		Il faut compter trois jours, *etc.* Environ 50F	

des bottes
des chaussures

un manteau
une veste

un pantalon
une jupe

une robe

une montre

un collier
un bracelet

un appareil-photo
une pellicule

des lunettes

des écouteurs
un walkman

Qu'y a-t-il pour votre service?

Travaille avec un/une partenaire. Utilisez les expressions et certains des objets montrés ci-dessus. Imaginez une série de dialogues où tu veux les faire nettoyer, réparer ou développer.

Exemple: – *Qu'y a-t-il pour votre service?*
            – *Je voudrais faire réparer ces chaussures...*

Vous pouvez... ?

Écoute ces cinq dialogues. Copie la grille, et remplis-la!

	Article	Travail à faire	Prêt quand?	Prix
Exemple: 1	pantalon	nettoyer	demain matin	45F

Voulez-vous échanger... ?

Cette fille veut échanger un article qu'elle a acheté dans ce magasin. Écoute la conversation, et complète ces phrases:

Exemple: 1 *La cliente a acheté une jupe.*

1 La cliente a acheté...
2 ... est cassée.
3 Elle a acheté ça...
4 La jeune fille qui l'a servie avait...
5 Heureusement, la cliente a gardé...
6 Le vendeur va échanger l'article ou...

...Que je suis bête! ....

6 Ça alors!

Imagine que tu achètes un cadeau pendant ton séjour en France. Une fois arrivé(e) chez toi, tu t'aperçois qu'il y a un défaut. Copie cette lettre, en ajoutant les détails qui manquent:

—————(1)—————

Monsieur/Madame,

—————(2)————— j'ai acheté —————(3)————— chez vous, comme cadeau pour —————(4)—————.

Une fois arrivé(e) chez moi, j'ai vite remarqué que/qu' —————(5)—————.

Que me recommandez-vous de faire?

Je vous prie d'agréer, monsieur/madame, l'expression de mes sentiments distingués.

1	date actuelle
2	date de l'achat
3	objet acheté
4	personne
5	détails du défaut

7 Objets perdus… objets trouvés

Écoute ces trois conversations. Les trois personnes ont perdu quelque chose. Réponds aux questions:

Exemple: 1 a *Où est-ce que cette conversation a lieu?*
Dans un restaurant.

1 a Où est-ce que cette conversation a lieu?
  b Qu'est-ce que la femme a perdu?
  c Où est-ce qu'elle l'a laissé(e)?
  d Il y a combien de temps?
  e Où est l'objet en question?

2 a Qu'est-ce que la femme a perdu?
  b Comment est l'objet en question?
  c Qu'est-ce qu'il y avait dedans?

3 a Où l'homme a-t-il laissé l'objet en question?
  b Comment est l'objet?
  c Qui l'a trouvé(e), et où?
  d Comment l'homme va-t-il récupérer l'objet?

8 Zut alors!

- Où est-ce qu'on remet les objets trouvés dans ton collège?
- Et toi, as-tu déjà égaré quelque chose au collège? Où l'avais-tu laissé(e)? Tu l'as retrouvé(e)? Où?

J'ai perdu un/une…	rouge/noir(e)/blanc(he)/gris(e), *etc.* en cuir/en or, *etc.* suisse/allemand(e)/japonais(e), *etc.*
J'ai perdu/oublié/égaré mon/ma/mes…	

J'ai laissé mon/ ma/mes…	dans sur	le/la/l'/les… au/à la/à l'/aux…

Au bureau des objets trouvés

Travaille avec un/une partenaire. Imaginez une série de dialogues où **A**, un/une touriste, s'adresse à **B**, un/une employé(e) d'un bureau des objets trouvés:

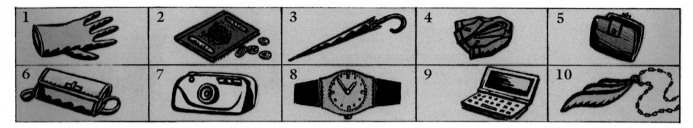

Exemple: **A** *Pouvez-vous m'aider?*   **B** *Savez-vous à peu près où?*
  J'ai perdu/égaré...   *C'était quand?*
  On vous a remis... ?   *Voulez-vous me le/la/les décrire? (Qu'est-ce qu'il y avait dedans?)*

Objets perdus en cours de voyage

Voici des conseils aux voyageurs proposés par 'Brittany Ferries'. Copie le texte et remplis les blancs avec les mots qui conviennent:

OBJETS PERDUS

En cours de voyage vous pouvez ——**(1)**—— vos ——**(2)**—— égarés au ——**(3)**—— d'information du ——**(4)**——.
  Si vous constatez une ——**(5)**—— après votre ——**(6)**——, nous vous invitons à vous adresser au bureau 'Brittany Ferries' de votre ——**(7)**——.
  Il est fortement recommandé de ne pas laisser d'objets ——**(8)**—— dans votre ——**(9)**—— durant la traversée et de maintenir les ——**(10)**—— fermées à ——**(11)**——.

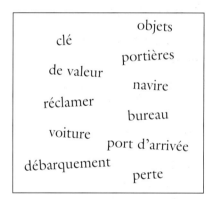

objets
clé
portières
de valeur
navire
réclamer
bureau
voiture
port d'arrivée
débarquement
perte

J'ai perdu...

a Tu as perdu quelque chose de très important récemment. Écris une lettre à un/une correspondant(e), en lui parlant de l'incident. À inclure dans ta lettre:

- ce que tu as perdu/égaré
- pourquoi l'objet est/était important
- quand l'incident s'est passé
- où tu étais quand tu t'es rendu compte que tu l'avais perdu

- où tu as cherché/où tu es allé(e) le chercher
- à qui tu t'es adressé(e)
- si tu as retrouvé l'objet en question (et où)
- sinon, quelle a été la réaction de tes parents, *etc.*

b Pendant que tu étais en France, tu as perdu un objet de valeur. Écris une lettre à la Mairie de la ville où tu étais, en donnant les détails suivants:

- les dates de ton séjour
- la date approximative de la perte
- ce que tu as perdu

- une description de l'objet en question
- où tu penses l'avoir perdu
- comment tu espères récupérer l'objet

24 Je ne me sens pas bien! ....

1 À la pharmacie

a Écoute la conversation. Réponds aux questions et choisis les bonnes réponses:

Exemple: *Quels symptômes sont mentionnés par l'homme?*
Son dos et ses épaules sont brûlés.

1 Quels symptômes sont mentionnés par le pharmacien?
2 Le pharmacien lui offre
   a de l'aspirine **b** de la crème **c** du sirop.
3 Le pharmacien dit que
   a c'est peut-être grave **b** c'est extrêmement grave
   c c'est certainement grave.
4 L'homme va
   a rentrer à la maison **b** aller au travail
   c aller chez le docteur.

b Travaille avec un/une partenaire. Regardez la photo de l'intérieur de la pharmacie:

• Décrivez le pharmacien. Imaginez un client/une cliente.
• Imaginez la conversation entre le pharmacien et lui/elle.

Vous avez quelque chose	pour	le rhume, la grippe, la diarrhée,
Qu'est-ce que vous avez	contre	la constipation, les piqûres, les brûlures, *etc.*?
Je voudrais	du shampooing, du savon, du coton hydrophile,
Est-ce que vous avez	du sparadrap, de la crème antiseptique,
	des mouchoirs en papier, un tube de dentifrice, *etc.*?

2 Qu'est-ce que tu as?

Voici des symptômes. Trouve la remarque qui correspond à chaque image:

1 J'ai de la fièvre.
2 J'ai mal au coeur.
3 J'ai perdu l'appétit.
4 J'ai un coup de soleil.
5 J'ai mal au ventre.
6 J'ai mal à la tête.
7 J'ai un rhume/une grippe.
8 J'ai mal à la gorge.

Exemple: 1 = *d*

> Tu veux une boisson chaude?
> Tu veux un verre d'eau?
> Tu devrais te reposer.
> Tu devrais te coucher.
> Tu devrais mettre ton pull.
>
> Tu veux prendre un bain ou une douche?
> Tu veux de l'aspirine ou du paracétamol?
> Tu veux du sirop?
> Tu veux des pastilles?
> Tu veux que je téléphone au docteur?

Que faire?

Trouve le(s) conseil(s) qui correspond(ent) le mieux aux problèmes énumérés à la page 112.
(Il y a souvent plus d'une possibilité!)

Exemple: 1 *J'ai de la fièvre.*
Va te coucher./Tu veux de l'aspirine?

Je suis malade

a Travaille avec un/une partenaire. Imaginez des conversations entre **A**, un/une Anglais(e), et **B**, un/une Français(e) malade:

Exemple: **A** *Qu'est-ce que tu as?/Qu'est-ce qui ne va pas?*
Tu dois…
Tu devrais…
Tu veux…? , etc.

B *J'ai…/Je suis… , etc.*
C'est une bonne idée.
Non, je préférerais…
Tu as…?/Il y a…?
Je peux…?, etc.

b

J'ai le cafard!
Ma petite amie me manque!

Voici une situation qui est beaucoup plus difficile et délicate. Imaginez une conversation avec un/une partenaire où le problème est résolu.

Qu'est-ce qui ne va pas?

Cette Française ne se sent pas bien. Elle explique à la mère de sa correspondante ce qui ne va pas…

Écoute la conversation et complète les phrases:

1 La fille a… , … , et…
2 La fille est…
3 La fille doit…
4 La mère va lui apporter…
5 La mère va probablement…

...Est-ce que c'est grave?...........

6 Pauvre Monique!

SAINT PORCHAIRE
Cabinet Médical Dumas et Dupont
.................................(46) 47.00.28

Raguenaud Claude
13 rte Nationale..........(46) 95.60.24

SAINT ROMAIN DE BENET
Charrit Albert Les Pélerins

Monique doit prendre deux rendez-vous dans la semaine. Elle doit voir le docteur et le dentiste.

Écoute les deux conversations et choisis les bonnes réponses:

a

1 Son rendez-vous est
   a aujourd'hui   b demain   c après-demain.

2 C'est à
   a 10h20   b 12h20   c 20h10.

3 Son rendez-vous est
   a le mercredi 9 juillet   b le mardi 9 juin
   c le mardi 9 juillet.

4 Son adresse est
   a 22 bis rue Centrale   b 22 bis rue Pigalle
   c 22 bis rue Royale.

5 Elle s'appelle Monique
   a Droit   b Druot   c Drouot.

Exemple: 1 = *b*

b C'est vrai ou c'est faux? Corrige les phrases fausses.

1 Monique va voir le Docteur Dumas.
2 Le Docteur Dupont est en vacances.
3 Ce n'est pas très urgent.
4 Le rendez-vous est fixé au jeudi 11 juillet.
5 C'est à 19h20.

Exemple: *Monique veut voir l'opticien. C'est faux.*
Elle veut voir le docteur.

le front
la tête
l'oreille
l'oeil/les yeux
la gorge
le cou
l'épaule
le coude
les dents
le bras
le poignet
la main
le genou
la jambe
la cheville
le pied
le ventre/l'estomac
le dos

J'ai mal au.../à la.../
à l'.../aux

7 Ça fait mal!

Travaille avec un/une partenaire. Imaginez un dialogue où **A** a un problème, mais **B** ne compatit pas avec lui/elle!

Exemple: **A** *Qu'est-ce que tu as?*   **B** *J'ai mal aux oreilles*, etc.
   A *Comment ça se fait?*   **B** *La musique à la discothèque était trop forte*, etc.
   A *C'est bien fait! Tu ne devrais pas y aller, alors!* etc.

Comment ça s'est passé?

Cette fille a eu un accident. Écoute ce qui s'est passé. Toutes ces phrases sont fausses. Corrige-les!

Exemple: *Ça s'est passé en été.*
Ce n'est pas vrai. Ça s'est passé en hiver.

1 Elle s'est cassé la jambe.
2 Elle allait au lycée.
3 Elle marchait.
4 Elle roulait trop vite.
5 Il faisait très chaud ce matin-là.
6 Elle passait devant la Mairie.
7 Un chat a couru devant elle.
8 Il y avait de l'eau sur la chaussée.

Je	montais sur une échelle
	descendais du train
	faisais du café
	traversais la rue
En	montant sur une échelle…
	descendant du train…
	faisant du café…
	traversant la rue…

Je suis tombé(e)
J'ai été renversé(e) par une auto, *etc.*

Je me suis	coincé	le bras,
	cassé	la jambe, *etc.*
	brûlé	
	coupé	au bras
	blessé	à la jambe
	foulé	la cheville

Je ne peux pas venir…

Une personne que tu n'aimes pas t'invite à sortir avec lui/elle. Écris-lui une note en expliquant que tu es malade et que tu ne peux pas venir. (Il faut exagérer pour le/la convaincre que tu es vraiment malade!)

Cher …/Chère…,
Merci pour l'invitation. Je ne peux pas venir parce que…

Amitiés,

Accident routier

1 En quelle saison l'accident s'est-il produit?
2 Combien de personnes, en tout, étaient impliquées dans cet accident?
3 Combien d'entre elles ont été tuées?
4 Pourquoi la jeune Allemande était-elle en France?
5 Va-t-elle mourir de ses blessures?
6 Le chauffeur du poids-lourd a-t-il été blessé, lui?
7 À ton avis, pourquoi l'accident s'est-il produit?
8 Qui était responsable de l'accident, selon toi?

ACCIDENT ROUTIER
2 morts, une blessée grave

Deux étudiants français, Alain Dupleix et Yves Lambric, 22 ans ont trouvé la mort sur la route de Villiers pendant la nuit du 3 au 4 novembre quand leur petite Renault est eutrée en collision avec un poids-lourd. Gudrun Müller, au-pair allemande, 20 ans, passagère dans la voiture a été grièvement blessée et a dû être hospitalisée. Elle est maintenant en réanimation après une opération de 3 heures, et hors de danger.

Selon le chauffeur du poids-lourd, sorti lui-même indemne de l'accident, la voiture aurait dérapé sur une plaque de verglas. Dupleix, qui conduisait, aurait perdu contrôle de son véhicule, qui a heurté le camion en plein front.

Les trois jeunes gens rentraient d'une discothèque où on les aurait vu boire une quantité d'alcool. La police enquête.

Cher ami/Chère amie…

Écris une lettre à un/une correspondant(e). Tu lui parles d'un accident (imaginé). Dis-lui où tu étais, ce que tu faisais, ce qui t'est arrivé. Explique ce qui s'est passé ensuite (docteur? hôpital?, *etc.*).

1 La météo

Voici la météo pour aujourd'hui (samedi), et demain (dimanche).

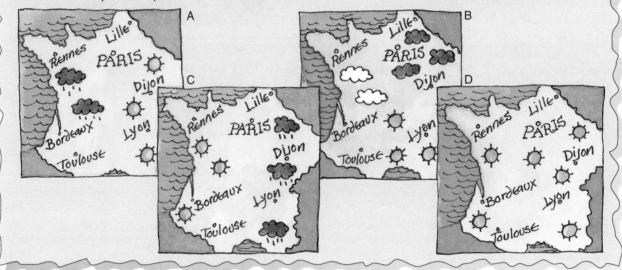

VOTRE MÉTÉO

Gris au nord, bleu au sud

AUJOURD'HUI. Sur les côtes de la Manche et sur les régions situées entre la vallée de la Seine et les frontières du Nord-Est, le temps sera très nuageux. De la Bretagne aux régions du Centre, les passages nuageux alterneront avec des éclaircies timides. Sur une bonne moitié sud du pays, les quelques nuages bas du début de journée céderont la place au soleil et au ciel bleu. Légère hausse des températures partout.

DIMANCHE. Le beau temps sera à nouveau au rendez-vous en toutes régions. Les brumes ou les quelques nuages du début de matinée ne résisteront pas longtemps aux premiers rayons de soleil. Les températures seront en hausse sensible.

a Laquelle de ces quatre illustrations illustre la météo de:

1 aujourd'hui?   2 demain?

b C'est vrai ou c'est faux? Si c'est faux, corrige la phrase.

Exemple: *Il fera beau à Lille aujourd'hui. C'est faux. Il pleuvra à Lille.*

1 Aujourd'hui, il fera plus beau au nord qu'au sud.
2 Aujourd'hui, il fera mauvais dans le nord du pays.
3 Aujourd'hui, il fera beau autour de Dijon.
4 Demain, il fera beau dans certaines régions.
5 Demain, il y aura des brumes et des nuages toute la journée.
6 Demain, il fera plus chaud qu'aujourd'hui.
7 Demain, il pleuvra dans l'est de la France.

c Imagine une conversation avec un/une partenaire où vous parlez de ce que vous allez faire dimanche. (Vous êtes en Bretagne.) Basez votre dialogue sur la météo donnée ci-dessus:

Exemple: – *Qu'est-ce qu'on va faire dimanche?*
– *Je ne sais pas. Je vais regarder la météo. Il paraît qu'il va... , etc.*

Séjour en France

Un(e) Français(e) te
demande si tu as déjà
été en France. Prépare
ta réponse. Base ton
récit sur cette
illustration:

| J'ai | pris/visité/passé/fait/vu, *etc.* |
| On a | |

Je suis allé(e)/arrivé(e)/parti(e)/resté(e)/tombé(e)/rentré(e), *etc.*
On est allés/arrivés/partis/restés/tombés/rentrés, *etc.*

Je me suis couché(e)/levé(e), *etc.*
On s'est couchés/levés, *etc.*

Qu'est-ce que tu as fait là-bas?

Mets-toi à la place de cette femme. Imagine ce qu'elle écrit dans une lettre à une copine
samedi soir, c'est-à-dire après être rentrée de la discothèque. Elle raconte ce qu'elle a fait
jusqu'à ce soir-là, mais elle parle aussi de son départ le lendemain. (*Demain je vais/dois...*)

Base la lettre sur ces illustrations:

Projet

3

Venez au Sénégal

Les plaisirs de l'océan

Les hôt...

Le scénario

Tu travailles pour Air Charter, filiale d'Air France, à Nantes. On t'a chargé(e), avec l'aide d'un groupe de collègues (tes camarades de classe), de rédiger de la publicité. Votre objectif – promouvoir leur service aérien Nantes–Dakar, et le Sénégal comme destination de vacances.

La tâche

Il vous faut produire **a** une série d'affiches, **b** un dépliant, **c** une annonce à insérer dans le journal régional «Le Courrier Nantais» et **d** une suite de publicités pour la station de radio locale «Radio-Nantes».

Les données

Vous allez baser votre publicité sur les renseignements et détails ci-contre, et sur les remarques d'une série de vacanciers interviewés à leur retour du Sénégal.

Tout coule «cool»

À inclure

N'oubliez pas que vous devez attirer toute la gamme de clients: de ceux qui cherchent la paix, la tranquillité et la détente à ceux qui seront à la recherche de l'aventure! Voici une liste de questions que vos futurs clients vont peut-être se poser avant de se décider pour un séjour au Sénégal:

- Où se trouve le Sénégal?
- Pourquoi aller si loin? Est-ce vraiment si différent que ça?
- Comment est le pays?
- Qu'y a-t-il à voir, à faire et à visiter?
- Comment sont les habitants?
- Est-ce que j'aurai des problèmes de langue?
- Quelles sont les différentes formules de logement? Et le rapport qualité-prix?
- Qu'est-ce qu'on mange là-bas?
- Comment est le climat?
- Est-ce que je vais me sentir dépaysé(e)?
- Est-ce trop primitif là-bas?
- Y a-t-il des problèmes sociaux ou politiques?
- Est-ce qu'on en a pour son argent?

Radio Nantes

Le Courrier

écouvrez une faune exceptionnelle!

Couleurs, parfums, animation

Pays moderne qui garde ses traditions

Sénégal

République du Sénégal

Superficie: 197,161 km^2

Population: 8 millions

Capitale: Dakar

Monnaie: le franc CFA
(1 franc français = 100 francs CFA)

Langue ethnique principale: le wolof

Langue officielle: le français

TEMPÉRATURE

(°C)   J F M A M J J A S O N D

PLUIE

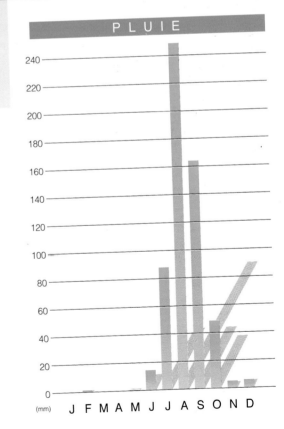

(mm)   J F M A M J J A S O N D

tais

3F

Module

4

25 L'avenir ....

1 **Quatre personnes décrivent leur avenir**

a Quelle image correspond à chaque description?

a Plus tard je serai heureuse car je mènerai ma vie de la façon que j'ai choisie. En ce moment, j'habite au centre-ville et je déteste ça. Plus tard j'habiterai à la campagne et je travaillerai comme ouvrière agricole. Je serai mariée à un fermier et nous travaillerons ensemble dans l'industrie laitière.

b Plus tard je vais être heureux. Je serai marié. Je me marierai à l'âge de 23 ans et ma partenaire continuera de travailler pendant que je resterai à la maison. Je serai homme au foyer et ce sera moi qui garderai les enfants à la maison.

c Plus tard je serai heureuse car j'aurai réussi dans ma carrière. Je serai directrice d'une entreprise et je conduirai une Porsche. J'habiterai un appartement de luxe près d'une rivière et j'aurai beaucoup d'amis – hommes et femmes – mais je ne serai pas mariée. Je ne me marierai pas avant 35 ans et puis j'aurai deux enfants.

b Écoute la cassette. Quels avenirs décrivent ces jeunes gens? Copie la grille et remplis-la!

	métier	situation familiale	éducation
Exemple: **Yannick**	*instituteur*	*marié*	*université*
Céline			
Eric			
Manu			

c Travaille avec un/une partenaire. Inventez des questions qu'on peut poser à une personne au sujet de leur avenir.

Exemple: *Quand quitteras-tu l'école/le lycée? Iras-tu à l'université?*
Quelle carrière suivras-tu?, etc.

Choisissez une autre personne à interviewer dans la classe.

d Écris les resultats de l'interview pour une exposition.

Exemple: *Anne quittera l'école à l'âge de 18 ans quand elle aura terminé ses 'A Levels'.*
Elle espère aller à l'université car elle voudrait avoir une licence en médecine.
Après, elle travaillera comme technicienne en laboratoire. Elle se mariera...

Le mariage et les enfants?

Écoute la cassette. Quatre personnes parlent de leur décision de se marier et d'avoir des enfants ou pas. Les avis suivants correspondent à quelles personnes?

Exemple: 1 = *c*

1 Je veux me marier car je crois que c'est important pour les rapports entre le couple. C'est un lien qui unit les deux personnes.

2 Je veux me marier car c'est important pour les enfants d'avoir de la stabilité et je voudrais au moins quatre enfants.

3 Je ne comprends pas pourquoi on se marie. C'est beaucoup plus facile tout simplement de cohabiter sans se marier. Je ne veux pas d'enfants donc ce n'est pas nécessaire.

4 Je veux bien me marier mais j'ai peur d'avoir des enfants. Il y a trop de problèmes dans le monde d'aujourd'hui.

Et l'habitation du futur?

a Travaille en groupe. Voici le dessin d'une maison du futur. Quelles seront les différences les plus importantes? Faites une liste de toutes les différences et pourquoi elles sont nécessaires.

Exemple: *Pour le chauffage on utilisera le chauffage à l'énergie solaire ou éolienne parce qu'on doit conserver le charbon, etc.*

b Un Français décrit la technologie de l'avenir. Discute avec un/une partenaire. Avec quelles idées êtes-vous d'accord ici? Aimeriez-vous ou non vivre dans ce monde du futur? Pourquoi?

Je crois qu'il y aura des ordinateurs qui feront tout. Ils remplaceront nos télés, nos magasins et nos éducateurs. Je crois que nous travaillerons chez nous et avec l'aide de la novotique tout sera basé chez soi. Il n'y aura plus d'écoles car les enfants pourront être éduqués chez eux par l'ordinateur/téléviseur qui seront interactifs. On verra le prof sur l'écran et donc on pourra lui parler comme s'il ou elle était en classe.

Lorsqu'on aura besoin de passer des commandes, on composera le numéro d'un tel magasin à l'ordinateur et voilà, les prix, *etc.*, seront affichés sur l'écran.

La pollution sera si mauvaise qu'on ne sortira pas du complexe où on habitera. On n'ira plus au cinéma parce qu'il y aura un écran chez soi et on pourra choisir le dénouement de chaque film. On n'aura plus de voitures car elles seront interdites par le gouvernement parce que le nombre de véhicules aura excédé la place pour eux sur les routes. Si vous devez vous rendre quelque part il vous faudra prendre le transport exigé par l'État.

c Fais une description orale ou écrite de ton idée de la vie du futur.

.....L'avenir devant vous ....

4 L'avenir pour moi

a Lis les passages. Réponds aux questions suivantes.

ROBBIE: «J'AI 21 ANS ET L'AVENIR DEVANT MOI»

Tandis que l'Europe entière apprenait la nouvelle et se demandait où était Robbie, Salut parvenait à joindre votre idole par téléphone. Voici ce qu'il avait à déclarer...

Take That: la Bande des Cinq au grand complet n'est plus qu'un souvenir...

★ **Comment envisages-tu l'avenir maintenant?**

Avec sérénité. J'ai 21 ans, je suis millionnaire, et les années que j'ai passées avec Take That seront sans doute les meilleurs souvenirs de mon existence. J'ai envie de me laisser aller, de profiter de la vie et de faire le fou. Quant à l'avenir, je vais me consacrer entièrement à ce qui me plaît: enregistrer des disques, présenter des émissions de télé, jouer la comédie. Je suis mon propre maître. Et si je me plante, je n'aurai de comptes à rendre qu'à moi-même...

OPHÉLIE

★ **Aimerais-tu faire une carrière hollywoodienne?**

Bien sûr que j'aimerais ça! J'adorerais avoir un show aux États-Unis sur une chaîne de télé parce qu'ils ont vachement plus d'idées et de moyens que nous.

★ **Ton ambition est-elle de devenir une star?**

C'est tentant évidemment, mais c'est prétentieux. De toute façon ce n'est pas moi qui déciderai. Star, ça ne veut rien dire. Mon rêve, c'est d'asseoir, d'installer ma carrière dans la chanson en France et en Europe, et si ça peut aller jusqu'aux States, tant mieux. J'aimerais aussi commencer rapidement à faire des films. Avant la fin de l'année, ça serait trop!

Vanessa Demouy

★ **Si tu te mariais demain, aimerais-tu un mariage avec fête, famille...**

Oui. Si je me marie, autant que ce soit dans le cadre d'une grande fête tradi-tionelle. Mais je ne sais pas, je ne suis ni pour ni contre le mariage. Et puis qui sait? Ce sera peut-être dans un an, dans vingt ans ou quand j'aurai 70 ans! (*Rires.*) J'en sais rien. Quand ce sera le moment, quand j'en aurai vraiment envie. On verra bien...

★ **Après le mariage, en général, on fait des bébés. Être mère fait-il partie de tes projets?**

Oui, et avec ou sans mariage! (*Rires.*) C'est sûr, je veux des bébés, et plein, plein, plein! Ce n'est pour tout de suite, mais je ne vais pas attendre dix ans pour avoir des enfants.

1 Robbie, combien d'argent a-t-il gagné?
2 Qu'est-ce qu'il espère faire tout de suite?
3 Plus tard, qu'est-ce qu'il voudrait faire?

4 Pourquoi est-ce qu'Ophélie voudrait faire un show aux États-Unis?
5 Quel est son plus grand désir?
6 Qu'est-ce qu'elle voudrait bientôt faire?

7 Qu'est-ce que Vanessa veut comme mariage si elle se marie?
8 À quel âge est-ce qu'elle veut se marier?
9 Est-ce qu'elle voudrait des enfants?

b Travaille avec ton/ta partenaire. Discutez de l'avenir des trois vedettes. Lequel préférez-vous? Pourquoi? Expliquez votre choix.

5 Quant à l'avenir

a Écoute ces cinq personnes qui parlent de leur vie. Réponds aux questions suivantes.

Exemple: 1a *Elle déteste les profs. Elle en a marre.*

1 a Émilie, qu'est-ce qu'elle pense du collège?
   b Quel emploi veut-elle choisir?
2 a Quel stage est-ce que Marc doit faire pour son emploi?
   b Quels sont les avantages de ce système?
3 a Où est-ce que Pierre veut chercher un emploi?
   b Comment est-ce qu'il voudrait mener sa vie?
4 a Qu'est-ce que Laurence doit faire pour sa carrière?
   b Quels sont ses projets pour l'avenir?
5 a Si Adrien ne réussit pas à trouver un emploi dans les finances, qu'est-ce qu'il peut faire?   b Pourquoi pense-t-il qu'il a de la chance?

Je	voudrais vais compte	être devenir travailler comme	vendeur/vendeuse, *etc.*

J'espère... J'ai l'intention de/d'...	quitter l'école faire un apprentissage poursuivre les études aller à l'université/en faculté trouver un emploi	acheter une voiture/une maison, *etc.* travailler à l'étranger émigrer/vivre en France, *etc.* se fiancer (je me fiancerai) se marier (je vais me marier)
Je ne vais pas...		avoir d'enfants

b Travaille avec un/une partenaire. Comment envisagez-vous votre avenir?

Mon avenir

Écoute ces quatre jeunes qui parlent de leur vie. Copie cette fiche et prends des notes. Quand la réponse n'est pas mentionnée mets un 'x'. Quand la réponse n'est pas certaine, mets un '?'.

	1	2	3	4
Des études?	bac			
Où?	x			
Emploi?	ferme			
Mariage?	oui			
Enfants?	3 ou 4			

Et moi?

Enregistre tes espoirs pour l'avenir. Utilise les phrases dans le tableau ci-dessus. Qu'est-ce que tu espères faire tout de suite après le lycée? Iras-tu à l'université ou trouveras-tu un emploi? Voudrais-tu habiter chez toi ou dans une autre ville/un autre pays?

1 Tu as un petit boulot?

Écoute cette conversation entre Dominique et Laurent.
Lis les phrases suivantes et choisis la réponse correcte. Écris la lettre seulement.

1 Dominique va travailler comme **a** gardienne d'enfant **b** vendeuse **c** secrétaire
2 Elle travaillera **a** un jour par semaine **b** seulement le samedi
  c deux soirs par semaine
3 L'annonce était **a** dans la vitrine du magasin **b** à la radio **c** dans la presse
4 Dominique va recevoir **a** moins de 20F00 par heure **b** 19F80 par jour
  c 80F00 par semaine.

Je travaille	dans un magasin comme vendeur/vendeuse
	dans un hypermarché comme caissier/caissière
	comme coiffeur/coiffeuse
	avec les personnes âgées
	pour mes parents
Je garde des enfants	
Je fais du babysitting	
Je distribue les journaux	

J'y travaille depuis	une semaine	douze semaines
	six mois	
	un an	
Je gagne... livres	par heure	
	par semaine	
	chaque jour/weekend	

Je travaille	le matin/l'après-midi/le soir
	tous les jours/tous les weekends/tous les vendredis et dimanches
	de neuf à quatre heures
	de six à huit heures

2 Où travailles-tu?

a Travaille en groupe. Faites un sondage. Trouvez les détails des petits emplois de vos camarades de classe.

b Écris un paragraphe pour présenter les résultats du sondage.

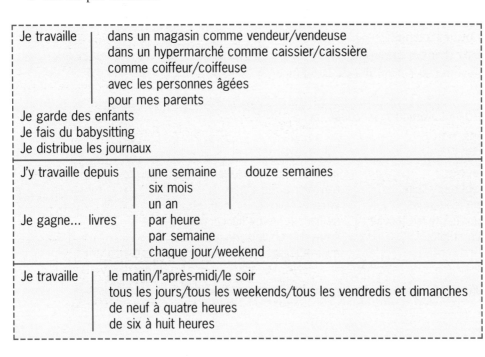

Où travailles-tu?...

Depuis quand?...

Quand travailles-tu?...

Combien d'heures travailles-tu?...

Combien gagnes-tu?...

Qu'est-ce que tu en penses?...

Lieu de travail...

Depuis...

Jours de travail...

Heures...

Salaire...

Avis...

Choisir un métier

a Voici des offres d'emploi. Les images et les descriptions sont mélangées. Trouve les paires. Écris la bonne lettre et le bon numéro.

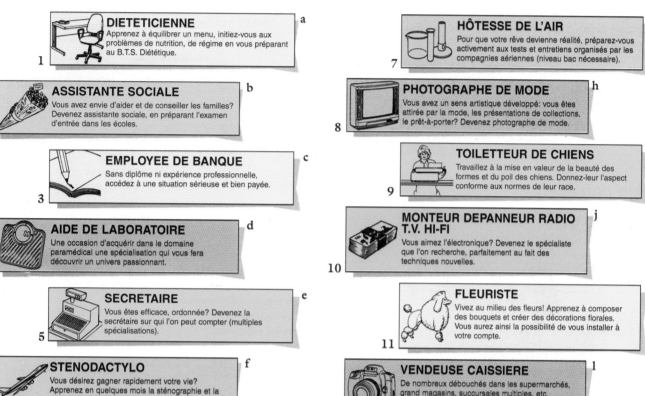

DIETETICIENNE *a*
Apprenez à équilibrer un menu, initiez-vous aux problèmes de nutrition, de régime en vous préparant au B.T.S. Diététique.
1

ASSISTANTE SOCIALE *b*
Vous avez envie d'aider et de conseiller les familles? Devenez assistante sociale, en préparant l'examen d'entrée dans les écoles.
2

EMPLOYEE DE BANQUE *c*
Sans diplôme ni expérience professionnelle, accédez à une situation sérieuse et bien payée.
3

AIDE DE LABORATOIRE *d*
Une occasion d'acquérir dans le domaine paramédical une spécialisation qui vous fera découvrir un univers passionnant.
4

SECRETAIRE *e*
Vous êtes efficace, ordonnée? Devenez la secrétaire sur qui l'on peut compter (multiples spécialisations).
5

STENODACTYLO *f*
Vous désirez gagner rapidement votre vie? Apprenez en quelques mois la sténographie et la dactylographie. Préparation au C.A.P. sténodactylo.
6

HÔTESSE DE L'AIR *g*
Pour que votre rêve devienne réalité, préparez-vous activement aux tests et entretiens organisés par les compagnies aériennes (niveau bac nécessaire).
7

PHOTOGRAPHE DE MODE *h*
Vous avez un sens artistique développé: vous êtes attirée par la mode, les présentations de collections, le prêt-à-porter? Devenez photographe de mode.
8

TOILETTEUR DE CHIENS *i*
Travaillez à la mise en valeur de la beauté des formes et du poil des chiens. Donnez-leur l'aspect conforme aux normes de leur race.
9

MONTEUR DEPANNEUR RADIO T.V. HI-FI *j*
Vous aimez l'électronique? Devenez le spécialiste que l'on recherche, parfaitement au fait des techniques nouvelles.
10

FLEURISTE *k*
Vivez au milieu des fleurs! Apprenez à composer des bouquets et créer des décorations florales. Vous aurez ainsi la possibilité de vous installer à votre compte.
11

VENDEUSE CAISSIERE *l*
De nombreux débouchés dans les supermarchés, grand magasins, succursales multiples, etc.
12

Exemple: i = *11*

b Travaille avec un/une partenaire. Tu parles de l'emploi que tu vas choisir. Inventez un dialogue.

Exemple: *A Qu'est-ce que tu préférerais comme métier?* *B Je préférerais être hôtesse de l'air.*
A Pourquoi? *B Je rêve de voyager partout et d'un emploi où chaque jour est différent.*
A Tu penses que tu vas gagner beaucoup d'argent? *B Oui – je crois que c'est un métier bien payé.*
A Moi je préfère...

Quelles sont tes qualités?	Qu'est-ce que tu as étudié?	Est-ce que tu as de l'expérience?		
Je suis/Je ne suis pas...	J'ai étudié/Je n'ai pas étudié...	J'ai déjà travaillé	dans	une banque
... motivé(e)	... les maths			un supermarché
... travailleur(-euse)	... le français		à temps partiel	
... ambitieux(-euse)	... l'anglais	J'ai déjà travaillé comme	babysitter	
... efficace	... les sciences		vendeur (vendeuse)	
... gentil(le)	... le dessin			
... organisé(e)	... les arts ménagers	J'ai fait un stage	dans une banque	
... actif (active)	... le commerce		chez un dentiste	
... patient(e)	... la technologie			
... intelligent(e)		Je n'ai jamais travaillé		

....L'entretien

4 Un premier emploi

Tu as trouvé une offre d'emploi. Tu écris une lettre de candidature manuscrite avec C.V. Donne les détails suivants: nom, âge, adresse, nationalité, passe-temps, qualités, matières étudiées et expérience.

Vous voulez travailler dans le tourisme?
INFATH NOGENT S/M
vous propose ses formations:
* Compagnies aériennes
* Agence de voyages
Stages rémunérés avec participation débutant:
le 3 août pour 6 mois.

Contact INFA 3C Tourisme
Secrétariat tourisme 45 14 64 00

JEUNES "HOMMES OU FEMMES" RECHERCHANT
UN PREMIER EMPLOI
désireux de réaliser
UNE GRANDE CARRIERE COMMERCIALE
Découvrez et apprenez la vente directe en rejoignant nos équipes de ventes. En deux ans d'expérience ou plus si vous le souhaitez, vous allez acquérir une formation et une pratique qui vous ouvriront les portes du succès. Rémunération annuelle de 100 à 150 000 francs dont 58 000 francs de fixe + frais. Envoyez lettre, CV et photo à:
PROMOGEDIS - Philippe Bertrand
24, avenue des Grésillons - 92600 Asnières

STAGES EN HOTELS EN ANGLETERRE
LOGÉ - NOURRI - ARGENT DE POCHE
PUBLIC: 18 à 35 ans
AIGLES : 40.56.99.45

5 Un entretien

a Tu es en train de faire les préparatifs pour ton entretien. Qu'est-ce que tu dois faire avant de te présenter? Invente un dialogue avec ton/ta partenaire.

Tu t'es fait couper les cheveux?
Qu'est-ce que tu vas porter?
Qu'est-ce que tu as fait pour préparer les réponses aux questions?
Comment vas-tu au bureau?
À quelle heure dois-tu arriver?

b Travaille avec un/une partenaire. Jeu de rôles. Une personne est le candidat/ la candidate et l'autre est la personne qui fait passer l'entretien.

Comment ça s'est passé, ton entretien?

a Fais une liste en français de conseils pour assurer un bon entretien.

b Discute avec ton/ta partenaire. Quels conseils sont les plus importants d'après vous?

c Imagine que tu as eu un entretien pour un boulot. Après cet entretien tu écris un article pour un journal pour les jeunes. Dans cet article tu racontes ce qui s'est passé et en même temps tu donnes des conseils pour des entretiens.

Exemple: *Le trajet jusqu'au bureau était très long et j'y suis arrivé un peu en retard et essoufflé. Il faut absolument arriver à l'heure ou même en avance.*

Mon emploi

Écoute ces cinq personnes qui décrivent leurs emplois et les avantages et inconvénients. Prends des notes.

Qu'est-ce qu'il/elle fait?...
Les avantages?...
Les désavantages?...

Que pensent les jeunes de leur avenir professionnel?

Lis ce passage. Réponds aux questions suivantes.

1 Combien de personnes croient que les qualifications sont très importantes?
2 Selon les jeunes, quels moyens sont les plus importants pour trouver un emploi?
3 Pourquoi est-ce que les jeunes ne veulent pas de petits boulots en début de vie active?

4 Quel choix est envisagé par la majorité des jeunes pour commencer leur vie professionnelle?
5 Pourquoi est-ce que les jeunes ne veulent pas devenir fonctionnaires?

QUE PENSENT LES JEUNES
de leur avenir professionnel?

Plus de 4 000 jeunes lecteurs de Phosphore ont répondu au sondage: «Vous et l'an 2000». Comment voient-ils leur avenir professionnel?

Les diplômes? Si la grande majorité des jeunes croit à l'utilité des diplômes (81%), ils ne sont qu'une petite minorité à penser que le diplôme suffit à lui seul pour trouver un emploi (17%). Il est utile, mais pas suffisant.

La chance? Seuls 6% comptent sur leur bonne étoile... Les relations de la famille? Il s'agit là d'un des moyens les plus importants de trouver un emploi. Pourtant, 10%

seulement comptent sur ce type d'aide. En fait, pour trouver un emploi et compenser les insuffisances du diplôme, les jeunes comptent avant tout sur eux-mêmes. Ils font massivement confiance à leurs qualités personnelles (69%), comme s'ils pressentaient déjà que l'accès à l'emploi demain sera une lutte éminemment concurrentielle où l'énergie mise à «se battre» sera déterminante pour réussir.

Et plus tard, quel type de carrière professionelle souhaiteraient-ils avoir? Presque personne ne souhaite connaître l'instabilité des petits boulots en début de

vie active (seuls 29% optent pour une série d'emplois très divers). C'est une situation que les jeunes subissent souvent mais désirent rarement. Conscients des risques qu'ils courent, les jeunes optent en majorité (68%) pour le deuxième choix: trouver une situation intéressante dès la fin des études. Soucieux de sécurité, les lycéens ne sont néanmoins que 16% à souhaiter devenir fonctionnaires, alors que ce statut leur offre pourtant la stabilité à vie. Les emplois de la fonction publique manquent à leurs yeux de prestige!

Tu es d'accord?

Avec quels avis es-tu d'accord? Avec lesquels n'es-tu pas d'accord? Écris un paragraphe pour expliquer ce que tu en penses.

27 De l'argent en plus

1 Tu as de l'argent?

Écoute ces cinq jeunes qui parlent de leur argent de poche. Copie la grille et remplis-la!

Marie-France

Jacques

Brigitte

Christian

Florence

Personne	Combien?	Par jour Par semaine Par mois	Emploi
Exemple: **Marie-France**	*80F*	*par semaine*	*petits jobs à la maison*
Jacques			
Brigitte			
Christian			
Florence			

Avec mon argent j'achète	du maquillage, des vêtements des chaussures des livres et des journaux illustrés des jeux des bonbons et des boissons
Avec mon argent je vais	au cinéma, au centre sportif, à la patinoire, en boîte
Je mets £...	à la banque toutes les semaines/tous les mois
Je fais des économies pour	acheter une platine laser un baladeur une moto un ordinateur un poste de télévision partir en vacances

2 Qu'est-ce que tu achètes? Tu fais des économies?

Écoute ces cinq jeunes qui parlent de leur argent. Prends des notes.

Ce qu'il/elle achète/paie	Économies?
Exemple: 1 *CD, l'entrée au ciné...*	*Non*
2	
3	
4	
5	

Tu fais des courses?

Regarde les images ci-dessous. Travaille avec un/une partenaire. Faites des conversations.

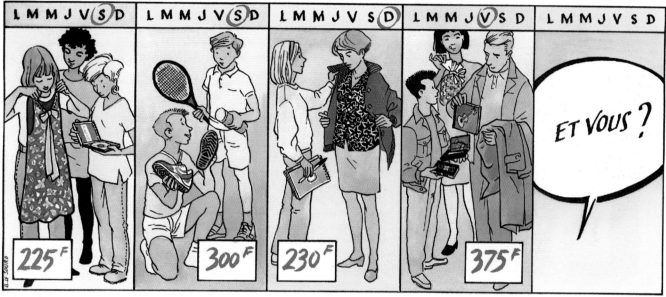

Exemple: **A** *Quand fais-tu les courses?* **B** *D'habitude j'en fais le samedi.*
A *Avec qui y vas-tu?* **B** *Avec mes copines.*
A *Qu'est-ce que tu achètes en général?* **B** *J'aime acheter des robes et des CDs.*
A *Combien dépenses-tu?* **B** *À peu près 200F.*

Au travail

a Lis cette lettre d'un jeune Français. Il parle de son boulot. Complète la lettre avec les mots qui conviennent.

Le week-end je _____ dans une station-service comme pompiste. Je n' _____ pas particulièrement le travail, mais je _____ 250 francs par semaine. En plus je _____ 100 francs par semaine de mes parents. Je _____ amateur de photographie. J' _____ ça, mais ça _____ cher! Avec l'argent j' _____ des magazines et des pellicules, et je _____ le développement de mes photos. De temps en temps je _____ au cinéma ou à une discothèque.

achète   adore   reçois   aime   travaille   gagne   suis   vais   paie   coûte

b Écris un paragraphe comme celui ci-dessus. Explique

- où tu travailles
- quand
- combien tu gagnes
- ce que tu achètes
- si tu fais des économies
- si tu es heureux/heureuse de cet argent. À ton avis est-ce que ça suffit?
- pourquoi (pas)?

...*Que fait-on de son argent?* ....

⑤ Comment dépense-t-il son argent?

Lis cet article et réponds aux questions suivantes.

1 Qu'est-ce que Andrew Shue pense de l'argent?
2 Qu'a-t-il fait avec ses premiers salaires de *Melrose Place*?
3 Comment s'appelle la fondation?
4 Qu'est-ce qu'il organise aussi pour gagner de l'argent?

IL CRÉE UNE ASSOCIATION: DO SOMETHING

"L'argent n'est pas la chose la plus importante dans ma vie... J'aime en gagner, mais j'essaye de l'utiliser de manière intelligente. Avec mes premiers cachets de «Melrose Place», j'ai fondé une association dont le but est d'aider les jeunes qui ont de bonnes idées pour résoudre les problèmes multiples qu'ils rencontrent autour d'eux. À chaque idée géniale, je donne de l'argent pour agir..."
Cette fondation s'appelle Do Something (traduction: Fais Quelque Chose!)
Andrew récolte une partie de l'argent en organisant des soirées avec ses amis de "Melrose Place".

⑥ Une lettre à écrire

Écris une lettre à ton/ta correspondant(e) qui t'a demandé ce que tu fais de ton argent. Explique ce que tu achètes en général, où et quand. Parle de la dernière fois que tu es allé(e) faire des courses, avec qui tu es allé(e), ce que tu as acheté, et pourquoi tu l'as acheté.

⑦ Combien dépenses-tu sur ton look?

Travaille avec un/une partenaire. Répondez aux questions suivantes.

Combien dépenses-tu?

Qu'est-ce que tu aimes acheter?

Qu'est-ce que tu portes d'habitude?

Quelle est ta couleur préférée?

Quels magasins préfères-tu? Pourquoi?

La mode t'importe?

⑧ Quel est son look?

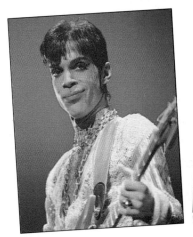

Travaille avec un/une partenaire. Décrivez le look de ces vedettes. Que pensez-vous de lui/d'elle?

La mode

Regarde les images ci-dessus. La mode change toujours. Comment trouves-tu la mode?
Travaille avec ton/ta partenaire. Discutez les vêtements. Qu'en pensez-vous?

Tu es d'accord?

Tu as reçu une lettre de ta/ton correspondant(e) qui a vu ce groupe
en concert. Réponds à la lettre.
Il/Elle pense que leur look est sensass. Tu es d'accord?

> Ils/Elles portent souvent...
>
> Je n'aime pas du tout...
>
> Je préfère...
>
> À mon avis c'est...
>
> Les jeunes préfèrent...

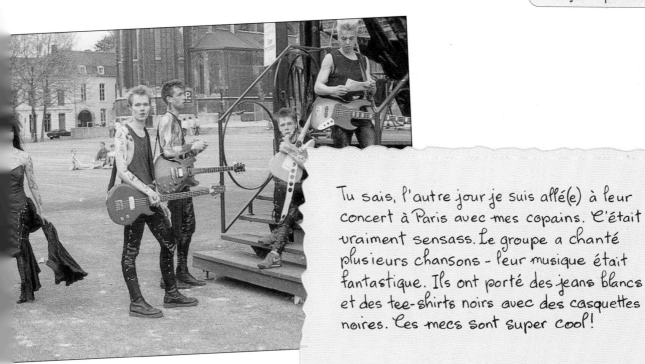

Tu sais, l'autre jour je suis allé(e) à leur
concert à Paris avec mes copains. C'était
vraiment sensass. Le groupe a chanté
plusieurs chansons - leur musique était
fantastique. Ils ont porté des jeans blancs
et des tee-shirts noirs avec des casquettes
noires. Les mecs sont super cool!

28 Vie scolaire: la vérité..........................

1 **Ce n'est pas juste!**

════ **COLLEGE DESCARTES** ════

Poitiers, le 12 mai

M. et Mme Legrand

J'ai le regret de vous informer que votre fils Richard a été mis en retenue le samedi 14 mai de 13h25 à 14h25 par Mme Grimaud, Conseillère principale d'éducation.

Motif de la punition: Trois retards au cours du trimestre.
Tâche à faire: Rattraper le travail en retard.

Veuillez agréer, M. et Mme Legrand, l'assurance de mes sentiments dévoués.

Le Principal,

D. Martin

D. Martin

PS: Cette lettre doit être signée par les parents et rapportée au Collège. Conformément au règlement, l'élève ne sera pas admis la semaine suivante, si la punition n'a pas été faite au jour et à l'heure indiqués.

a Réponds aux questions suivantes par des phrases complètes.

Exemple: 1 *Le Collège Descartes se trouve à Poitiers.*

1 Où se trouve le Collège Descartes?
2 Combien d'heures de retenue Richard doit-il faire?
3 Quand restera-t-il en retenue au collège?
4 Qui est Mme Grimaud?
5 Qu'est-ce que Richard a fait pour avoir une heure de retenue?
6 À ton avis, est-ce que c'est une bonne raison pour donner une retenue?
7 Pourquoi?
8 Les retardataires sont-ils punis de la même façon dans ton collège/lycée?
9 Trouves-tu ce collège plus strict ou moins strict que le tien? Pour quelle(s) raison(s)?

 b Écoute la cassette. Richard parle à son ami de sa retenue.
Réponds aux questions ou complète les phrases.

Exemple: 1 *Parce que Richard a eu trois retards ce trimestre.*

1 Pourquoi a-t-on donné cette retenue à Richard?
2 Richard était en retard ce matin parce que...
3 Pourquoi était-il en retard après le week-end à La Rochelle?
4 À son avis, il n'avait rien à se reprocher. Pourquoi?
5 Qu'est-ce qui est arrivé la deuxième fois où il a été en retard?
6 Pourquoi croit-il qu'on ne doit pas compter le retard de cette fois-là?
7 Mme Grimaud a demandé une lettre. De qui et pourquoi?

c Travaille avec un/une partenaire. **A** sera Richard et **B** sera sa mère. Imaginez leur conversation quand Richard demande à sa mère une lettre pour Mme Grimaud. Est-ce que sa mère va lui en donner une? Utilisez les expressions ci-dessous pour vous aider.

> J'étais/je faisais/j'arrivais à la maison
>
> Il était/Il faisait/Tu étais/Il y avait
>
> Je suis allé(e)/rentré(e)/arrivé(e) au/à la...
>
> J'ai trouvé/attrapé/vu/dû/couru

> À quelle heure... ?
> Pourquoi... ?
> Comment... ?
> Qu'est-ce que... ?
> Combien... ?
> Quel(s)/quelle(s)... ?
> Depuis quand... ?
> Qui... ?

d Réponds aux questions suivantes par écrit.

Tu as été puni(e) à l'école? Qu'est-ce que tu as fait pour le mériter? Quelle punition inflige-t-on aux élèves de ton collège? La punition corporelle est interdite mais est-ce qu'elle serait efficace? Pourquoi dis-tu cela? À ton avis, quelle est la punition la plus/la moins efficace et pourquoi?

e Travaille avec un/une partenaire. Regardez les quatre règles qui constituent le règlement d'un établissement scolaire français. À votre avis, ces règles sont-elles raisonnables? Quel est le règlement de votre établissement? Quelles règles changeriez-vous si vous le pouviez et pourquoi? Inventez un nouveau règlement pour votre établissement.

Tenue de l'établissement:
1 Chacun doit s'efforcer de maintenir l'établissement dans un bon état de propreté. Il est interdit de jeter des papiers par terre, de salir les murs ou le mobilier par des inscriptions. Toute dégradation volontaire entraînera réparation pécuniaire et sanction.

Tenue vestimentaire:
2 Elle doit être adaptée aux exercices pratiqués:
– blouse en coton pour les cours de chimie
– tenue de sport pour les cours d'E.P.S.

Consignes particulières:
3 Il est interdit d'apporter au collège tout objet n'ayant aucun rapport avec l'enseignement (baladeur, objet de valeur ou dangereux...). Tout objet confisqué ne sera rendu aux parents qu'en fin d'année scolaire.

4 Sauf autorisation particulière, les élèves ne doivent rester ni dans les salles ni dans les couloirs pendant les récréations.

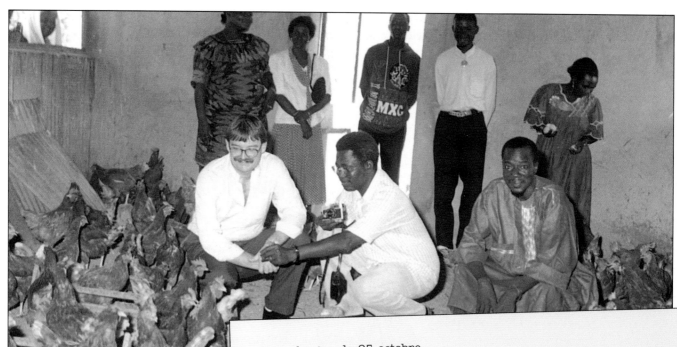

② Notre lycée en Afrique

Voici une lettre d'un lycée
de Ouagadougou au
Burkina Faso, en Afrique.

a Lis cette lettre. Écoute la
cassette. Les affirmations de la
cassette sont-elles vraies ou
fausses? Corrige les informations
incorrectes.

Exemple: 1 *Faux. Il y a 65
personnes dans la classe.*

Ouagadougou, le 25 octobre

Nous sommes soixante-cinq dans notre classe – 29 filles et 36
garçons. Le plus âgé a 15 ans et le plus jeune a 13 ans. Nos parents
ne nous ont pas envoyés plus tôt à l'école parce que c'était trop cher.
Il y a 32 tables dans la salle et deux élèves par table.

Nous étudions sept matières: histoire, géo, maths, français, anglais,
EPS, et sciences humaines. Les cours commencent tous les jours à 7
heures et finissent assez tard. Mais le samedi nous finissons à 11
heures. Nous sommes libres tous les soirs. Nous n'avons pas de cours
le dimanche.

Nous avons trois grands jardins dans notre école. Notre prof nous
apprend à cultiver les salades, les choux, les carottes, les haricots
verts et le bitto. Le bitto, c'est un légume qu'on utilise pour faire des
sauces dans notre pays. Quand les légumes sont mûrs, nous les
vendons pour gagner de l'argent et pour acheter de l'engrais. Nous
avons aussi une cour pour les poules et nous vendons des oeufs et
des poules.

Nous avons une bibliothèque, mais il n'y a pas beaucoup de livres et
ceux qu'il y a sont vieux et usés. Nous n'en avons pas du tout en
anglais. Nous aurons aussi un dispensaire quand nous aurons assez
d'argent pour en payer la construction.

Comme sport au lycée, nous jouons au foot, au volley, au basket, et
au hand-ball. Chaque année, le gouvernement organise des concours
sportifs. Les concours réunissent tous les élèves de toutes les écoles
du pays. L'année dernière, nous avons gagné une coupe et cette
année nous espérons gagner de nouveau.

Maintenant, nous avons des questions à vous poser. Qu'est-ce que
c'est que les cours de Technology et de Business Studies? Qu'est-ce
qu'on étudie dans ces cours? Avez-vous un jardin au lycée? Aimez-
vous écouter de la musique africaine? Y a-t-il beaucoup d'Africains
dans votre pays? Y a-t-il une cantine au lycée? Y mangez-vous? Quel
sports aimez-vous?

Amitiés

Vos correspondants africains

b Prépare une lettre en réponse. Réponds à toutes les questions posées dans la lettre des élèves africains. Ajoute d'autres détails aussi. Par exemple, dis comment on peut s'habiller dans ton lycée; comment sont les profs et les équipements.

c Explique les différences entre ton collège et le collège africain. Réponds aux questions suivantes:

* Pourquoi est-ce qu'il y a ces différences?
* Qu'est-ce qu'on pourrait faire pour améliorer la vie scolaire des correspondants africains?

Qu'est-ce que l'éducation pour moi?

a Trois élèves ont des idées différentes sur l'école. Lis leurs lettres et écoute la cassette. À quelle personne correspond la description de la cassette?

1 Je m'appelle Paul. J'en ai marre de l'école car je crois que je n'y apprends rien d'important. Je sais bien qu'en quittant l'école, je n'aurai pas de travail car le chômage chez les jeunes de 16 ans a augmenté à un niveau tel que je ne trouverai jamais d'emploi. Donc, c'est pas la peine de rester et travailler pour rien! Les profs me disent que si je travaille, j'aurai plus de choix d'emplois, mais je connais des jeunes qui ont mis beaucoup d'effort dans leur travail scolaire et qui n'ont rien trouvé en sortant. En plus, j'ai pas envie d'aller à l'université. Rester encore des années dans le système éducatif, c'est bon pour les fous! Je suis adulte et je ne veux pas qu'on me traite comme un bébé. Je veux gagner de l'argent et m'amuser. Je suis allé trop longtemps à l'école!

2 Je m'appelle Amina Karim. J'aimerais bien continuer d'aller à l'école mais ce n'est pas possible, car ma famille n'a pas beaucoup d'argent et mon éducation coûte cher. Je sais bien que mon père voudrait que je travaille avec lui dans les champs pour gagner plus d'argent. Avec cet argent, mes frères et mes soeurs pourront continuer leur éducation. C'est une décision très difficile car si je continuais mes études je pourrais devenir médecin ou apprendre l'agriculture et puis rentrer dans notre village pour aider tout le monde à mener une vie meilleure.

3 Je m'appelle Aristide. Je continue mes études parce que j'aime apprendre et aussi parce que ma famille a déjà prévu que j'irai à l'université. Pour moi, c'est beaucoup plus facile que de chercher du travail à l'âge de seize ans sans expérience ni qualifications. J'aime étudier et j'attends avec grand plaisir le jour où j'irai à l'université. En ce moment je suis très content du travail qu'on fait au lycée parce que c'est très intéressant.

b Travaille avec un/une partenaire. Êtes-vous d'accord avec les élèves qui s'expriment dans l'exercice a? Répondez à ces questions.

1 Pourquoi Paul veut-il quitter l'école à 16 ans?
2 À ton avis, quelle personne se trouve dans la situation qui ressemble le plus à la tienne – Paul, Amina ou Aristide? Pourquoi?
3 Combien de personnes dans votre classe comptent quitter l'école à l'âge de 16 ans?
4 Quelles raisons ont-ils de partir ou de rester?

c Écris une lettre à un magazine, sur le modèle de celles de Paul, Amina et Aristide.

① Au pair

Travailler au pair est une excellente formule pour perfectionner son français et connaître la vie et la culture françaises. Lis cet extrait d'une brochure émise par le CIDJ (Centre d'Information et Documentation Jeunesse):

PLACEMENT AU PAIR EN FRANCE

Les jeunes filles étrangères placées au pair en France, et désireuses de bénéficier du statut de stagiaire aide-familiale doivent satisfaire à certaines conditions règlementaires.

– Avoir au moins 18 ans (17 ans si un des parents ou une personne mandatée par eux vit en France) et 30 ans au plus, et être célibataire.

– Suivre des cours de français dans un établissement spécialisé (consulter la fiche CIDJ: « Cours de français pour étrangers »).

– S'engager pour une durée comprise entre 3 mois et un an. Cependant le séjour peut être inférieur à 3 mois, pendant les vacances universitaires, ou peut être prolongé jusqu'à totaliser 18 mois au maximum.

STATUT DE LA JEUNE FILLE DANS LA FAMILLE

La jeune fille placée au pair doit partager la vie de la famille d'accueil.

– Elle doit être logée dans une chambre individuelle.

– Elle doit être nourrie, et le temps des repas n'est pas compris dans le temps de travail.

– Elle perçoit de l'argent de poche: 1500F par mois environ et le paiement de la carte orange.

– La famille doit déclarer la stagiaire aide-familiale à la Sécurité Sociale, et verser des cotisations.

En contrepartie, la jeune fille au pair s'engage à fournir **5 heures de travail par jour** (tâches familiales courantes à l'exclusion de gros travaux, s'occuper surtout des enfants): éventuellement elle devra être disponible 2 soirs par semaine pour garder les enfants. Elle bénéficie d'**un jour de repos par semaine** (dont 1 dimanche par mois).

a Est-ce que ces Britanniques seraient acceptées pour un placement au pair en France? Réponds « oui » ou « non » dans chaque cas.

1

J'ai 31 ans. Je ne suis pas mariée. J'adore les enfants!

2

J'ai 17 ans. Mes parents vivent en Angleterre, mais j'ai une grand-mère qui habite dans le sud de la France.

3

Je suis à l'université où j'étudie les sciences. J'ai 22 ans. J'aimerais faire une stage en France pour améliorer mon français. Je pourrais y rester entre 10 et 12 semaines.

4

J'ai 23 ans. Je suis mariée, mais je n'ai pas encore d'enfants.

b Complète ces phrases en remplissant les blancs avec les mots qui conviennent:

1 La fille ne _____ pas sa chambre.
2 Elle _____ ses repas en famille.
3 Elle ne _____ pas de salaire.
4 Par contre on lui _____ de l'argent de poche.
5 Elle _____ de la Sécurité Sociale.
6 Elle _____ cinq heures par jour.
7 Elle ne _____ pas faire de gros travaux.
8 Elle _____ du babysitting deux soirs par semaine.
9 Elle _____ un jour de repos par semaine.

| fera | travaillera | payera | partagera | prendra | bénéficiera | aura | recevra | devra |

S.O.S.

Voici une lettre écrite par une lectrice, Fanny, à Alice, la psy du magazine *OK PODIUM*, et la réponse d'Alice. Lis ces deux lettres.

Mes parents mettent trop la pression!

Je vous écris car je ne sais plus quoi faire. Je suis en section scientifique et c'est très difficile. Mes parents veulent que j'ai une moyenne de 5 sur 6 et j'ai 4,5. Je n'ose pas sortir le soir et après l'école, je dois rentrer tout de suite. Quand mon père est là, il vient me chercher. Mes après-midis de congé, je les passe à la maison. Avant j'avais plein de petits copains, quand j'osais sortir. J'ai 16 ans et j'en ai vraiment marre. Aidez-moi, je n'en peux plus.

Fanny

• •

Chère Fanny,

Tout d'abord bravo pour tes résultats. 4/5 de moyenne, c'est déjà très bien. Tes parents exigent beaucoup et ils ne se rendent pas compte de la pression psychologique qu'ils mettent sur toi. Il faut qu'ils comprennent que tu as besoin de faire des coupures et de te changer les idées car sinon tu vas craquer. Tu devrais leur expliquer que tu as besoin d'être aidée car tu n'y arrives pas toute seule. Mets une annonce dans ton quartier pour trouver un étudiant qui pourrait t'aider à augmenter ta moyenne de maths, physique et sciences. En contrepartie, tu demandes à tes parents de te laisser aller au ciné ou te balader avec tes copines le samedi après-midi pour décompresser.

a Complète ce commentaire en remplissant les blancs avec les mots qui conviennent.

Fanny ne trouve pas _____ ses études. Ses parents ne sont pas _____ de ses _____, car ils trouvent une moyenne de 4,5 trop _____. Ils interdisent à leur fille de _____ après l'école; elle doit _____ tout son temps libre à _____. Par conséquent, elle a perdu tous ses _____. Elle est vraiment _____ !

basse	copains	désespérée	sortir	faciles	notes	passer	satisfaits	étudier

b C'est vrai ou c'est faux? Si c'est faux, corrige la phrase.

1 Alice félicite Fanny de ses résultats.
2 Les parents devraient mettre plus de pression sur leur fille.
3 Si ça continue comme ça, Fanny va réussir ses examens.
4 Fanny a besoin de leçons particulières pour l'aider.
5 Elle doit éviter de sortir avec des copains surtout le week-end.

c Que penses-tu des parents de Fanny?
Que ferais-tu à la place de Fanny?

29 Dis-moi qui tu es! ●●●●●●●●●●●●●●●●●●●

1 Comment suis-je?

a Lis les petites annonces et regroupe les personnes qui se ressemblent. Explique tes choix.

Exemple: *J'ai choisi x et y parce qu'ils aiment tous les deux faire du sport et qu'ils sont vifs et indépendants. Elle est affectueuse et il cherche quelqu'un de sincère.*

Hommes

1 ♥ **Jeune homme:** actif, amateur de promenades, de ski, de sports nautiques, de voyages. Sûr de lui, affectueux, mais timide. 32 ans, beau, cherche femme 28–33 ans qui partage les mêmes intérêts. Répondez vite à la boîte no. 8016.

2 ♥ **Homme:** directeur, aviateur amateur, 35 ans, cherche femme amusante, différente et énergique. Répondez à la boîte no. 8017.

3 ♥ **Homme divorcé:** 42 ans travailleur, chaleureux, sincère, cherche femme qui partage ses intérêts – randonnées dans la région, la bonne nourriture et les animaux – et qui puisse être d'un grand soutien à un partenaire loyal et tendre. Répondez à la boîte no. 8018.

Femmes

4 ♥ **Jeune femme:** veuve, 35 ans, timide, gentille, romantique et sérieuse aimerait rencontrer homme gentil, sérieux, raisonnable et honnête pour une vie calme et pleine de joie. Répondez à la boîte no. 8019.

5 ♥ **Femme:** 39 ans – vive, indépendante et séduisante qui aime les boîtes, les casinos et les bons restaurants, cherche homme – indépendant, riche, sûr de lui et aventureux. Répondez à la boîte no. 8020.

6 ♥ **Femme:** loyale, chaleureuse et romantique, 30 ans, qui aime sortir et faire du sport, cherche un partenaire gentil, travailleur et sincère, âgé de 30 à 37 ans. Répondez à la boîte no. 8021.

Il/Elle préfère/Ils préfèrent quelqu'un qui...	Il est/Elle est/Ils sont... Il/Elle cherche/Ils cherchent...

être d'un grand soutien/avoir de bonnes qualités/avoir les mêmes intérêts/avoir besoin de

audacieux/audacieuse	animé(e)	énergique
affectueux/affectueuse	tendre	raisonnable
sportif/sportive	doux/douce	romantique
chaleureux/chaleureuse	loyal/loyale	sûr(e) de soi
attirant/attirante	vif/vive	honnête
indépendant/indépendante	sincère	agréable
sérieux/sérieuse	fumeur/non-fumeur	poli(e)

 b Écoute la cassette. Après le premier rendez-vous, une des personnes des petites annonces parle de son/sa partenaire. Qui parle et qui est-ce qu'il/elle décrit?

Exemple: *Personne x parle de personne y.*

c Choisis une des personnes ci-dessus. Écris une lettre de présentation au partenaire que tu as choisi.

d Travaille avec un/une partenaire. Choisissez deux des personnes ci-dessus. Imaginez leur premier appel téléphonique en réponse à la lettre de l'exercice **1c**. Qu'est-ce qu'ils vont dire? Est-ce qu'ils se donneront un rendez-vous? Où?

Pourquoi sont-ils si injustes?

a Écoute la cassette. Une jeune fille parle à sa copine de ses problèmes avec son petit ami. Réponds à ces questions.

Exemple: 1 *Elle le trouve gentil, tendre et sincère.*

1 Comment trouve-t-elle son petit ami?
2 Quelle impression les profs ont-ils de lui?
3 Qui a discuté de la situation avec le père de Julie?
4 Qu'est-ce que Julie trouve injuste?
5 En réponse, qu'est-ce que Jean-Luc lui propose?
6 Qu'est-ce qu'elle va faire, Julie?
7 Que pense son amie de la solution?
8 À ton avis que doit faire Julie?

b Voici une lettre que Julie a écrit à un magazine.
Copie-la en insérant les mots qui manquent:

parents/gentil/personne/renvoyer/le soir/rues/
ennuis/défendu/juste/heureuse/peux/bande/petit ami

Que puis-je faire! Mes _____ détestent mon petit ami parce qu'une amie de la famille a menti. Elle a dit que mon _____ est méchant et qu'à l'école il ne travaille pas, qu'il s'attire toujours des ennuis et qu'on va le _____. Aussi, que _____, il traîne dans les _____ avec des jeunes qui ne sont pas 'comme il faut'. Mes parents m'ont _____ de le revoir mais ce n'est pas _____. Avec moi, il est si _____ et quand je sors avec lui je me sens si _____. C'est vrai qu'il a quelques _____ à l'école et quelquefois le soir il sort avec sa _____ mais c'est difficile pour lui de s'en détacher. Mais je suis sûre que je _____ changer sa vie. Quand il est avec moi, c'est une _____ totalement différente.

c Écris une réponse à Julie. Qu'est-ce qu'elle doit faire?

d Deux semaines plus tard, Julie reçoit un appel téléphonique d'une amie. Écoute la cassette. Une fois dans sa chambre après l'appel, Julie écrit ce qui s'est passé dans son journal. Complète le récit et ajoute ce qu'elle pense faire.

Exemple: *Ce soir, Louise m'a téléphoné pour me donner des nouvelles de Jean-Luc. C'est choquant. Il sort avec..*

e Travaille avec un/une partenaire. Le jour suivant, Julie et Jean-Luc se rencontrent dans la rue. Imaginez que vous êtes Julie et Jean-Luc. Que va faire Julie maintenant? Et Jean-Luc, que va-t-il dire? Que sera la conclusion de leur conversation? À vous de décider.

❸ J'aimerais être mannequin mais...

Trois personnes parlent des caractéristiques physiques qui les ont aidées ou handicapées dans leur carrière. Copie la grille ci-dessous et remplis-la!

A   Quand j'avais 12 ans, je voulais devenir quelqu'un d'important dans la mode mais quand je me suis regardée dans le miroir, j'ai vu tous mes défauts. J'avais un grand nez, une petite bouche et j'étais grosse. Ma mère m'a dit que j'étais trop jeune pour suivre un régime et elle avait raison. Deux ans plus tard, j'avais grandi et maigri sans régime. Soudain, j'avais le corps d'un mannequin et c'était la mode à cette époque-là d'avoir un visage 'différent'. Donc, mon visage avec un grand nez et une petite bouche était tout à fait à la mode. Alors je suis devenue mannequin, mais je ne me trouvais pas belle. J'étais simplement photogénique. Pour moi, la beauté c'est un petit nez, une bouche plus grande et un corps très féminin, différent de celui d'un garçon. Un jour, quand je serai plus âgée, peut-être que je me payerai un nouveau nez, peut-être même un nouveau visage si j'ai assez d'argent. J'aimerais tout changer en moi si c'était possible.

B   Quand j'avais 15 ans, j'avais envie d'être policier et c'était la seule chose que je voulais faire. Malheureusement, j'ai découvert que j'étais trop petit. Il y avait une taille minimum et j'étais juste en-dessous. J'ai voulu essayer toutes les méthodes possibles pour grandir. J'ai fait de l'haltérophilie, je suis allé chez plusieurs médecins. Mais sans aucun effet. Maintenant je suis acteur: le passe-temps que j'aimais le plus était le théâtre et j'ai continué à jouer. En ce moment je suis dans un feuilleton et je joue le rôle d'un policier!

C   Quand j'avais 13 ans, je voulais être pilote. Mon père et mon grand-père l'étaient et je voulais suivre la tradition. Je dévorais les magazines et les livres d'aviation. Chaque fois qu'il y avait une exposition d'avions, j'y allais avec ma famille. Finalement, un jour quand j'avais à peu près 15 ans, je suis allée chez le médecin parce que j'avais de terribles maux de tête. Il m'a envoyée chez l'opticien qui a dit que j'étais myope et que je devrais porter des lunettes. J'avais le coeur brisé parce que je savais bien que je ne pourrais jamais être pilote. J'étais accablée. Mes parents ont été d'un grand secours et enfin je me suis habituée à l'idée que je devrais penser à une autre profession. Maintenant, je travaille dans un bureau et je suis assez contente mais quand j'entends un avion je me précipite à la fenêtre.

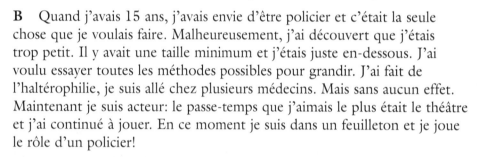

Personne	Métier actuel	Métier désiré	Traits qui ont permis ou empêché ce métier
	Chauffeur de taxi	Conducteur de train	Il porte des lunettes. Ça l'a empêché de

> Je pourrais être beau/belle si mon nez était moins grand, *etc.*
> Je travaillerais comme mannequin si je n'étais pas si petite, *etc.*
> Je ne suis pas assez qualifié(e)/dynamique/extraverti(e)/animé(e)/calme/sérieux(sérieuse)

Ce que j'aime chez moi!

a Écoute la cassette. Trois personnes parlent de ce qu'ils préfèrent dans leur physionomie. Copie la grille et remplis-la!

	ce qu'il/elle préfère	ce qu'il/elle aime le moins
Exemple: **Sarah**	*ses cheveux*	*ses mains*
Cédric		
Khaldia		

b Travaille avec un/une partenaire. Choisis quatre personnes – peut-être des acteurs ou des chanteurs – que tu aimes. Quels sont leurs caractéristiques physiques les plus et les moins attirantes. Es-tu d'accord avec ton/ta partenaire?

J'aime les mêmes choses

a Christiane a un problème. Elle écrit à un magazine pour demander de l'aide. Lis sa lettre et réponds aux questions.

Je m'appelle Christiane et j'ai 16 ans. Je suis toujours à l'école et j'étudie le français, l'anglais, les maths, les sciences, l'histoire, la géo et le théâtre. Je suis assez petite, mince et j'ai les cheveux longs et châtain. Mes yeux sont bleu clair. Je suis vive et aventureuse. Cependant, quand j'ai le cafard, je peux être silencieuse et maussade – mais ça ne dure pas longtemps. En général, j'adore rigoler et faire des bêtises. Comme tu vois, je suis tout à fait normale. Tout au moins, c'est comme ça que je me vois. Mais, ce n'est pas le cas pour les autres. Ils ne voient que mon fauteuil roulant et me parlent comme si j'étais bête. Je suis bien avec ma famille et mes amis mais les autres gens... La seule chose chez moi qui est différente, c'est que je ne peux pas utiliser mes jambes. Ce n'est pas de ma faute si je suis paralysée des jambes, mais ça change la façon dont les autres me voient et ça m'agace. Je voudrais crier à haute voix que je suis humaine, que je suis intelligente et que j'aime toutes les choses qu'apprécient les jeunes de mon âge. Que dois-je faire pour le leur faire comprendre?

Exemple: 1 *Elle est vive*, etc.

1 Quelles sont les qualités et les défauts de Christiane?
2 Pourquoi la vie est-elle un peu plus difficile pour elle?
3 Qu'est-ce qui est embêtant pour elle?
4 Comment est-elle traitée par sa famille?
5 Et toi, comment la traiterais-tu si elle était élève dans ton lycée? Pourquoi?

b Imagine que tu travailles pour le magazine. Écris-lui une réponse.

30 La santé

1 Une vie saine

Voici un poster publié par le Ministère de la Santé. Écoute ces quatre Français (Yves, Sylvie, Grégoire et Nicole) qui sont en très bonne santé. Dans laquelle des quatre catégories suivantes entrent-ils? Justifie ton choix.

Soignez votre santé

Aujourd'hui un grand nombre de maladies pourraient être évitées grâce à une vie mieux équilibrée. Alors, plutôt que de recourir systématiquement aux médicaments, pourquoi ne pas prendre mieux soin de sa santé?

1

Redécouvrez l'exercice physique.
Le sport peut être un excellent remède contre la nervosité et l'essoufflement. Il assouplit les muscles et les articulations. Il en existe sûrement un adapté à vos goûts et à votre forme physique. Au besoin, votre médecin pourra vous conseiller.

2

Évitez les substances toxiques.
Le tabac et l'alcool consommés régulièrement sont des dangers pour la santé.

3

Mangez juste.
Variez vos menus. Ne sautez pas de repas. Prenez un petit déjeuner complet.
Évitez les sucreries et les graisses.

4

Dormez suffisamment.
Un sommeil suffisamment long est indispensable pour être en forme, surtout pour les jeunes enfants.

Copie la grille et remplis-la!

	catégorie	raisons
Exemple: **Yves**	*2*	*il ne fume plus/ça fait 5 ans qu'il ne fume plus*
Sylvie		
Grégoire		
Nicole		

Je fais/mange/bois, *etc.*	beaucoup de/d'… trop de…
Je ne fais pas/ne mange pas/ne bois pas, *etc.*	de/d'… beaucoup de/d'… assez de/d'…

Je dors, *etc.* trop/Je ne dors pas, *etc.* assez
Je me couche très/trop tard ǀ Je ne me couche pas, *etc.* très/assez tôt
J'ai l'impression que…/Il me semble que…
…certainement…/…peut-être…/…probablement…

Interview

Interviewe ton/ta partenaire. Pose-lui des questions sur son mode de vie pour voir s'il/si elle mène une vie saine. Copie la grille et remplis-la en fonction de ses réponses.

Voici des exemples de questions que tu pourrais lui poser:

Tu es sportif/sportive?… Tu fumes? (Combien de cigarettes par jour?)… À quelle heure te couches-tu en semaine?… Et le week-end? etc.

	Sain	Pas sain
Régime		
Exercice		
Consommation de produits toxiques		
Sommeil		

Des conseils

Étudie tes notes. Puis prépare des conseils pour ton/ta partenaire.

Il faut Tu dois	manger/boire/faire, *etc.* (beaucoup)	plus de/d'… moins de/d'…
Tu devrais Essaie de/d'	augmenter/diminuer ta consommation de/d'… te coucher plus tôt/moins tard	

Il ne faut pas Tu ne dois pas Tu ne devrais pas Je te conseille de ne pas	fumer, *etc.*

À ta place, je… + *conditionnel*

En forme!

1 Décris une personne (copain, copine, membre de ta famille, professeur, célébrité, *etc.*) qui est très en forme.
2 Décris une personne qui n'est pas en forme.

Sers-toi des quatre catégories qui figurent dans le poster de la page 142.

Exemple: *Mon copain, John, est très en forme. Il fait beaucoup de sport et…*
Ma copine, Emma, n'est pas en forme. Elle fume trop et…

... À votre santé! ....

5 Manger et boire sainement

Voici une journée de régime proposée par un(e) diététicien(ne).

Lundi

PETIT DÉJEUNER
* 150 g de fromage blanc plus une demi-pomme râpée plus 3 cuillerées à soupe de müesli non sucré
* 1 tasse de café

À 10 HEURES
* 1 potage en sachet

DÉJEUNER
* 250 ml de jus de légumes
* 2 harengs au vinaigre plus crudités
* 2 petits grillés complets
* 2 mandarines
* 1 tasse de café

GOÛTER
* 1 tasse de thé
* 125 g de yaourt maigre aux fruits

DÎNER
* omelette de 2 oeufs aux courgettes assaisonnée de fromage râpé maigre
* une pomme de terre

COLLATION
avant la nuit
* 1 tasse de thé
* 2 tranches d'ananas

a Qu'est-ce que tu penses de ce menu?
Y a-t-il des choses que tu aimes? Y a-t-il des choses que tu n'aimes pas?
Qu'est-ce que tu manges normalement au petit déjeuner?
Et au déjeuner? Et au goûter? Et au dîner?
Est-ce que tu sautes des repas? Lesquels?
Est-ce que tu manges entre les repas? Quand? Quoi?

b Interviewe ton/ta partenaire sur ce qu'il/elle a mangé hier. Compare ce qu'il/elle a consommé avec le menu ci-dessus. Donne-lui des conseils.

Exemple: *Tu devrais manger plus de produits frais/moins de sucreries/un repas plus consistant,* etc.

c Propose un menu à ton goût pour la journée! Copie la grille et remplis-la.

petit déjeuner	déjeuner	goûter	dîner	entre les repas

6 Je suis comme ça!

Écoute ces six personnes (Alex, Caroline, Serge, Nathalie, Yves et Sandrine). À ton avis, leur mode de vie est-il sain? Copie la grille et remplis-la.

	Ce qu'ils/elles font...	C'est bon/mauvais pour la santé?
Exemple: **Alex**	*il fume trop* *il boit trop d'alcool*	*mauvais*
Caroline		

Que me conseillez-vous?

Cette jeune Française a un problème qu'elle explique à la psy de *OK Magazine*.

Laure X.,

«ILS ME SNOBENT PARCE QUE JE NE FUME PAS»

J'ai quinze ans et je suis en seconde dans un nouveau lycée. Il faut donc que je me fasse de nouveaux amis. Il y a un groupe qui me paraît sympa, mais les garçons et les filles qui en font partie me snobent parce que... je ne fume pas. J'ai pourtant d'autres «qualités»: sans me vanter, je suis plutôt mignonne, gaie et je ne manque pas d'humour. Et d'habitude, je n'ai pas de difficulté à me faire des amis. Alors, que dois-je faire? Laisser tomber cette bande (et m'ennuyer) ou bien fumer moi aussi, bien que je sois absolument contre? Merci de me conseiller.

Voici une série de conseils.

La situation est bien grave!
Pourquoi ne pas fumer avec eux?
Regarde bien autour de toi!
Tu ferais mieux de laisser tomber ce groupe de fumeurs.
Ne t'inquiète pas!
Il ne faut pas donner son amitié à quelqu'un qui ne fume pas.
Il y a sûrement d'autres jeunes dans ton nouveau lycée qui ne fument pas.
À quinze ans tu as le droit de fumer!
Tu te feras facilement des amis.

Ils ne sont pas si sympas que ça.
Si tu étais moins timide tu aurais des copains.
Pour avoir des copains il faut fumer de temps en temps.
Leur attitude est très bête.
Ils ne devraient pas t'exclure à cause de ça.
Ton attitude n'est pas du tout raisonnable.
Après tout, tu as le droit de choisir.
Il est difficile de se faire des amis si on est sympa.
Pourquoi fumer si tu ne veux pas?
Tu te rendrais peut-être malade, mais tu aurais des amis!

a Copie les phrases qui sont utiles pour décourager Laure de fumer.

b Écris une réponse à Laure de la part de *OK*.

Exemple:

> *Chère Laure,*
> *À mon avis...*
> *Je pense que...*
> *............, n'est-ce pas?*
> *Il me semble que...*

c Travaille avec un/une partenaire.
Qu'est-ce que vous pensez de la situation de Laure?
Qu'est-ce que vous lui diriez?

d Prépare un sketch avec un/une partenaire où Laure (ou un garçon) parle de ce problème avec un/une adulte (son/sa prof, sa mère, son père, *etc.*).

Exemple: – *Qu'est-ce tu as, Laure/Pierre? Tu as l'air déprimé(e). Qu'est-ce qui ne va pas?*
   – *C'est que... ,* etc.

31 Famille, copains, copines ....

1 La vie familiale

 Tout n'est pas rose dans la vie familiale! Écoute six jeunes gens parler de certains membres de leur famille.

Choisis (à l'aide de ton dictionnaire?) deux mots qui décrivent le mieux les personnes en question.

1 Le frère d'Alain est
  a paresseux et **d** agressif
  b sportif   **e** avare
  c casanier   **f** généreux

2 La mère de Marie est
  a sympa   et **d** désagréable
  b stricte   **e** bête
  c critique   **f** amicale

3 Le père de Jerôme est
  a aimable   et **d** compréhensif
  b critique   **e** amical
  c agréable   **f** sévère

4 La soeur de Diatta est
  a égoïste   et **d** mignonne
  b sympa   **e** curieuse
  c amicale   **f** aimable

Je m'entends bien/à merveille Je ne m'entends pas bien	avec	mon (beau-)père/ma (belle-)mère mon (demi-)frère/ma (demi-)soeur mon prof de géo/ma prof de maths
On s'entend	plutôt mal/pas trop bien/ assez bien/bien	mon frère et moi, *etc.*
Il/Elle est	un peu/plutôt/très/ extrêmement/trop pas assez	sympathique, aimable, gentil(le), agréable, compréhensif(-ive), serviable, strict(e), sévère, critique, grincheux(-euse), ennuyeux(-euse), égoïste, snob, *etc.*

2 Et toi?

a Tu t'entends bien avec les membres de ta famille? Et avec tes profs?
Explique pourquoi! Donne au moins trois exemples. Avec qui t'entends-tu le mieux?

    Exemple: *Je m'entends bien avec mon/ma prof de français parce qu'il/elle est*
              extrêmement sympathique et conscientieux(-ieuse)!

b Discute de ce sujet avec ton/ta partenaire.

timide, introverti(e), calme, tranquille, sensé(e), honnête, poli(e), sérieux(-euse), respectueux(-euse), nerveux(-euse), sensible, agressif(-ive), extraverti(e), jaloux(-ouse) malhonnête, hypocrite, vif (vive), bavard(e), bruyant(e), méchant(e), malin(-igne), arrogant(e), dynamique, triste

Mon idéal!

a Le frère, père, prof idéal n'existe probablement pas... la mère, soeur idéale non plus! Mais comment seraient-ils/elles selon toi? Fais leur portrait.

Le frère idéal est toujours + adjectif. Il ne + verbe jamais.
La soeur idéale n'est pas/jamais + adjectif. Elle + verbe etc.

Exemple: *Le frère idéal est toujours gentil. Il n'est jamais agressif. Il ne ment jamais*, etc.

b Et l'ami(e) idéal(e)? Avec ton/ta partenaire, dresse une liste des caractéristiques les plus importantes.

Comment es-tu?

a Fais l'analyse de ton caractère. Donne au moins cinq de tes caractéristiques. Et sois honnête!

Exemple:

Je suis très sûr de moi... je crois?

b Échange ta fiche avec celle de ton/ta partenaire. Donne ton avis sur ce qu'il/elle a écrit.

Exemple: *Tu dis que tu es... C'est juste/Tu as raison/Ce n'est pas vrai/Tu as tort.*
Tu es.../Je te trouve... , etc.
Tu manques de confiance. Tu te connais bien, etc.

Il ne faut pas juger sur les apparences!

a

J'ai l'air agressif, mais en réalité je suis très timide!

Et toi? De quoi as-tu l'air? Et comment es-tu en réalité?

b Et les autres? Y a-t-il d'autres gens dont les apparences sont trompeuses selon toi?

On dit que X est...	mais	je ne suis pas du tout d'accord
Y est censé(e) être...		je le/la trouve...
Z est considéré(e) comme...		à mon avis il/elle est...
		je le/la considère comme...

Exemple: *On dit que Cantona est un excellent footballeur, mais à mon avis il est nul!*
Claudia Schiffer est censée être très belle mais je la trouve moche!

Discute-en avec ton/ta partenaire. Est-il/elle d'accord avec toi?

6 Salut les copains!

Écoute ces cinq parents parler de l'influence qu'exercent certains copains/certaines copines sur leurs enfants.

Copie la grille et remplis-la.

	bonne ou mauvaise influence?	pourquoi?
1	*mauvaise*	*impoli, vêtements bizarres et sales, cheveux longs, paresseux*
2		

7 Choisir un copain/une copine

Voici les descriptions de deux Français et deux Françaises:

1 **Fille,** 16 ans et demi, extravertie, énergique, sportive, aimant les animaux, le vélo, la natation et les sports d'équipe, cherche correspondant(e) britannique. S'adresser: Boîte Postale 6500

2 **Fille,** 16 ans, vive et pleine d'humour, aimant s'amuser, mordue de musique pop et de mode, joue de la guitare et du piano, cherche correspondant(e) britannique. S'adresser: Boîte Postale 8356

3 **Garçon,** 16 ans, sérieux, studieux, aimant les langues étrangères, les sciences, l'informatique, les échecs et la lecture (surtout science-fiction), cherche correspondant(e) britannique. S'adresser: Boîte Postale 9381

4 **Garçon,** 16 ans et demi, drôle (un peu fou?), aimant rire, sortir (au cinéma, au café, en discothèque), passionné de moto, cherche correspondant(e) britannique. S'adresser: Boîte Postale 9087

Qui choisirais-tu comme correspondant(e)? Explique ton choix.

Exemple: *C'est avec... que je m'entendrais le mieux parce qu'il/elle...*
Moi aussi, je suis/j'aime... , etc.
Je ne m'entendrais pas avec... parce qu'il/elle...
Moi, je ne suis pas/je n'aime pas...
Je crois que... est trop + adjectif, etc.

Quels autres renseignements voudrais-tu pour guider ton choix de correspondant(e)?

Exemple: *Je voudrais également savoir si.../où.../quand... , etc.*

Courrier de nos lecteurs/lectrices

Lis cette lettre, et les conseils donnés par *OK Magazine*.

Nelly et Marie, Sceaux

«NOTRE FRÈRE A TOUS LES DROITS. NOUS, AUCUN!»

Nous sommes deux soeurs de quatorze et seize ans. Notre problème: nous n'avons pas le droit de sortir, de fréquenter des garçons, etc., alors que notre frère de dix-sept ans, lui, sort (même le soir) depuis longtemps. Sa petite amie vient même à la maison alors que nous avons du mal à recevoir nos propres copines... Nous trouvons cela injuste. Quand nous en parlons à notre mère, elle nous répond que les filles courent plus de dangers que les garçons, qu'elle est responsable de nous, que nous n'avons qu'à nous amuser et rire toutes les deux, etc. Nous en avons marre. Mais que faire? Conseillez-nous SVP!

La réponse de OK!

C'est, hélas, vieux comme le monde que les filles soient considérées comme plus fragiles, plus exposées que les garçons! Et pas toujours à tort, il est vrai. Il suffit de parcourir les rubriques de faits divers pour s'en rendre compte, de lire les statistiques concernant le viol aussi... Mais la peur, comme on dit, n'évite pas le danger. Des parents ne peuvent tout de même pas mettre leurs filles sous cloche sous prétexte de les protéger. Alors,

C'est injuste de ne pas être traitées comme lui

nous comprenons que vous trouviez injuste d'être traitées si différemment de votre frère mais peut-être que si celui-ci devenait votre complice, vous auriez plus de liberté. Il pourrait, en effet, de temps en temps, sortir ses petites soeurs. Pourquoi ne pas lui en parler? Nous vous souhaitons que ça marche!

a Corrige ces phrases, si c'est nécessaire.

1 Les filles sont plus âgées que leur frère.
2 Le frère a moins de liberté que les filles.
3 La mère est très indulgente envers ses filles.
4 Les filles sont contentes de la situation.
5 La mère pense que le monde est plus dangereux pour les garçons que pour les filles.
6 Selon la réponse de *OK*, les filles devraient demander à leur père de les aider.

b Qu'est-ce que tu penses de la situation, toi?
Selon toi, est-ce que la mère a tort? Pourquoi?
Tu considères que les conseils de *OK* sont sensés? Pourquoi?

c Travaille avec un/une partenaire. Imaginez deux conversations entre Nelly, Marie et leur frère (David) où:
1 le frère est ultra-raisonnable et compréhensif.
2 il est égoïste et peu serviable.

Exemple: *David, est-ce qu'on peut te parler? Il s'agit de Maman qui nous demande de rester à la maison...*

d Travaille avec un/une partenaire. Dressez une liste d'arguments pour convaincre la mère de laisser plus de liberté aux filles.

Une lettre

Réponds à la question que te pose ton/ta correspondant(e) dans la lettre suivante. Il/Elle va bientôt te rendre visite.

Dans ta prochaine lettre parle-moi un peu des copains et copines que je vais rencontrer. Comment sont-ils/elles? J'avoue que j'ai un peu peur de les rencontrer.

32 Mon environnement ....

1 Là où j'habite...

 Écoute ces Français parler de quatre villes différentes (St Nicolas, Plouzay, Vervenet et Bressac). En général, ils aiment bien leur ville... mais chacun d'entre eux trouve un inconvénient à sa ville...

a Identifie la photo qui correspond à chaque ville.   Exemple: *St Nicolas = photo **d***

b Réécoute ces quatre personnes. Copie la grille et remplis-la.

	avantage(s)/atout(s)	inconvénient
Exemple: **St Nicolas**	*très bons magasins grandes surfaces*	*trop de voitures*

2 Et toi?

a Tu aimes habiter dans ton village/ta ville/ton quartier?
Quels en sont les atouts/avantages?   Quels en sont les inconvénients?
Qu'est-ce qui rend ton environnement agréable?   Qu'est-ce qui le gâche?

b Travaille avec un/une partenaire qui n'habite pas trop près de chez toi (de préférence dans un autre village/quartier). Comparez les deux endroits.

Exemple: *Qu'est-ce que tu penses de ton village/quartier?*
Comment trouves-tu ton village/quartier?
Je trouve/pense/considère que... À mon avis, ...
J'aimerais mieux habiter... parce que...

| Il y a beaucoup/énormément/trop/(très) peu | d'espaces verts |
| Il n'y a pas (assez) | de pollution, *etc.* |

Il y a un/une...?		
du.../de la.../de l'.../des... ?	Oui, il y en a	beaucoup énormément trop
	Non, il n'y en a pas (assez)	

| Ce qui | m'embête m'énerve me plaît me déplaît | c'est le/la/l'... ce sont les... c'est que... |
| Ce que | j'aime je déteste | |

Stopper le béton!

Voici un extrait de *La Charte Verte*, un projet pour améliorer l'environnement d'une certaine banlieue parisienne. Lis-la et fais-en un résumé en complétant les phrases ci-dessous. (Il y a plusieurs réponses pour chaque phrase.)

Stopper le béton

DONNER UN COEUR À LA VILLE
La vocation d'un Centre ville n'est pas celle d'un carrefour automobile mais d'un espace de convivialité pour l'ensemble de la population.

AMÉNAGER UNE ZONE PIÉTONNE EN FIN DE SEMAINE
Elle favoriserait les rencontres entre les habitants et dynamiserait le commerce.

CONSERVER ET PLANTER DES ARBRES
L'arbre joue un rôle irremplaçable dans la ville, il réduit la pollution automobile, diminue le bruit, régularise le cycle de l'eau, protège la faune et la flore, invite au calme et au repos.

CRÉER DES ESPACES VERTS SUR L'ENSEMBLE DES QUARTIERS
Ils remplissent des fonctions essentielles.
– **Fonction sociale**: en offrant des lieux de détente, de repos et de convivialité indispensables au développement de l'enfant et à l'équilibre de l'adulte.
– **Fonction urbanistique et paysagère**: en permettant d'embellir le cadre urbain et d'atténuer la présence du béton.

ÉQUIPER ET ENTRETENIR LES PARCS
La fréquentation et l'agrément d'un parc sont fortement liés à la qualité de ses aménagements et leur état d'entretien. Les habitants sont en droit d'attendre des services de base: sanitaires, points d'eau, jeux d'enfants, surveillance.

DIMINUER LA CIRCULATION AUTOMOBILE ET LA POLLUTION EN DÉVELOPPANT LES TRANSPORTS EN COMMUN
Le réseau de bus urbain doit s'étendre à tous les quartiers.

RENDRE LES TROTTOIRS AUX PIÉTONS
Une meilleure circulation des piétons passe par un réaménagement des trottoirs et la prise en compte des personnes à mobilité réduite.

AMÉLIORER L'ENTRETIEN DE LA VOIRIE
De nombreux Ermontois se plaignent d'un manque de propreté des espaces extérieurs et tout particulièrement de la pollution canine.

RÉCUPÉRER ET RECYCLER LES DÉCHETS
En complément de la récupération du verre, mettre en place un réseau de collecte sélective du papier, des produits toxiques, des matières plastiques.

AMÉLIORER LA SIGNALISATION URBAINE
Elle permettrait de faciliter les déplacements et de mettre en valeur les parcs et jardins, les pistes cyclables, les édifices publics et scolaires.

CRÉER DES EMPLOIS VERTS
La Charte Verte engendrera la création d'emplois pour la gestion, l'entretien et la surveillance des espaces verts ainsi que pour la récupération des déchets.

Exemple: *Grâce à ce projet, il y aura moins de pollution automobile.*

Grâce à ce projet il y aura plus de/d' _____ Le/La/L' _____ sera meilleur(e)
Par contre il y aura moins de/d' _____ Les _____ seront meilleur(e)s
On pourra mieux _____

Je promets...!

Mets-toi à la place d'un/une Français(e) qui veut devenir le Maire d'une petite ville française. Rédige un dépliant publicitaire pour sa campagne électorale. N'oublie pas que tu peux tout promettre aux électeurs; après les élections on n'a pas forcément à tenir ses promesses!

Exemple: *Quand je serai Maire...*
- *il y aura...*
- *vous aurez...*
- *on pourra...*
- *tout le monde aura...*
- *je ferai bâtir...*

....C'est ça la vie? ....

5 Un jeune SDF (Sans Domicile Fixe)

a Écoute le récit de Thierry. C'est un jeune SDF qui a quitté le foyer familial pour venir s'installer dans une grande ville. Réponds aux questions.

Exemple: *Quel âge a Thierry? Il a dix-sept ans.*

1 Qu'apprenons-nous au sujet de sa mère?
2 Et au sujet de son père?
3 Combien d'argent avait-il quand il est arrivé en ville?
4 Comment l'avait-il gagné?
5 Qu'est-ce qu'il espérait trouver en arrivant en ville?
6 Quel petit job fait-il?
7 Qu'est-ce qu'il fait d'illégal?
8 Qu'est-ce qu'il refuse de faire?
9 Où couche-t-il?
10 Pourquoi est-il plus difficile pour un SDF de trouver un emploi?
11 Explique ce qu'est le «cercle vicieux» dans lequel il se trouve!

b Tu prépares une publicité radiophonique pour l'organisation charitable *SOS Pauvres*. Raconte la journée d'un/une SDF entre le moment où il/elle se réveille et le moment où il/elle se couche.

Exemple: *Ce matin, Jérôme s'est réveillé sous une cage d'escalier. Il s'est levé et...*

c Travaille avec un/une partenaire. Préparez une interview où **A**, un reporter, interviewe **B**, un/une sans-abri. Entre autres, parlez de ses repas, de ses activités pendant la journée selon le temps qu'il fait, son argent et ce qu'il/elle achète, comment il/elle est traité(e) par les gens, *etc.* (Enregistrez votre interview sur une cassette audio ou vidéo.)

Exemple: *Comment t'appelles-tu? D'où viens-tu? Ça fait combien de temps que tu n'habites plus chez tes parents? Pourquoi as-tu quitté le foyer familial?*

6 Un sondage

a Qu'est-ce qu'il faut pour être heureux? Prépare un questionnaire pour découvrir le point de vue de tes camarades de classe.

	extrêmement important	très important	assez important	pas très important	pas important du tout
L'argent					
L'amitié					
L'amour					
La famille					
La réussite scolaire					
L'environnement					
Autres?					

b Fais ton sondage parmi un certain nombre de tes copains/copines.

Exemple: *Je suis en train de faire un sondage sur le bonheur. Je peux te poser des questions? Est-ce que tu considères l'argent comme extrémement important, très important, assez important, pas très important ou pas important du tout?* etc.

c Fais l'analyse de tes résultats, puis présente-les sous forme de schéma ou de graphique.

Exemple: *La majorité/La plupart des sondés pensent que...*
Seulement trois sur vingt considèrent que...
Personne ne pense que... etc.

Lettres de nos lecteurs/lectrices...

Lis ces opinions.

1 Comment résoudre le problème de la pollution canine? C'est simple comme bonjour! On n'a qu'à attraper tous les chiens qui errent dans les rues, les amener à la fourrière, et les abattre!

2 On a vraiment peur de sortir de son appartement pour faire des courses. Dans les escaliers, et à tous les coins de rue il y a des bandes de voyous qui vous regardent passer d'un air méchant et menaçant. La police devrait les faire circuler, ou les arrêter!

3 Les gens se plaignent de l'élevage des animaux en batterie, les poules, les porcs et tout ça, mais il faut manger, non? Et manger pas cher! Ils se plaindraient sans doute davantage s'ils avaient à payer deux fois plus leurs oeufs et leur viande!

4 J'en ai assez d'entendre parler d'environnement. C'est au gouvernement d'agir, pas à nous! Qu'est-ce que nous pouvons faire en tant qu'individus? Faire recycler quelques bouteilles, journaux et boîtes de coca-cola? Se rendre au travail en vélo? Qu'est-ce que ça va changer?

a Imagine les personnes qui ont écrit ces lettres (sexe, âge, situation, métier, *etc.*).

Exemple: *C'est peut-être/probablement/sans doute...*
Il s'agit peut-être/probablement/sans doute de...
Je présume que c'est...
... un vieux facho/un jeune chômeur/une femme d'un certain âge, etc.

b Écris une réponse à une de ces quatre lettres.

Exemple: *J'ai été choqué(e)/énervé(e)/amusé(e),* etc. *par votre lettre au sujet de...*
Moi, je pense/trouve/considère que...
À mon avis, ...

1 Chère Alice

Voici encore un problème pour Alice, la psy du magazine *OK PODIUM*, et la réponse qu'elle envoie à Sarah. Lis ces deux lettres.

Que dois-je faire pour me réconcilier avec ma meilleure amie?

J'ai perdu ma meilleure amie et je suis inconsolable. Avant on se disait tout et maintenant on ne se parle plus. C'est en rentrant des dernières vacances d'été que je me suis fâchée avec elle. Pendant mon absence elle était sortie avec un garçon. J'avais l'impression de ne plus compter pour elle et j'ai fait la tête. Depuis je n'ai pas d'autres amies. Je suis sûre qu'en ce moment je lui manque car son petit copain l'a plaquée, elle pleure tout le temps. J'aimerais tant la consoler. Mais comment faire pour lui reparler?

Sarah

• •

Chère Sarah,

Pourquoi continuer à souffrir en luttant contre tes sentiments? Tu as envie d'aller reparler à ton ancienne meilleure amie, alors qu'attends-tu? C'est évident qu'elle a besoin de toi si elle vit son premier chagrin d'amour. N'aie pas peur de faire le premier pas et lance-toi! Dis-lui que tu regrettes son amitié et qu'elle te manque terriblement. Va la voir chez elle. Reconnais tes torts: tu étais jalouse de son petit ami et c'est pour cela que tu lui as fait la tête. Elle comprendra que tu l'aimes vraiment beaucoup et vous redeviendrez les meilleures amies du monde. Et la prochaine fois qu'elle tombe amoureuse tu seras sa confidente et plus son ennemie...

a C'est vrai ou c'est faux? Si c'est faux, corrige la phrase.

1 Sarah est heureuse d'avoir perdu sa copine.
2 Avant les vacances, Sarah s'entendait bien avec elle.
3 Pendant ses vacances, la copine de Sarah a trouvé une nouvelle copine.
4 Sarah est devenue très jalouse.
5 La copine de Sarah semble être très contente de la situation.

b Voici des conseils. Lesquels correspondent aux conseils donnés par la psy?

1 Tu devrais attendre un peu avant de parler à ta copine! OUI/NON
2 Tu devrais aller la voir tout de suite! OUI/NON
3 Tu devrais admettre que tu as eu tort d'être jalouse! OUI/NON
4 Tu devrais insister que tu as eu raison d'être jalouse! OUI/NON
5 Tu devrais dire à ta copine de ne plus tomber amoureuse d'un garçon! OUI/NON
6 Tu devrais essayer de faire parler ta copine de ses problèmes! OUI/NON

c Qu'est-ce que tu penses de Sarah?
Est-ce que tu lui aurais donné les mêmes conseils?

Exemple: *Je lui aurais dit de/d'... + infinitif*

La vie de banlieue

a Voici un entretien sur la vie de banlieue en France. Lis-le, puis remplis les blancs dans le texte en bas avec des mots convenables:

"LES JEUNES NE CHERCHENT PAS A PARTIR, ILS S'INTEGRENT"

Un entretien avec Aline Pailler, présentatrice et productrice de l'émission "Saga-Cités" à France 3.

Les Clés: Comment voyez-vous aujourd'hui la situation des banlieues ?

Aline Pailler: Pour moi, la banlieue ce n'est pas un cas à part. Il relève des problèmes de l'ensemble de notre société et des choix politiques de cette société. La question est de savoir si après avoir été une nation industrielle, la France républicaine pourra laisser longtemps au bord du chemin des millions de chômeurs et d'exclus, qu'ils soient français ou immigrés, qu'ils vivent en banlieue ou ailleurs. C'est le défi de cette fin de siècle.

Notre société n'est pas allée au bout de ses devoirs. Le logement social reste insuffisant dans les grandes villes. On a laissé, par exemple, se dégrader complètement les bâtiments. Dans ces conditions, il n'est pas surprenant d'assister de temps à autre à des explosions de violence.

Les Clés: Ces quartiers souffrent d'une réputation négative. Mais les banlieues est-ce seulement cela ?

A.P.: On a effectivement une image négative. C'est la société qui est violente, elle est violente à l'égard des gens qui vivent dans des quartiers laissés à l'abandon. Depuis trente ans pratiquement, aucun travail de réhabilitation n'a été effectué, en particulier dans les immeubles des cités d'urgence. On a tellement peu respecté les gens qui vivent là, qu'à la fin, cela a fini par créer de la violence.

Mais les banlieues, c'est effectivement autre chose. Elles ont leur propre culture, leur histoire. On trouve des ressources extraordinaires dans ces quartiers populaires, des gens formidables, qui s'entraident, qui créent des associations: aides aux devoirs des enfants, associations de femmes, troupes de théâtre, ciné clubs, réseaux d'échange de savoir, écrivains publics, etc. Des expériences de ce genre se sont multipliées ces dernières années.

Les Clés: Les jeunes qui vivent là cherchent-ils à s'intégrer ou plutôt à fuir?

A.P.: On ne peut pas dire qu'ils cherchent à partir. Au contraire, j'ai constaté que beaucoup, parmi ceux qui avaient un diplôme ou qui avaient reçu une bonne formation, revenaient plus tard en banlieue. Ils ont vécu là, grandi là; leurs histoires d'amour, d'amitié, c'est là qu'elles se sont faites. Cela crée des liens.

Pour beaucoup de familles modestes qui vivaient dans les années 60 dans des bidonvilles, le HLM de banlieue a représenté le bonheur: c'était la première fois qu'ils avaient l'eau courante, une salle de bains, un vrai chauffage. Cela aussi a marqué des gens qui avaient trois ou quatre ans à l'époque. Les jeunes ne cherchent pas à partir, ils s'intègrent. On n'est pas différent parce qu'on est né dans un HLM. Contre les autres, on reste finalement attaché à son quartier, à sa cage d'escalier.

Les _____ des banlieues ont pour causes principales le _____ et l'_____ de beaucoup de gens de la _____ du pays.

| exclusion | problèmes | prospérité | chômage |

Les _____ successifs n'ont pas fourni assez d' _____ à loyer modéré dans les grandes _____. En plus, les bâtiments des cités d'urgence ont souvent été _____ et se sont vite dégradés. Cet _____ a tendance à _____ les gens à la violence.

| habitations | environnement | villes | gouvernements | inciter | négligés |

Mais cette _____ négative des banlieues n'est pas _____. On y trouve de la _____ certes, mais on y trouve également beaucoup de _____ et d'_____ . Après avoir fini leurs _____, de nombreux jeunes reviennent _____ en banlieue. Ils n'ont pas envie de _____ pour toujours le quartier où ils ont _____, et ne veulent pas vivre _____.

| solidarité   ailleurs   juste   habiter   violence   études   idée   grandi   initiatives   quitter |

b Mets-toi à la place d'un(e) jeune Maghrébin(e) qui habite un quartier délabré d'une banlieue parisienne. Écris un court article pour un magazine en décrivant ton quartier, le manque d'installations et d'équipement, et comment se déroule une journée typique là où toi et tes copains habitez.

Villeneuve-la-Belle

L'été dernier, l'opération 'caravane des banlieues' a connu un franc succès. Pendant une semaine, dans toute la France, au cœur des quartiers, débats, projections de films et concerts sous chapiteaux ont été organisés à l'initiative d'une poignée de jeunes, originaires de Mantes-la-Jolie (Yvelines)

De plus en plus, les habit des banlieues relèvent la et revendiquent le droit à cadre de vie de qualité.

Le scénario

On trouve des ressources extraordinaires dans ces quartiers, de gens formidables, qui s'entraident, qui créent des associations.

Imaginez que vous êtes un groupe de cinq à six adolescents français de 18 à 20 ans qui habitent la banlieue (fictive!) de Villeneuve-la-Belle. Vous représentez un mélange de groupes éthniques. Vous habitez un endroit qui a connu des problèmes sociaux ces dernières années, mais qui a une population débrouillarde et tournée vers les possibilités de l'avenir. Vous décidez d'agir pour améliorer les conditions de vie pour certains des citoyens de cette banlieue.

Les jeunes ne veuler pas être organisés. Ils ne veulent pa qu'on leur impos des choses... Ils ve lent 'leur truc' à eu

 **La tâche**

Écoutez ces personnes parler. Ils décrivent leurs problèmes quotidiens. Dressez-en une liste et décidez de quel(s) problème(s) vous allez vous occuper. Il faut être réaliste! Certains seraient au-dessus de vos capacités; d'autres seraient abordables avec un peu d'imagination et de débrouillardise! Discutez ensemble et remplissez cette grille.

Problème à résoudre	Actions possibles	Abordable?

Venons-en aux faits!

Après avoir choisi votre objectif, préparez un questionnaire pour sonder le groupe en question. Naturellement, vous rédigerez les questions en fonction du problème que vous aurez choisi d'aborder.

Demandez à d'autres élèves de remplir ce questionnaire (après les avoir averti du rôle qu'ils ont à jouer).

Que faire?

Faites l'analyse des questionnaires. Que faudra-t-il faire pour satisfaire les besoins exprimés dans le questionnaire? (Place? Équipement? Meubles? Personnel? Conseils? Autres?). Faites-en une liste.

Et comment financer l'action?

* Si vous avez besoin de personnel, préparez un appel téléphonique ou une lettre à un copain/une copine pour lui demander son aide. Il faut lui expliquer exactement de quoi il s'agit, ce qu'il/elle devrait faire, où et quand.
* Si vous avez besoin d'équipement, proposez un individu ou une organisation qui vous ferait peut-être don de ce qu'il vous faut. Préparez un appel téléphonique ou une lettre.
* Si vous avez besoin d'argent, proposez un individu ou une organisation qui vous ferait peut-être don des fonds nécessaires. Préparez un appel téléphonique ou une lettre.

Publicité

Supposons que votre initiative ait réussi: préparez une campagne publicitaire pour le journal régional et la radio locale pour faire savoir au(x) groupe(s) en question le nouveau service que vous offrez.

Grammaire ●

The articles

Placed before the noun, the article gives its gender (masculine or feminine) and number (singular or plural).

1 The definite article (le, la, l', les)

The definite article, the equivalent of the English *the*, indicates a particular noun. (A noun is a word used to name an object, person or idea.)

La voiture et **les** vélos sont dans **le** garage. *The car and the bicycles are in the garage.*
Le correspondant de Richard a seize ans. *Richard's pen-friend is sixteen.*
(N.B. The pen-friend in question is not any pen-friend but a particular one.)

	singular	plural
masc.	le (l')	les
fem.	la (l')	les

masc.: l'appartement, **le** garage, **les** appartements, **les** garages
fem.: l'armoire, **la** table, **les** armoires, **les** tables.

There are cases where the definite article is used in French but not in English. The most common are:

a Nouns used in a general sense:

J'aime **le** thé. J'adore **les** chats. Je n'aime pas **les** fruits. *I like tea. I love cats. I don't like fruit.*

b Titles:

la reine Elizabeth *Queen Elizabeth*

c Saying what things cost:

4 francs **le** paquet *4 francs a packet*
9 francs **le** kilo *9 francs a kilo*

d When talking about parts of the body, the definite article is usually used in French where in English we would use no article or use a possessive adjective (mon, ma, mes, *etc.*):

J'ai **les** yeux bleus et **les** cheveux longs. *I've got blue eyes and long hair.*
Je me suis coupé **la** main et j'ai mal à **l'**oreille. *I've cut my hand and I've got earache.*

e Telephone numbers:

Mon numéro de téléphone est **le** 50.84.10.
Tu peux me téléphoner **au** 50.84.10. *My phone number is 50.84.10. You can ring me on 50.84.10.*

f Countries, geographical areas and features, languages:

La[1] France est un beau pays. *France is a beautiful country.*
On a visité **la** Bretagne. *We've visited Brittany.*
J'ai vu **le** Mont Blanc. *I've seen Mont Blanc.*
J'apprends **le** français[2]. *I'm learning French.*

2 À + definite article (au, à la, à l', aux)

The preposition à[3], meaning *to*, *in*, or *at*, combines with **le** or **les** to form **au** and **aux**, meaning *to the*, *in the*, *at the*.

	singular	plural
masc.	au (à l')	aux
fem.	à la (à l')	aux

masc.: **au** café – *in* or *at* or *to the café*, **à** l'hôpital – *in* or *at* or *to the hospital*, **aux** cafés, **aux** hôpitaux
fem.: **à la** gare – *in* or *at* or *to the station*, **à** l'école – *at/to the school*, **aux** gares, **aux** écoles

Elle a mal **au** ventre et mal **à la** gorge. *She has stomach-ache and a sore throat.*
Elle va **à** l'hôpital. *She goes to the hospital.*

3 De + definite article (du, de la, de l', des)

De, meaning *of* or *from*, combines with **le** or **les** to form **du** and **des**, meaning *of the*, *from the*.

	singular	plural
masc.	du (de l')	des
fem.	de la (de l')	des

masc.: la terrasse **du** café – *the café terrace* (i.e. *the terrace of the café*), le nom **de** l'hôtel – *the name of the hotel*, au bureau **des** objets trouvés – *at the lost property office*.
fem.: le coin **de la** rue – *the corner of the street*, l'uniforme **de** l'infirmière – *the nurse's uniform*

La lettre **du** correspondant de Richard est avec celles **des** autres élèves français. *The letter from Richard's penfriend is with those from the other French pupils.*

4 The indefinite article (un, une, des)

The indefinite article in the singular, meaning *a*, *an*, refers to one noun representing its group or type. In

---
[1] With feminine countries and regions the article is dropped after the preposition **en**: **en** France, **en** Bretagne.
[2] The article is not used with the verb **parler**: je parle français.
[3] The preposition **à** can stand alone; it does not have to be combined with **le** and **les**: **à** Paris – *in* or *to Paris*, j'ai écrit **à** Françoise – *I've written to Françoise.*

the plural, *some* or *any*, it refers to more than one of a species, group or type.

	singular	*plural*
masc.	un	des
fem.	une	des

masc.: un chien, des chiens   *a dog, some dogs*
fem.: une vache, des vaches   *a cow, some cows*

Tu as acheté **des** pommes?   *Have you bought any apples?*

There are cases where the indefinite article is used in English but not in French. The most common are:

a Jobs and nationalities:

Mon père est ingénieur, je suis étudiant.   *My father is an engineer, I am a student.*
Il est Français[4], elle est Allemande.   *He is a French person, she is a German.*

b Quel(le)...!

Quel soulagement!   *What a relief!*
Quelle surprise!   *What a surprise!*

Some is sometimes missed out in English where **des** must be used in French:

Il y a **des** journaux sur la table.   *There are (some) papers on the table.*

5 The partitive article (de, du, de la, de l', des)

The French partitive article corresponds to the English *some, any* as in *some cheese, some ham, some pâté.*

	singular	*plural*
masc.	du (de l')	des
fem.	de la (de l')	des

Tu as **de l'**argent? Alors, achète **du** fromage, **du** pain et **de la** limonade.   *Have you got some money? All right then, buy some cheese, bread and lemonade.*[5]

The negative form of the partitive article expressing *not any amount, no, not any* is **de** or **d'**.

Non, je n'ai pas **d'**argent.   *No, I have no money.*
Il n'y a plus **de** pain.   *There's no more bread.*[6]

6 De, d'

De is the negative form of **du, de la, de l'** (see paragraph **5** above) and is also used:

a After expressions of quantity:

une bouteille **d'**eau   *a bottle of water*
tant **de** bruit   *so much noise*
un peu **de** silence   *a little silence*

beaucoup[7] **de** chocolat   *a lot of chocolate*
un kilo **de** pommes   *a kilo of apples*
trop **de** fautes   *too many mistakes*
combien **de** temps?   *how much time?*

Je n'ai pas assez **de** temps pour aller au supermarché. Achète-moi, donc, **des** croissants, **du** jambon, un pot **de** miel et une boîte **de** thon.   *I haven't enough time to go to the supermarket, so buy me some croissants, some ham, a jar of honey and a tin of tuna.*

b Before a plural adjective which is placed before the noun[8]:

Il a acheté **de** beaux vêtements.   *He has bought some beautiful clothes.*
Il y a **d'**énormes immeubles en ville.   *There are some enormous blocks of flats in town.*

c After **quelque chose** and **rien** + adjective:

J'ai **quelque chose d'**important à te dire.   *I've something important to tell you.*
Qu'est-ce qu'il y a à la télé? **Rien d'**intéressant.   *What's on the telly? Nothing interesting.*

d In the expression **avoir besoin de**:

J'ai besoin **d'**argent.   *I need money.*
But
J'ai besoin **de l'**argent.   *I need **the** money.*

Nouns

A noun is a word used to name an object, a person or an idea.

7 Gender of nouns

Gender – masculine or feminine?

Nouns, in French, are either masculine or feminine, e.g. **la maison** – *the house*; we know from the definite article **la** that this is a feminine, singular noun. There are some rules about gender but they have so many exceptions that it is advisable to learn the gender when you learn the noun (i.e. never note a new word as **arbre** or **chaussure** but as **un arbre, une/la chaussure**).

---

[4] The article **is** needed after **c'est** or **ce sont**: **C'est un** Français. **Ce sont des** Anglais.
[5] The partitive article may be omitted in English.
[6] An exception to this is **ne... que** (only): Il ne reste que **du** pain.   *There is only (some) bread left.*
[7] But **la plupart des** bonbons – *most of the sweets*, **bien des** élèves – *lots of the pupils*, **encore du** fromage? – *more cheese?*
[8] Exceptions: where the adjective and noun are generally used together, e.g. **des petits pois** – *peas*, **des petits pains** – *bread rolls*, **des jeunes filles** – *girls*.

a Common sense tells you that male people and male animals are masculine:

un homme – *a man*, **le** roi – *the king*, **un** chat – *a cat*

and that female people and female animals are feminine:

une femme – *a woman*, **la** reine – *the queen*, **une** chatte – *a female cat*

b Enfant *(child)*, and élève *(pupil)*, can be of either gender: **un/une** enfant, **un/une** élève.

Other nouns like **un** professeur *(a teacher)* are masculine whether they refer to a man or a woman.

c Feminine of nouns:

If a noun has both a masculine and a feminine form, it is better to learn both; they are given in the end vocabulary. Here are some examples:

un ami/**une** amie   *a friend*
un assistant/**une** assistant**e**   *an assistant*
un employé/**une** employé**e**   *an employee*
un boulanger/**une** boulang**ère**   *a baker*
un pharmacien/**une** pharmac**ienne**   *a chemist*
le prince Charles/**la** prin**cesse** Diana   *Prince Charles/Princess Diana*
un chanteur/**une** chant**euse**   *a singer*
un acteur/**une** act**rice**   *an actor*

An unusual feminine form of a word which is used a lot is **un** copain/**une** copine *(friend)*.

8 Plural of nouns

Some general guidelines may be given but there are many exceptions to the rules:

a Usually the plural of nouns is formed by adding –**s** to the singular:

un homme, des homme**s**   *a man, men*

b There is no change when nouns already end in –**s** or –**x**:

un fils, deux fils   *a son, two sons*
une noix, des noix   *a walnut, walnuts*

c Nouns generally ending in –**eau** and –**eu** add –**x**:

un château, les château**x** de la Loire   *a castle, the castles of the Loire*
un bateau, des bateau**x**   *a boat, some boats*
mon neveu, mes neveu**x**   *my nephew, my nephews*
les cheveu**x**   *hair*

d Nouns ending in –**al** change to –**aux**:

un animal, des anim**aux**   *an animal, animals*
un cheval, des chev**aux**   *a horse, horses*

e Nouns ending in –**ou** usually add –**s**:

un clou, des clou**s**   *a nail, nails*
un trou, des trou**s**   *a hole, holes*

f Here is a short list of exceptions and problem plurals:

un pneu, des pneu**s**   *a tyre, tyres*
un bijou, des bijou**x**   *a jewel, jewels*
un caillou, des caillou**x**   *a pebble, pebbles*
un chou, des chou**x**   *a cabbage/pastry, cabbages/pastries*
le genou, les genou**x**   *the knee, knees*
l'oeil, les **yeux**   *the eye, eyes*
le travail, les trav**aux** de la ferme   *the work, farmwork*

Note also:
monsieur (M.), messieurs
madame (Mme), mesdames
mademoiselle (Mlle), mesdemoiselles.

9 Plural of compound nouns

A compound noun is composed of more than one element.

le rouge-gorge, les rouges-gorges   *robin, robins*
le chemin de fer, les chemins de fer   *the railway, railways*

Sometimes each element becomes plural:

le chou-fleur, les choux-fleurs   *the cauliflower, cauliflowers*
le grand-parent, les grands-parents   *grandparent, grandparents*
le grand-père, les grands-pères   *grandfather, grandfathers*

Sometimes only one:

la grand-mère, les grand-mères   *grandmother, grandmothers*
le demi-frère, les demi-frères   *half brother, brothers*
la demi-soeur, les demi-soeurs   *half sister, sisters*
le timbre-poste, les timbres-poste   *stamp, stamps*
la pomme de terre, les pommes de terre   *potato, potatoes*

Adjectives

10 Agreement of adjectives

An adjective is a word added to a noun to describe it, or, using the grammatical term, to 'qualify' it.

a An adjective usually changes its ending depending on whether the noun it describes is masculine or feminine, singular or plural. The adjective 'agrees with' the noun. Most adjectives have four separate forms. The pattern for regular[9] adjectives is:

masc.	fem.	masc. pl.	fem. pl.
grand	grande	grands	grandes
petit	petite	petits	petites

Le jardin est petit.   *The garden is small.*
La maison est grande.   *The house is big.*
Les jardins sont petits.   *The gardens are small.*
Les maisons sont grandes.   *The houses are big.*

b When an adjective ends in an unaccented –e or an –s in its masculine singular form, no extra –e or –s is added, e.g. rouge (*red*), gris (*grey*):

rouge	rouge	rouges	rouges
gris	grise	gris	grises

11 Irregular[10] feminine forms

The feminine form of some adjectives is irregular. The following list shows some examples but there are very many more.

grec, grecque[11]   *Greek*
turc, turque   *Turkish*
blanc, blanche   *white*
public, publique   *public*
sec, sèche   *dry*
actif, active   *active*
neuf, neuve   *new*
long, longue   *long*
favori, favorite   *favourite*
cruel, cruelle   *cruel*
gentil, gentille   *nice, kind*
bon, bonne   *good, kind*
italien, italienne   *Italian*
ancien, ancienne   *former*
malin, maligne   *crafty*
leger, légère   *light*
cher, chère   *dear, expensive*
menteur, menteuse   *lying, untruthful*
vainqueur, victorieuse   *victorious*
frais, fraîche   *fresh, cool*
bas, basse   *low*
gros, grosse   *large, fat*
épais, épaisse   *thick*
complet, complète   *complete*
inquiet, inquiète   *worried*
aigu, aigüe   *sharp*

fou, folle   *mad*
affreux, affreuse   *awful*
ennuyeux, ennuyeuse   *boring*
roux, rousse   *red (haired)*
doux, douce   *sweet, gentle*
faux, fausse   *false*

12 Adjectives of colour

a Some nouns used as adjectives have the same spelling whether they are masculine or feminine, singular or plural. In grammatical terms, they are 'invariable'.

un costume marron   *a brown suit*
une robe marron   *a brown dress*
des yeux marron   *brown eyes*
des tons ivoire et or   *ivory and gold tones*

b Compound adjectives of colour are invariable.

Elle a les yeux bleu clair.   *She has light blue eyes.*
J'ai les yeux brun foncé.   *I have dark brown eyes.*
une jupe vert bouteille   *a bottle green skirt*

13 Beau, nouveau, vieux

These adjectives have a second form of the masculine singular which is used before a vowel sound and which makes it easier to say:

un **beau** pays   *a beautiful country*
un **bel** appartement   *a beautiful flat*
(*pl.* de **beaux** pays, de **beaux** appartements)

le **nouveau** chef   *the new chef*
le **nouvel** an   *the new year*
(pl. les **nouveaux** chefs, les **nouveaux** appartements)

le **vieux** monsieur   *the old gentleman*
le **vieil** homme   *the old man*
(*pl.* les **vieux** messieurs, les **vieux** hommes)

N.B. There are also two masculine singular forms of the demonstrative adjective, **ce** (*this/that*):

ce monsieur   *this gentleman*
cet homme   *this man*
cet arbre   *this tree*
(*pl.* **ces** messieurs, **ces** hommes, **ces** arbres)

14 Tout

The adjective **tout** needs special attention.

masc.	fem.	masc. pl.	fem. pl.
tout	toute	tous	toutes

Tout le monde est heureux.   *Everyone is happy.*
Toute la famille mange au restaurant.   *All the family (the whole family) is having a meal out.*

[9] Regular means following the normal pattern.
[10] Irregular means not following the usual pattern.
[11] In French adjectives denoting nationality do not have capital letters, e.g. anglais – *English*, allemand – *German*, espagnol – *Spanish*.

Je lis le journal **tous** les jours.   *I read the paper every day.*

Elle a mangé **toutes** les crêpes.   *She's eaten all the pancakes.*

15 Plural of adjectives

a In some cases, the masculine plural form ends in **–x** rather than **–s**. Here are some typical examples:

principal, principaux   *principal*
égal, égaux   *equal*
beau, beaux   *beautiful, fine*

b Adjectives ending in **–s, –x, –z** are identical in the masculine singular and masculine plural forms.

faux   *false*
gras   *fat*
affreux   *dreadful*

16 Position of adjectives

a In English the adjective comes before the noun but in French it is usually placed after it:

une voiture **anglaise**   *an English car*
une maison **moderne**   *a modern house*
ONU, l'Organisation des Nations **Unies**   *UNO, the United Nations Organisation*
le Royaume-**Uni**   *the United Kingdom*

b Some adjectives usually stand before the noun. The most common are:

possessive adjectives: **mon, ma, mes,** *etc.*
Je te présente **ma** soeur.   *Let me introduce my sister.*

demonstrative adjectives: **ce, cet, cette, ces**
Ce film est plus intéressant que **ces** magazines   *This film is more interesting than those magazines.*

numeral adjectives: **le trentième** jour   *the thirtieth day*

most indefinite adjectives:
aucune idée   *no idea*
chaque fois   *every time*
plusieurs jours   *several days*
quelques francs   *a few francs*

These individual adjectives also usually stand before the noun:

beau (belle), un **beau** pays   *a beautiful country*
bon(ne), une **bonne** idée   *a good idea*
grand(e), une **grande** ville   *a big town*
gros(se), un **gros** pull   *a thick sweater*
haut(e), une **haute** tour   *a high tower*
jeune, un **jeune** homme   *a young man*
joli(e), un **joli** paysage   *pretty countryside*
long(ue), un **long** voyage   *a long journey*

mauvais(e), une **mauvaise** idée   *a bad idea*
nouveau(-elle), une **nouvelle** auto   *a new car*
petit(e), une **petite** fille   *a little girl*
vaste, un **vaste** empire   *a vast empire*
vieux (vieille), une **vieille** dame   *an old lady*
vilain(e), une **vilaine** couleur   *a horrid colour*

When modified by an adverb or a phrase, the above adjectives can follow the noun:

une rue **longue** de 800 mètres   *an 800 metre long road*
une idée tout à fait **mauvaise**   *an absolutely dreadful idea*

c Sometimes the position of the adjective changes its meaning:

une **ancienne** église   *a former church*
une église **ancienne**   *an ancient church*
ma **chère** amie   *my dear friend*
une robe **chère**   *an expensive dress*
la **dernière** année (du siècle)   *the last year (of the century)*
l'année **dernière**   *last year*
un **grand** homme   *a great man*
un homme **grand**   *a tall man*
le **même** garçon   *the same boy*
le garçon **même**   *the very boy*
la **prochaine** fois   *the next time*
la semaine **prochaine**   *next week*[12]
ma **pauvre** soeur   *my unfortunate sister*
une femme **pauvre**   *a poor (penniless) woman*
ma **propre** chambre   *my own bedroom*
une chambre **propre**   *a clean bedroom*
un **seul** examen   *a single examination*
Les examens **seuls** me font peur.   *Only the exams scare me./The exams alone scare me.*

17 Two adjectives, one noun

a Where there are two adjectives, both usually standing before the noun, they still do so.

une **vilaine petite** fille   *a horrid little girl*
un **joli petit** village   *a pretty little village*

b If one adjective normally precedes and one normally follows the noun, they may both still do so:

un **vilain** uniforme **gris**   *a nasty grey uniform*
un **petit** bateau **bleu**   *a little blue boat*

c Two adjectives following the noun are usually linked with **et**.

des devoirs **difficiles et ennuyeux**   *difficult, boring homework*

---

[12] *the next week* – la semaine suivante

18 Two nouns, one adjective

An adjective qualifying two (or more) nouns, one of which is masculine and the other feminine, will be in the masculine plural form.

La robe et le costume étaient **noirs**.   *The dress and the suit were black.*

19 Comparative and superlative of adjectives

The comparative and superlative forms reflect a greater or lesser degree:

petit
petite } *small*

plus petit
plus petite
plus petit(e)s } *smaller* **comparative**

le plus petit
la plus petite
les plus petit(e)s } *smallest*[13] **superlative**

Similarly, **moins petit que...**, **aussi petit que...**   *not as small as, as small as...*

Here are some examples of comparing two things:

More
Marc est **plus grand** que sa soeur.   *Mark is taller than his sister.*

Less
Anne est **moins grande** que Marc.   *Anne is not as tall as Marc.*

Equal
Yves est **aussi grand** que Marc.   *Yves is as tall as Marc.*

Comparing three or more:

Most
Marc et Patrick sont les élèves **les plus grands** de la classe.   *Marc and Patrick are the tallest pupils in the class.*

N.B. After a negative:
Marc et Patrick ne sont pas **si grands** que leur père. *Marc and Patrick are not as tall as their father.*

a Irregular adjectives.

Note how these adjectives change: bon (*good*), mauvais (*bad*).

adj.	comparative	superlative
bon	meilleur	le meilleur
mauvais	pire[14]	le pire

J'ai une **meilleure** note.   *I've got a better mark.*
Mes petits frères sont **les meilleurs** nageurs du groupe.   *My little brothers are the best swimmers in the group.*

Non, c'est ma soeur qui est **la meilleure**; de toute façon, elle est **meilleure** que Paul.   *No, my sister's the best; at any rate, she's better than Paul.*

b Plus de.

Use **plus de** rather than **plus que** before a number or quantity of things:

J'ai mangé **plus de** croissants que toi.   *I ate more croissants than you.*
Il en reste **plus de** quatre.   *There are more than four left.*

But:
J'ai mangé **plus que** toi.   *I ate more than you.*

c De plus en plus.

Note the expression **de plus en plus** (*more and more*).

Il devient de **plus en plus** beau.   *He gets better and better looking.*
Il pleut de **plus en plus**.   *It's raining more and more.*

20 Possessive adjectives

Possessive adjectives denote possession. They agree in number (singular or plural) and gender (masculine or feminine) with the noun they precede, i.e. with the 'owner' rather than with the thing 'owned'.

Andrew est avec **son** père et **sa** mère et **ses** cousins. *Andrew is with his father and his mother and his cousins.*
Alison a emmené **son** frère et **sa** soeur et **ses** cousins. *Alison has brought her brother and her sister and her cousins.*

masc. sing.	masc. and fem. before vowel sound in sing.	fem. sing.	plural
mon (*my*)	mon	ma	mes
ton (*your*)	ton	ta	tes
son (*his/her*)	son	sa	ses
notre (*our*)	notre	notre	nos
votre (*your*)	votre	votre	vos
leur (*their*)	leur	leur	leurs

---

[13] **moindre**, too, means smaller or smallest in the sense of less/least important, e.g. c'est **la moindre** de mes difficultés (*that's the least of my difficulties*), c'est **le moindre** de deux maux (*the lesser of two evils*), c'est **la moindre** des choses (*Not at all!, Don't mention it!*)

[14] The forms **plus** and **le plus mauvais** exist too. **Pire** has the sense of being morally worse.

Before a vowel sound, use the forms **mon**, **ton** and **son**, whether the noun is masculine or feminine:

mon armoire (f.) – *my wardrobe*, **mon** *appartement* (m.) – *my flat*

21 Demonstrative adjective

The demonstrative adjective indicates which object is in question. It is the equivalent of the English, *this, that, these.*

masc. sing	before vowel sound in masc. sing.	fem. sing.	plural
ce	cet	cette	ces

Je reconnais **ce** garçon, **cet** homme, **cette** femme et **ces** filles. *I recognize that boy, that man, that woman and those girls.*
This sentence could also be translated as: *I recognize this boy, this man, this woman and these girls.*

To be more specific we add **–ci** or **–là** to the demonstrative adjective.

Ce garçon-**là** est mon correspondant et **cette** femme-**ci** est sa mère. *That boy is my pen-friend and this woman is his mother.*

22 Interrogative adjective

The interrogative adjective asks which noun is in question. It is the equivalent, in English, of *what, which?*

masc. sing.	fem. sing.	masc. pl.	fem. pl.
quel	quelle	quels	quelles

Quels cadeaux as-tu achetés?
Un livre et des boîtes de chocolats.
Quel livre, **quelles** boîtes?
What presents have you bought?
A book and boxes of chocolates.
Which book, which boxes?

Adverbs

In the same way that the adjective qualifies the noun, the adverb qualifies the verb but it can also qualify an adjective, another adverb and it can sometimes stand alone. The adverb is invariable.

Les correspondants français écrivent **régulièrement**.
noun: les correspondants – *pen-friends*
adjective: français – *French*
verb: écrivent – *write*
adverb: régulièrement – *regularly*

Ils sont **vraiment** gentils. Oui, **toujours**.
gentils: adjective – *nice*
vraiment: adverb – *really*
toujours: adverb – *always*.

23 Formation of adverbs

a Adverbs can often be formed from adjectives. This is usually done by adding **–ment** to the feminine form of the adjective:

régulier, régulière → régulièrement (*regularly*)
final, finale → finalement (*finally*)
heureux, heureuse → heureusement (*fortunately*)
doux, douce → doucement (*gently*)

b When the masculine form of the adjective ends in a vowel, the **–ment** ending is added to the masculine form:

vrai → vraiment (*really*)
absolu → absolument (*absolutely*)
poli → poliment (*politely*)

24 Irregular formation of adverbs

a Adjectives ending in **–ent** and **–ant** form adverbs ending in **–emment** and **–amment**:

patient → patiemment (*patiently*)
récent → récemment (*recently*)
courant → couramment (*currently*)

The exception to this rule is **lent** (*slow*) which has the adverb **lentement** (*slowly*).

b A few adjectives change the final **e** of the feminine form to **é** and then add **–ment** as usual:

précis, précise → précisément (*precisely*)

c The following adjectives can be used as adverbs without changing their form:

travailler **dur**   *to work hard*
parler **bas**   *to speak quietly*
crier **fort**   *to shout loudly*
refuser **net**   *to refuse point blank, absolutely*
courir **vite**   *to run fast*
coûter **cher**   *to cost a lot*
chanter **faux**   *to sing out of tune*
sentir **bon/mauvais**   *to smell good/bad*.

d The following adverbs are important and should be learnt:

peu (*little*), bien (*well*), mieux (*better*), moins (*less*), mal (*badly*).

25 Comparative and superlative of adverbs

The usual way of expressing comparison is:
Pierre court **vite**. *Pierre runs fast.*
Son frère court **plus vite** que lui. (*faster*)
Son cousin court **le plus vite**. (*fastest*)

The following important irregular forms need to be noted:

bien (*well*)   mieux (*better*)   le mieux (*best*)
mal (*badly*)   plus mal[15] (*worse*)   le plus mal (*worst*)
beaucoup (*a lot*)   plus (*more*)   le plus (*most*)
peu (*little*)   moins (*less*)   le moins (*least*)

Récemment, tu as travaillé **bien, moins bien** que Paul, mais **mieux** que Thérèse. Elle travaille **peu**. Yvonne travaille **le mieux**. *Recently, you have worked well, less well than Paul, but better than Thérèse. She does little work. Yvonne works best.*

Adverbs are invariable, hence **le** does not change: Yvonne travaille **le mieux**.

26 The adverb tout

The adjective **tout** means *all, every*; the adverb **tout** means *quite, altogether, all, very*.

Adverbs are invariable but the adverb **tout** changes its spelling in front of a feminine adjective beginning with a consonant:

Il est **tout** content, **tout** amoureux. *He is altogether happy, quite in love.*
Elle est **toute** contente, **tout** amoureuse. *She is altogether happy, quite in love.*
Ils sont **tout** contents, **tout** amoureux. (*They...*)
Elles sont **toutes** contentes, **tout** amoureuses. (*They...*)

Verbs

The verb expresses an action or a state.

Je **lis** ce livre. *I am reading this book.*
Je **suis** seul. *I am alone.*

Lis comes from the verb **lire** (*to read*), and **suis** from the verb **être** (*to be*)

27 The infinitive

In vocabularies and dictionaries, verbs are listed in their 'infinitive' form, e.g. **jouer** (*to play*). The ending of the infinitive helps us to identify which group the verb belongs to. There are several large groups of regular verbs: those ending in –er, like **jouer**, those ending in –ir, like **finir** (*to finish*), and those ending in –re, like **entendre** (*to hear*). Irregular verbs, like **avoir** (*to have*), do not fit into any of these groups.

28 The persons of the verb

The persons of the verb are:

singular

je (*I*)	1st person
tu (*you*)	2nd person
il/elle/on (*he/she/it/one*)	3rd person

plural

nous (*we*)	1st person
vous (*you*)	2nd person
ils/elles (*they*)	3rd person

29 Tu and vous

Tu is used when you are talking to a child or to someone with whom you are on familiar terms.
Vous is used
a   when you are talking to an adult or to someone with whom you are not on familiar terms
b   when you are talking to more than one person.

30 Tenses

The tense is the form of the verb which expresses *when* the action takes place:

Past: Hier j'**avais** seize ans. *Yesterday I was 16.*
Present: Aujourd'hui, **c'est** mon anniversaire; j'**ai** dix-sept ans. *Today, it's my birthday; I'm 17.*
Future: L'année prochaine, j'**aurai** dix-huit ans. *Next year, I shall be 18.*

31 Present tense

In English there are three ways of expressing the present tense:

I play (every day, often, *etc.*)
I am playing (now, this morning, *etc.*)
I do play? Do you play?

In French there is only one equivalent to these three forms: **je joue**.

a   Present tense of regular verbs, i.e. those belonging to a large group whose endings follow a pattern:

–**er verbs**, for example chercher (*to look for*), regarder (*to look at*), parler (*to speak*)

je joue	nous jou**ons**
tu joue**s**	vous jou**ez**
il/elle joue	ils/elles jou**ent**

---

[15] The forms **pis** and **le pis** are also possible.

–ir verbs, for example finir (*to finish*), choisir (*to choose*), rougir (*to blush*)

je fin**is**	nous fin**issons**
tu fin**is**	vous fin**issez**
il/elle fin**it**	ils/elles fin**issent**

–re verbs, for example descendre (*to go down*), attendre (*to wait for*), vendre (*to sell*)

je descend**s**	nous descend**ons**
tu descend**s**	vous descend**ez**
il/elle descend	ils/elles descend**ent**

Use the three verbs above as models for all regular verbs in the present tense.

b Certain verbs, which we use every day, are irregular; they do not fit any of the above patterns and they must be learnt individually. They are listed in the verb tables at the end of this section (pp. 194–8).

c Three very important verbs are avoir (*to have*), être (*to be*), and aller (*to go*).

avoir

j'ai	nous avons
tu as	vous avez
il/elle/on a	ils/elles ont

être

je suis	nous sommes
tu es	vous êtes
il/elle/on est	ils/elles sont

aller

je vais	nous allons
tu vas	vous allez
il/elle/on va	ils/elles vont

32 Verbs with spelling changes in the present tense

Because of the way some verbs are pronounced, there is a slight change of spelling in certain persons of the present tense. Either the final consonant is doubled or a grave accent (`) is added. Here is an example of each:

appeler *to call*

j'appelle	nous appelons
tu appelles	vous appelez
il/elle/on appelle	ils/elles appellent

acheter *to buy*

j'achète	nous achetons
tu achètes	vous achetez
il/elle/on achète	ils/elles achètent

In the infinitive and the **nous** and **vous** forms, the **e** is pronounced as in the English word *apple* but in the other forms the double **ll** changes the **e** sound to the **e** in the English *bed*. (See also pp. 194–8)

33 Reflexive verbs

When an infinitive includes the pronoun **se** (or **s'**) it is known as a reflexive verb. Here is an example of the present tense of a common reflexive verb:

se lever   *to get (oneself) up*

je **me** lève	nous **nous** levons
tu **te** lèves	vous **vous** levez
il/elle/on **se** lève	ils/elles **se** lèvent

Ils se lèvent tard pendant les vacances.   *They get up late during the holidays.*

In this sentence the reflexive pronoun, **se**, means *themselves* but, in English, we don't need to include it.

a M', t', s' are used before a vowel. These pronouns must also be included in the question form:

Je m'appelle Susan.   *My name is Susan. Literally, I call myself Susan.*
Comment **t'appelles-tu?**   *What's your name?*

b As well as meaning *myself, yourself, etc.*, the reflexive pronouns can also mean *one another*:

Les élèves travaillent bien ensemble; **ils s'aident** à résoudre les problèmes.   *The pupils work well together; they help one another solve problems.*

c The use of the reflexive pronoun can change the meaning of a verb:

Elle se lève à six heures pour **s'occuper** du bébé. *She gets up at six to look after the baby.*
Elle lève le bébé pour lui donner son biberon. *She gets/lifts the baby up to give him his bottle.*
Je me demande si je réussirai à cet examen. *I wonder whether I shall pass this exam.*
Je vais demander à mon professeur.   *I'm going to ask my teacher.*

d Reflexive verbs are used to represent an action expressed in English by the 'passive'[16] (see section **61**):

La porte **s'ouvre**.   *The door is being opened.*

e Examples of common verbs used reflexively in French:

s'asseoir   *to sit down*
Elle s'est assise.   *She sat down.*
se marier   *to get married*
Il se marie avec Louise.   *He's marrying Louise.*
Ils se marient.   *They're getting married.*

s'arrêter   *to stop*
se coucher   *to go to bed*
se dépêcher   *to hurry*
se diriger vers   *to make one's way towards*

---

[16] Passive: I am taught. Active: I teach.

se douter de   *to suspect*
s'enrhumer   *to catch cold*
se fâcher   *to be angry*
se moquer de   *to make fun of*
se plaindre   *to complain*
se promener   *to go for a walk*
se rappeler, se souvenir de   *to remember*
se reposer   *to rest*
se sentir   *to feel*

34 Questions

There are three ways of making a statement into a question:

a By using a different intonation, raising the voice at the end of the sentence. This is very common in speech but not in writing:

Il est malade. (statement)   *He is ill.*
Il est malade? (question)   *He's ill?*

b By inverting the subject and the verb:

il   *subject*
est   *verb*
malade   *adjective*

Est-il malade?   *Is he ill?*

To make pronunciation easier, **–t–** is put between two vowels:

il a → a-t-il?   *Has he?*
il va → va-t-il?   *Is he going?*

c By putting **est-ce que/qu'…** in front of the original statement:

Est-ce qu'il est malade?   *Is he ill?*
Est-ce que tu vas?   *Are you going?*

Est-ce que can also be used with question words: quand (*when*), pourquoi (*why*), comment (*how*), *etc.*

Quand est-ce que le trimestre commence?   *When does the term start?*
Comment est-ce qu'ils vont faire le voyage?   *How are they going to travel?*

35 Giving orders (imperative)

a In the case of most verbs, one can give an order by dropping the subject pronoun (**tu, vous, nous**) as in English:

tu choisis → **choisis**   *choose!*
vous choisissez → **choisissez**   *choose!*

b If the same thing is done with the **nous** form of the verb, it has the meaning of *let's…* :

nous choisissons → **choisissons**   *let's choose*
allons-y   *let's go*
voyons   *let's see*

c In the **tu** form of regular **–er** verbs and in the verb **aller**, the final **–s** is omitted:

tu regardes → **regarde**   *look!*
tu vas → **va**   *go!*

d Reflexive verbs require a reflexive pronoun in the imperative (like the English *behave **yourself***). Note that **toi** replaces **te** in an order:

Adresse-toi à la réception.   *Enquire at reception.*
Adressons-nous   *Let's enquire.*
Adressez-vous   *Enquire.*

In the negative, the reflexive pronoun remains in front of the verb and **te** is not replaced by **toi**:

Ne t'adresse pas à la réception.   *Don't enquire at reception.*
Ne nous adressons pas…
Ne vous adressez pas…

36 The perfect tense (passé composé)

a In French there is only one way of expressing the two English past tenses *did* and *have done*. To convey the sense of an event or an action in the past an English person would say:

*I **have bought** a record.*
*I **bought** a record yesterday.*

For a French person there is only one form of the verb for expressing both of these:

j'ai acheté un disque (hier).

b In French, this tense is called **le passé composé** because it is composed of two parts:
the auxiliary verb (in this case): avoir: j'ai
the past participle: acheté

c The perfect tense, with **avoir**, of the three regular groups of verbs is as follows:

j'ai   acheté/fini/vendu
tu as   acheté/fini/vendu
il a   acheté/fini/vendu
nous avons   acheté/fini/vendu
vous avez   acheté/fini/vendu
ils ont   acheté/fini/vendu

I have bought, finished, sold, etc.

Ils ont fini leur travail, **joué** au football et puis **ils ont attendu** le bus.   *They finished their work, played football and then they waited for the bus.*

d Questions in the perfect tense are formed thus:

Est-ce que vous avez fini? *Did you finish/have you finished?*
Vous avez fini? *You've finished?*
Avez-vous fini? *Did you finish?/Have you finished?*

e A positive statement (*she bought the bike*) is changed into a negative statement (*she has not/did not buy the bike*) like this:

Elle **n'a pas** acheté le vélo.

The **ne** (**n'** because of the vowel sound) and the **pas** go on either side of the auxilary verb **avoir**.

Similarly:

Ils n'ont pas fini leur travail, donc **ils n'ont pas joué** au football. *They have not finished/did not finish their work so they did not play football.*

37 Irregular past participles

Some past participles are irregular and must be learnt. Some common ones are:

avoir	j'ai **eu**	*had*
boire	j'ai **bu**	*drunk*
comprendre	j'ai **compris**	*understood*
devoir	j'ai **dû**	*had to*
dire	j'ai **dit**	*said*
écrire	j'ai **écrit**	*written*
être	j'ai **été**	*been*
faire	j'ai **fait**	*done*
lire	j'ai **lu**	*read*
mettre	j'ai **mis**	*put*
pouvoir	j'ai **pu**	*been able*
prendre	j'ai **pris**	*taken*
savoir	j'ai **su**	*known*
voir	j'ai **vu**	*seen*

Pendant les vacances, **j'ai fait** de la natation, **j'ai vu** quelques films et **j'ai lu** plusieurs livres mais **je n'ai pas écrit** à mon correspondant. *In the holidays I swam, saw a few films and read several books but I did not write to my pen-friend.*

Other irregular past participles are given in the verb tables (pp. 194–8).

38 Agreement of the past participle with preceding direct object

a The past participles of verbs which form their perfect tense with **avoir** must agree with the direct object[17] if this is mentioned before the verb occurs in the sentence. Look at these examples:

J'ai vu	ton sac (*masc. sing.*)	*your bag*
I saw	ta valise (*fem. sing.*)	*your case*
	tes bagages (*masc. pl.*)	*luggage*
	tes valises (*fem. pl.*)	*cases*

When the verb occurs in the above examples, the direct object has not yet been mentioned, so there is no agreement.

Ton sac? Oui, je l'ai vu. *Your bag? Yes, I've seen it.*
Ta valise? Oui, je l'ai vue.
Tes bagages? Oui, je les ai vus.
Tes valises? Oui, je les ai vues.

When the verb occurs in these sentences, the direct object has already been mentioned, so there *is* agreement.

J'ai acheté	un souvenir (*masc. sing.*)
	une carte (*fem. sing.*)
	des souvenirs (*masc. pl.*)
	des cartes (*fem. pl.*)

I bought a souvenir, a card/some souvenirs, some cards.

When the verb occurs the direct object has not yet been mentioned so there is no agreement.

Voici	le souvenir que j'ai acheté.
	la carte que j'ai achetée.
	les souvenirs que j'ai achetés.
	le cartes que j'ai achetées.

Here is the souvenir, etc. that I bought.

When the verb occurs in these last examples, the direct object has already been mentioned, so there *is* agreement.

b In speech, these agreements will only very rarely change the sound of the past participle. But be careful with verbs such as **mettre** (*to put*), **promettre** (*to promise*), **faire** (*to do/make*), and others whose past participles end in a consonant:

Où est ma valise? Je l'ai mise ici. *Where is my case? I put it here.*
Tu cherches la machine à écrire? C'est Luc qui l'a prise. *Are you looking for the typewriter? Luc took it.*
La promenade qu'on a faite hier... *The walk we did yesterday...*

39 Verbs requiring être in the perfect tense

A few verbs form their perfect tense with **être** instead of **avoir**. The past participle of these verbs agrees with the subject in the same way that adjectives agree with nouns:

Claire **est restée**. *Claire remained.*

Claire	*subject*
est	*auxiliary verb*
restée	*past participle agreeing with the subject, Claire.*

---

[17] Elle a acheté une voiture: subject = elle; verb = a acheté; direct object = une voiture.

The perfect tense of the verb **aller** (*to go*):

je suis allé(e)	nous sommes allé(e)(s)
tu es allé(e)	vous êtes allé(e)(s)
il est allé	ils sont allés
elle est allée	elles sont allées

Claire et sa mère sont restées à l'hôtel mais son père et son frère sont allés au marché. *Claire and her mother stayed at the hotel but her father and her brother went to the market.*

The list of verbs of this kind, mainly verbs of motion, should be learnt:

	infinitive	past participle
to go	aller	allé
to come	venir	venu
to become	devenir	devenu
to arrive	arriver	arrivé
to leave	partir	parti
to go out	sortir	sorti
to go in	entrer	entré
to go down	descendre	descendu
to go up	monter	monté
to be born	naître	né
to die	mourir	mort
to remain	rester	resté
to return	retourner	retourné
to fall	tomber	tombé

Also: redescendre (*to go back down*), rentrer (*to go back in*), revenir (*to come back in*), *etc.*

40 Verbs with avoir or être

Some of the verbs listed in section **39** may be used in a sense where they take an object and when this is the case their auxiliary verb is **avoir** and not **être** and they follow the rules of **avoir** verbs :

sortir	*to take, bring out*
monter	*to take up*
descendre	*to take down*
rentrer	*to take in*

Elle **est rentrée**. *She came in.*
The past participle agrees with the subject, **elle**.
Elle **a rentré** la voiture. *She put the car away.*
There is no agreement with the subject.
Il faisait si chaud que **nous sommes sortis** dans le jardin. *It was so hot that we went out into the garden.*
Il faisait si chaud que **nous avons sorti** la table et les chaises. *It was so hot that we took out the table and chairs.*

41 The perfect tense of reflexive verbs

a The perfect tense of verbs used reflexively is formed with **être**. The past participle of these verbs agrees with the preceding direct object, i.e. in most cases the reflexive pronoun, e.g. elle **s**'est habill**ée** *she dressed (herself)*.

je me suis reposé(e)	*I rested*
tu t'es reposé(e)	*you rested*
il s'est reposé	*he rested*
elle s'est reposée	*she rested*
nous nous sommes reposé(e)s	*we rested*
vous vous êtes reposé(e)(s)	*you rested*
ils se sont reposés	*they rested*
elles se sont reposées	*they rested*

Carole **s'est levée** à sept heures et demie et est partie de la maison à huit heures. Elle et son copain **se sont rencontrés** au café. *Carole got up at 7.30 and left the house at 8. She and her boyfriend met at the café.*

b Questions are formed thus:

Tu t'es reposé(e)? *Have you rested?*
Est-ce que tu t'es reposé(e)?
T'es-tu reposé(e)?

c Many reflexive verbs are irregular and have irregular past participles. In some cases, the feminine agreement, apart from being obvious in the written form, is also heard in speech:

s'asseoir *to sit down*
Elle s'est assise. *She sat down.*
Sophie et moi, nous nous sommes assises. *Sophie and I sat down.*
se mettre en route *to set off*
Elle s'est mise en route. *She set off.*

d As with adjectival agreement, when a past participle ends in –s (**mis, assis,** *etc.*) no further –s is required for the masculine plural agreement:

Les garçons se sont mis en route. *The boys set off.*
Les hommes se sont assis. *The men sat down.*

42 Reflexive verbs: non-agreement of the past participle with indirect object[18]

In a sentence such as **Elle s'est coupée** (*she has cut herself*) the s' (*herself*) is the direct object, and the past participle agrees with this preceding[19] direct object.

---

[18] J'écris à l'enfant – *I write to the child*; *subject* = Je; *verb* = écris; *preposition* = à; **indirect object** = l'enfant. The indirect object is separated from the verb by the preposition à.

[19] preceding – coming before (the past participle)

In **Elle s'est coupé la main** (*she has cut her hand*) the **s'** (*to or for herself*) is the **indirect object**. (The sentence literally means, *She has cut to/for herself the hand.*) The direct object of the verb **couper** is **la main** which comes **after** the past participle and so we do not add **–e** to the past participle. Here are some more examples. In each one look carefully at the position of the direct object which is in bold type.

Elle **s'**est blessée.   *She hurt herself.*
Les garçons **se** sont blessés.   *The boys hurt themselves.*
Les garçons se sont cassé **la jambe**.   *The boys have broken their legs.*

Here are some more examples:

Elle **s'**est lavée.   *She washed (herself).*
What did she wash? Herself. The past participle agrees with **se** (*herself*), the direct object coming before the past participle.

Elle **s'**est lavé les cheveux.   *She washed her hair.*
What did she wash? Her hair. The reflexive pronoun, **se**, is the indirect object; literally, she washed her hair to herself and the direct object, **les cheveux**, is placed after the past participle.

The same rule applies when the reflexive pronoun means *each other* or *one another*.

Nous **nous** sommes rencontrés au café.   *We met each other at the café.*
The past participle agrees with **nous** (*each other*), the direct object.

Nous **nous** sommes écrit.   *We wrote to each other.*
The reflexive pronoun, **nous**, is the indirect object, *to each other*.

Note also:
Elles se sont téléphoné.   *They telephoned (to) each other.*
Ils se sont dit 'Salut'.   *They said 'hello' to each other.*
Nous nous sommes envoyé des cartes postales.   *We sent post cards to each other.*

43 Après avoir/être/s'être + past participle

a *After having done something* is expressed by the perfect infinitive:

après avoir + past participle for verbs which take **avoir**, **après être** + past participle for verbs which take **être**, and **après s'être** + past participle for reflexive verbs:

Après avoir acheté un journal, Jean-Pierre a cherché un emploi dans les petites annonces.   *After having bought a paper, Jean-Pierre searched for a job in the small ads.*

Après être rentré de chez le docteur, il s'est couché.   *After having come home from the doctor's, he went to bed.*

Après s'être reposé, il s'est remis au travail.   *After having rested he started work again.*

b With reflexive verbs, the appropriate pronoun must be used:

Après m'être reposé(e), je...   *After having rested, I...*
Après s'être assise, Caroline...   *After having sat down, Caroline...*
Après nous être rencontré(e)s, Caroline et moi...   *After having met, Caroline and I...*

c This structure can only be used when the subject of the two verbs is the same. You can use it to say:

Après être rentré, j'ai regardé la télévision.   *When I got home, I watched television.*
The same subject, **je**, carried out both actions.

Here is another example:

Après s'être couchées, les deux petites filles se sont endormies.   *After going to bed, the two little girls went to sleep.*

d **Après être** may be omitted from the expression, **après être + past participle**:

Après être arrivés en ville ils ont cherché un restaurant.   *After having arrived in town they looked for a restaurant.*
Arrivés en ville, ils ont cherché un restaurant.   *Once in town, they looked for a restaurant.*

44 The imperfect tense (l'imparfait)

a The formation of this tense is the same for all but one verb, **être**. The stem is the same as the **nous** form of the present tense, minus its **–ons** ending:

nous form present tense	stem	imperfect, *je*
regardons →	regard–	regardais
finissons →	finiss–	finissais
attendons →	attend–	attendais
avons →	av–	avais
faisons →	fais–	faisais
prenons →	pren–	prenais
voyons →	voy–	voyais

To this stem is added the following endings:

je regard**ais**	*I was looking*
tu regard**ais**	*you were looking*
il/elle/on regard**ait**	*he, she, one was looking*

nous regard**ions**	*we were looking*
vous regard**iez**	*you were looking*
ils/elles regard**aient**	*they were looking*

The imperfect tense of **être** has the irregular stem **ét–** but exactly the same endings as all other verbs:

j'étais	nous étions
tu étais	vous étiez
il/elle/on était	ils/elles étaient.

b The imperfect tense is used to talk about the past, but not to say what someone *has done* or *did*. This, as we have seen, is expressed by the perfect tense.

The imperfect tense expresses:
– what someone used to do
– what someone was doing.

The following examples will illustrate the difference between these two tenses:

Il a fait ses devoirs. (perfect)
He did/has done his homework.
Il faisait ses devoirs dans sa chambre. (imperfect)
He was doing/used to do his homework in his room.

J'ai lu le journal (ce matin). (perfect)
I have read/read the paper (this morning).
Je lisais le journal quand il est arrivé. (imperfect + perfect)
I was reading the paper when he arrived.
Je lisais souvent le journal quand j'étais en France. (imperfect + imperfect)
I used to read the paper often when I was in France.

The imperfect tense is also the past tense used to describe the state of affairs, the background:

Hier, il faisait si chaud que je suis allé à la piscine. (imperfect + perfect)
Yesterday it was so hot that I went to the pool.
J'ai vu qu'il y avait beaucoup de monde. (perfect + imperfect)
I saw that there were a lot of people.

45 Let's…!

Apart from the imperative form **allons!, attendons!** *etc.* (see section **35b**)
Let's…! can also be expressed by: **Si on** + imperfect.

Si on allait au cinéma? *Let's go to the pictures (What if we went to the pictures?)*
Si on sortait? *Let's go out. (What if we went out?), etc.*

46 The pluperfect tense

a The perfect tense expresses what has happened; the pluperfect goes back one step further in time and expresses *what had already happened.*

b Its formation is the same as that of the perfect tense (see section **36**), except that the auxiliary verb **avoir** or **être** is in the *imperfect* and not the present tense:

il a acheté	*he has bought*
il **avait** acheté	*he had bought*
je suis allé(e)	*I have gone*
j'**étais** allé(e)	*I had gone*

Nous nous sommes installé(e)s.	*We have settled in.*
Nous nous **étions** installé(e)s.	*We had settled in.*

J'allais promener le chien mais mon frère l'**avait déjà promené**. *I was going to walk the dog but my brother had already taken him for a walk.*

c The rules for the agreement of the past participle are the same as those for the perfect tense (see **36–42**).

47 The past historic tense (le passé simple)

The past historic tense, corresponding in speech with the perfect tense, is sometimes used in books and formal written accounts to express events and actions which happened in the past:

Le voyageur **alla** s'asseoir dans le compartiment de troisième… Un peu plus tard, le train **s'arrêta**… le voyageur **sortit**. Puis il **prit** la direction de la sortie.[20]
The traveller went to sit down in the third class carriage… A little later, the train stopped… the traveller got out. Then he went towards the exit.

If the narrator had been telling this story in conversation he would have used the perfect tense:

Le voyageur **est allé** s'asseoir… le train **s'est arrêté**… le voyageur **est sorti**… **il a pris** la direction de la sortie.

With the exception of **venir**[21] (*to come*) and **tenir** (*to hold*) verbs in the past historic conform to one of three patterns of endings:

–ai	–is	–us
–as	–is	–us
–a	–it	–ut
–âmes	–îmes	–ûmes
–âtes	–îtes	–ûtes
–èrent	–irent	–urent

---

[20] '*Le premier homme*', Albert Camus
[21] venir: je vins, tu vins, il vint, nous vînmes, vous vîntes, ils vinrent

Group 1 includes all –er verbs; aller (to go) also belongs to this group:

parler   to speak

je parlai	nous parlâmes
tu parlas	vous parlâtes
il parla	ils parlèrent

Group 2 includes all –ir and –re verbs, e.g. descendre (to go down):

je descendis	nous descendîmes
tu descendis	vous descendîtes
il descendit	ils descendirent

Note also these common verbs with irregular stems:

infinitive	past historic	
s'asseoir	je m'assis	I sat down
conduire	je conduisis	I drove
dire	je dis	I said
dormir	je dormis	I slept
écrire	j'écrivis	I wrote
faire	je fis	I did
mettre	je mis	I put
ouvrir	j'ouvris	I opened
prendre	je pris	I took
rire	je ris	I laughed
suivre	je suivis	I followed
voir	je vis	I saw

Group 3 includes those verbs whose infinitive ends in –oir, e.g. vouloir (to wish or want):

je voulus	nous voulûmes
tu voulus	vous voulûtes
il voulut	ils voulurent

Note also these common verbs with irregular stems:

infinitive	past historic	
avoir	j'eus	I had
être	je fus	I was
boire	je bus	I drank
croire	je crus	I believed
devoir	je dus	I had to
lire	je lus	I read
pouvoir	je pus	I was able
recevoir	je reçus	I received
savoir	je sus	I knew

48 The future tense

a Just as in English, aller + infinitive can be used to express *what is going to happen*. This is sometimes called the *immediate future tense*:

Je vais regarder la télé ce soir.   *I'm going to watch television this evening.*

Qu'est-ce que tu vas faire?   *What are you going to do?*
S'il ne fait pas attention, il va tomber.   *If he's not careful, he's going to fall.*

b The future tense expresses what *will happen*:

Je regarderai la télé.   *I shall watch television.*

c Regular verbs form the future tense by adding a slightly modified form of the present tense of avoir to the infinitive. (Regular –re verbs drop the final –e of the infinitive before adding the endings.)

The future endings are:

–ai	–ons
–as	–ez
–a	–ont

The full future tense of the three regular groups of verbs is as follows:

je	regarderai	finirai	vendrai
tu	regarderas	finiras	vendras
il	regardera	finira	vendra
nous	regarderons	finirons	vendrons
vous	regarderez	finirez	vendrez
ils	regarderont	finiront	vendront

d Some –er verbs change their stem slightly in the future tense. Here are some examples:

infinitive	future	
appeler	j'appellerai	I shall call
jeter	je jetterai	I shall throw
acheter	j'achèterai	I shall buy
lever	je lèverai	I shall raise
nettoyer	je nettoierai	I shall clean

e There are many irregular future stems which have to be learnt. Some of the most common are listed here. Others are given in the verb tables (pp. 194–8).

infinitive	future	
aller	j'irai	I shall go
avoir	j'aurai	I shall have
devoir	je devrai	I shall have to
envoyer	j'enverrai	I shall send
être	je serai	I shall be
faire	je ferai	I shall do/make
pleuvoir	il pleuvra	it will rain
pouvoir	je pourrai	I shall be able to
venir	je viendrai	I shall come
voir	je verrai	I shall see
vouloir	je voudrai	I shall want to

f Note the use of the future tense after **quand** (*when*) where, in English, we would use the present tense.

Quand **j'arriverai** en France, j'enverrai une carte postale à mes parents. *When I (shall) arrive in France, I shall send my parents a postcard.*

49 The future perfect tense

a This tense expresses *I shall have...* :

J'aurai fini mes devoirs dans une demi-heure. *I shall have finished my homework in half an hour.*

b The future perfect is formed from the future of the appropriate auxiliary verb, **avoir** or **être,** + past participle.

Here are some more examples:

À midi **tu seras déjà parti(e)**. *At twelve you will already have left.*
Je n'achèterai pas de fruits; Maman en **aura acheté**. *I shan't buy any fruit; Mum will have bought some.*

c Note the use of the future perfect after **quand** (*when*) where in English we would use the perfect:

Quand **j'aurai fini** mes examens je vais partir en vacances. *When I (will) have finished my exams, I'm going on holiday.*

50 The conditional

a The conditional expresses the idea *I would, I'd, you would, you'd, he would, he'd, etc.*

It is formed with the same stem as the future tense (see section **48**) but its endings are those of the imperfect tense.

The conditional endings are:

–ais	–ions
–ais	–iez
–ait	–aient

The conditional tense of the three regular groups of verbs is as follows:

je regarderais	finirais	vendrais
tu regarderais	finirais	vendrais
il regarderait	finirait	vendrait
nous regarderions	finirions	vendrions
vous regarderiez	finiriez	vendriez
ils regarderaient	finiraient	vendraient

b You have probably used the conditional without realizing it in set expressions such as:

Je voudrais	*I'd like*
J'aimerais	*I'd like*
Je préférerais	*I'd prefer*
Pourriez-vous?	*Could you?*

Apart from this, it is usually found in sentences in combination with the imperfect tense:

S'il faisait beau, on pourrait aller à la plage. *If the weather was/were nice we could go to the beach.*
Si j'étais riche, j'habiterais en Grèce. *If I was/were rich, I'd live in Greece.*

51 The past conditional

The past conditional is formed from the conditional of the appropriate auxiliary verb + the past participle.

Examples of verbs taking **avoir**:

j'aurais vu	*I would have seen*
tu aurais écrit	*you would have written*
elle aurait dit	*she would have said*
nous aurions su	*we would have known*
vous auriez pu	*you could have*
ils auraient été	*they would have been*

Examples of verbs taking **être**:

je serais allé(e)	*I would have gone*
tu serais parti(e)	*you would have left*
elle se serait levée	*she would have got up*
nous serions resté(e)s	*we would have stayed*
vous seriez venu(e)(s)	*you would have come*
ils se seraient vus	*they would have seen one another*

In sentences that begin *I would have if...* (**J'aurais acheté** deux glaces **si j'avais su**. *I'd have bought two ice creams if I'd known.*), the past conditional (j'aurais acheté) is used with the pluperfect (j'avais su).

Here is another example:

Il **n'aurait pas eu** son argent de poche s'il **n'avait pas fait** la vaisselle. *He wouldn't have had his pocket money if he hadn't done the washing up.*

52 En + present participle

a If you want to express the English *while –ing or by –ing*, e.g. *while working* or *by working*, you can use the structure **en** + the present participle.

b The present participle has the same root as the **nous** form of the present tense, plus the ending –**ant**:

regarder   *to look at*   *while looking at*
regarder → nous regardons → en regard**ant**
manger   *to eat*   *while eating*
manger → nous mangeons → en mange**ant**

Here are some examples of its use:

Eric s'est blessé en travaillant.   *Eric hurt himself while (he was) working.*
Celine s'est coupé la main en ouvrant une boîte.
Celine cut her hand while (she was) opening a tin.

c This structure can only be used when the subject of the two verbs is the same, i.e. Celine cut her hand and she was opening the tin.

53 Depuis/ça fait... que

a In order to express in French how long someone has been doing something, you use the *present* tense with **depuis**:

Depuis quand est-il malade?   *How long has he been ill?*
Il est malade depuis deux jours.   *He's been ill for two days.*
(Literally: *He is ill since two days.*)

b To express how long someone *had* been doing something, you use the *imperfect* tense with **depuis**:

Il attendait depuis une heure quand sa fiancée est enfin arrivée.   *He had been waiting for an hour when his fiancée finally arrived.*
(Literally: *He was waiting since an hour...*)

c Another way of expressing the above is by using **ça fait... que** + present tense, and **ça faisait... que** + imperfect tense. The following examples will illustrate this:

Ça fait quatre ans que j'apprends le français.   *I've been learning French for four years.*
Ça fait deux jours qu'il est malade.   *He's been ill for two days.*

Ça faisait vingt ans qu'ils habitaient là.   *They had been living there for twenty years.*
Ça faisait une heure qu'il attendait.   *He'd been waiting for an hour.*

54 Venir de + infinitive

Aller à... pairs up with **venir de...** in their literal meanings, *to go to...* and to *to come from...*
They also pair up in their less literal meanings, *to be going to do something* (**aller** + infinitive) and *to have*

just done something (**venir de** + infinitive). In French the idea of *having just done something* is expressed as *coming from doing something.*

Je vais voir un film.   *I'm going to see a film.*
Je viens de voir un bon film.   *I've just seen a good film.*
(Literally: *I'm coming from seeing a good film.*)

J'allais voir un film.   *I was going to see a film.*
Je venais de voir un film.   *I'd just seen a film.*
(Literally: *I was coming from seeing a film.*)

55 The negative

a When a verb is made negative, the negative has two parts. Here are the most common negatives:

ne/n'... pas   *not*
ne/n'... plus   *no more, no longer*
ne/n'... jamais   *never, not ever*
ne/n'... rien   *nothing*
ne/n'... personne   *nobody*
ne/n'... nulle part   *nowhere*
ne/n'... que   *only*
ne/n'... aucun   *none, no-one, not any*

and,

ni... ni...   *neither, nor*

b These two parts of the negative go round the verb:

Il n'est pas anglais.   *He's not English.*
Je ne fume plus.   *I no longer smoke.*
Je ne vais jamais en France.   *I never go to France.*
Je ne comprends rien.   *I don't understand anything.*
Il n'y a personne ici.   *There's nobody here.*
Je ne la vois nulle part.   *I don't see her anywhere.*
Il ne vend que le pain.   *He only sells bread.*
Il n'y a aucune raison pour son absence.   *There is no reason for his absence.*

c If there are pronouns, the two parts of the negative go round them too:

Je ne les vois pas.   *I don't see them.*
Le chocolat? Je ne le mange plus.   *Chocolate? I no longer eat it.*
Je n'y vais jamais.   *I never go there.*

d Where there is a verb with a dependent infinitive, the two parts of the negative usually go round the first verb:

Il **ne** veut **pas** jouer.   *He does not want to play.*
Je **ne** vais **pas** la voir.   *I am not going to see her.*

e In compound tenses[22], they go round the auxiliary verb, **avoir** or **être**, and also round the pronouns if there are any:

Je **n'ai pas** vu ce film.   *I have not seen this film.*
Il **ne** l'avait **pas** acheté.   *He hadn't bought it.*
Ils **n'y** sont **jamais** allés.   *They never went there.*
Nous **ne** les avons **jamais** vus.   *We have never seen them.*

f The only exceptions to this are **ne... personne** and **ne... nulle part** (when the past participle is enclosed too), and **ne... que** when the **que** waits to precede the word it restricts:

Je n'ai vu **personne** dans la rue.   *I have seen nobody in the road.*
Je **ne** l'ai trouvé **nulle part**.   *I haven't found it anywhere.*
Je n'ai acheté **que** quelques cartes postales.   *I have bought only a few postcards.*

N.B. If the idea of *only* is applied to the verb, e.g. *I only looked, I didn't buy...*, the following construction is used:

Je **n'ai fait que** le regarder, je ne l'ai pas acheté.   *I only looked at it; I didn't buy it.*

g Jamais, rien, personne, aucun(e), nul(e) and pas un(e) may begin the sentence; **ne** remains in its usual place. Here are some examples:

Je **ne** vois **personne**.   *I see nobody.*
Personne ne voit leurs fautes.   *Nobody sees their mistakes.*
Elle **ne** mange **rien**.   *She eats nothing.*
Rien ne plaît à cette fille.   *Nothing pleases this girl.*
Aucun élève **ne** parle.   *Not one pupil speaks.*
Je n'entend **aucun** élève.   *I don't hear a single pupil.*
Jamais, je **ne** l'oublierai.   *Never shall I forget him.*
Je **ne** l'ai **jamais** oublié.   *I've never forgotten him.*

h When the verb being negated is an infinitive, both parts of the negative stand together in front of it, and any pronouns associated with it:

Je préférerais **ne pas** y aller.   *I'd prefer not to go there.*
Il a promis de **ne jamais** en parler.   *He's promised never to speak of it.*

i *Neither... nor* are expressed like this:

Il **ne** fume **ni ne** boit.   *He neither smokes nor drinks.*
Elle **ne** mange **ni** les pâtes **ni** le pain.   *She eats neither pasta nor bread.*

j The negative is not always used to negate a verb, as the following examples illustrate:

Nous habitons **non** loin de la gare.   *We live not far from the station.*
Qui a fait ca? **Pas** moi.   *Who did that? – Not I.*
C'est pour tes parents et **non pas** pour toi.   *It's for your parents, not for you.*
J'ai perdu **non** seulement mon argent mais mon passeport aussi.   *I've lost not only my money but also my passport.*
Je n'aime pas ça. –Moi **non plus**.   *I don't like that. –Neither do I.*
Qui est là? –**Personne**.   *Who's there? –Nobody.*
Qu'est-ce que tu as acheté? – **Rien**.   *What have you bought? –Nothing.*
Tu es allé en France? – **Jamais**.   *Have you been to France? – Never.*

56 The use of the infinitive

a Some verbs are followed by a plain infinitive, some by **à** + infinitive and some by **de** + infinitive:

Il veut **voyager**.   *He wants to travel.*
Il commence **à voyager**.   *He starts to travel.*
Il décide **de voyager**.   *He decides to travel.*

b Here are some examples of verbs followed by a plain infinitive:

pouvoir *to be able (to)*   espérer *to hope (to)*
vouloir *to want (to)*   compter *to intend (to)*
savoir *to know how (to)*   préférer *to prefer (to)*
devoir *to have(to)*   oser *to dare (to)*
aller *to be going (to)*   laisser *to let...*
aimer *to like, love (to)*   il faut *it is necessary to*
adorer *to love (to)*   il vaut mieux *it's better to*
détester *to loathe, hate (to)*

Je ne veux pas faire mes devoirs.   *I don't want to do my homework.*
Il faut travailler.   *It's necessary to work.*
Il vaut mieux apprendre cette liste.   *It's better to learn this list.*

c Examples of verbs followed by **de** + infinitive:

cesser de   *to stop (–ing)*
décider de   *to decide (to)*
essayer de   *to try (to)*
éviter de   *to avoid (–ing)*
finir de   *to finish (–ing)*
oublier de   *to forget (to)*
regretter de   *to regret (–ing)*
refuser de   *to refuse (to)*
se souvenir de   *to remember (to)*
remercier de   *to thank (for –ing)*

---

[22] A compound tense, e.g. the perfect tense (le passé composé), is made up of two parts: the auxiliary verb and the past participle.

avoir l'intention de	*to intend (to)*
avoir honte de	*to be ashamed of (–ing)*
avoir peur de	*to be frightened (to)*
avoir envie de	*to fancy (–ing)*
être en train de	*to be in the process of (–ing)*

J'ai honte **d'**avoir oublié **d'**envoyer une carte.   *I'm ashamed of having forgotten to send a card.*
J'avais l'intention **d'**acheter une carte mais j'étais en train **de** bavarder et – voilà!   *I intended to buy a card but I was busy chatting and – there you go!*

d Examples of verbs followed by **à** and then **de** + infinitive:

commander à quelqu'un de	*to order someone (to)*
conseiller à quelqu'un de	*to advise someone (to)*
défendre à quelqu'un de	*to forbid someone (to)*
demander à quelqu'un de	*to ask someone (to)*
dire à quelqu'un de	*to tell someone (to)*
permettre à quelqu'un de	*to allow someone (to)*
promettre à quelqu'un de	*to promise someone (to)*

Il a conseillé **à** son frère **d'**aller à Paris.   *He advised his brother to go to Paris.*
Maman **leur** a demandé **de** débarrasser la table (leur – *to them*).   *Mum asked them to clear the table.*

e Examples of verbs followed by **à** + infinitive:

aider à	*to help (to)*
apprendre à	*to learn/to teach (to)*
commencer à	*to begin (to)*
se mettre à	*to start, set to (–ing)*
hésiter à	*to hesitate (to)*
s'amuser à	*to have fun (–ing)*
passer son temps à	*to spend one's time (–ing)*
perdre son temps à	*to waste one's time (–ing)*
réussir à	*to manage (to)/succeed in*

Nous nous sommes bien amusés **à** faire du ski.   *We had a lot of fun skiing.*
Moi, j'ai passé mon temps **à** visiter les châteaux.   *I spent my time visiting the châteaux .*

f The following adjectives are sometimes followed by **à** + infinitive:

dernier (-ère): Elle était la **dernière à** finir.   *She was the last to finish.*
premier (-ère): Il était **le premier à** arriver.   *He was the first to arrive.*
prêt(e): Vous êtes **prêts à** partir?   *Are you ready to leave?*

g Note the following expressions:

beaucoup de choses **à** faire   *a lot (of things) to do*
rien **à** faire/**à** déclarer   *Nothing to do/nothing to declare*

h The infinitive is the only verb form which can follow a preposition (except **en**, which is followed by the present participle: see section **52**). Prepositions are invariable and usually stand before a noun or an infinitive e.g. **à**, **pour** (*for*), **sans** (*without*), **avant** (*before*):

Je suis allé au marché **pour** acheter des légumes.
I went to market to buy some vegetables.
Elle est partie **sans** me dire au revoir.   *She left without saying goodbye to me.*
Avant de nous mettre en route, il faut fermer à clef.
Before setting off, we must lock up.
Après avoir fini **de** travailler, je vais prendre un thé.
After finishing work, I'm going to have a cup of tea.

57 Faire + infinitive

The idea *to have something done* or *to make someone do something*, is expressed in French by **faire** + infinitive:
Je **fais laver** la voiture.   *I have the car washed.*
Je le **fais travailler**.   *I make him work.*

58 Verbs followed by a preposition and a pronoun

a Some verbs, whose meaning involves motion or direction of thoughts, e.g. **aller à**, **penser à**, are followed by the stressed pronouns (see **69**): **moi, toi, soi, lui, elle, nous, vous, elles, eux**:

Je pense **à** ma sœur: je pense **à elle**.   *I'm thinking of my sister: I'm thinking of her.*

Compare this with :
J'obéis **à** mon professeur: je **lui** obéis.   *I obey my teacher: I obey him.*

The most important of the above verbs are:
penser à (*to think about*), songer à (*to think about*), faire attention à (*to pay attention to*), s'attaquer à (*to attack*), s'habituer à (*to become accustomed to*), s'intéresser à (*to take an interest in*), s'opposer à (*to oppose*).

b If the pronoun replaces an object, **y** is used. Compare the following:

Je m'habitue **à** mon prof de chimie – je m'habitue **à lui**. Mais la chimie, je ne m'**y** habituerai jamais.
I'm getting used to my chemistry teacher – I'm getting used to him. But chemistry, I'll never get used to it.

59 Impersonal verbs

Impersonal verbs are verbs used *only* in the third person, with the subject **il**:
Il **pleuvra** demain.   *Tomorrow it will rain.*

The following list of common impersonal verbs should be learnt:

il y a	*there is/there are*
il faut	*it is necessary*
il s'agit de	*it's a question of*
il se passe	*there is... happening*
il reste	*there remains*
il manque	*there is a lack of*
il gèle	*it's freezing*
il neige	*it's snowing*
il fait froid	*it's cold*
il fait chaud	*it's hot*
il fait nuit	*it's dark*

Il y aura de la pluie demain. *There will be rain tomorrow.*
Il faut acheter du lait. *It is necessary to buy some milk.*
Il **me** faut acheter du lait. *I must buy some milk.*
Il se passe quelque chose d'extraordinaire. *Something extraordinary is going on.*
Il ne reste qu'un carré de chocolat. *There's only one square of chocolate left.*

60 Constructions with avoir

Sometimes the English *to be* when describing a personal feeling, is expressed in French by the verb **avoir**. The following list should be learnt:

avoir faim	*to be hungry*
avoir soif	*to be thirsty*
avoir raison	*to be right*
avoir tort	*to be wrong*
avoir envie de	*to fancy/want*
avoir besoin de	*to be in need of*
avoir sommeil	*to be sleepy*
avoir quinze ans	*to be 15*

J'ai très soif. Moi aussi; j'ai envie de boire de la limonade. *I'm very thirsty. Me too; I feel like drinking some lemonade.*

61 The passive

a The active voice expresses an action which the subject takes:

Il lit le journal. *He reads the paper.*
Il = *subject*
lit = *action taken by the subject*

The passive voice expresses an action to which the subject submits:
Le journal est lu. *The paper is read.*
le journal = *subject*
est lu = *action to which the subject is submitted*

b The passive is used frequently in formal French particularly in newspaper accounts of accidents or crime:

Le magasin a été cambriolé. *The shop was burgled.*

c The passive is made up of the verb **être** + past participle which agrees with the subject:

Le journal **est lu**. *The paper is read.*
Les journaux **sont lus**. *The papers are read.*

d The verb **être** can be used in any tense:

Le magasin **sera cambriolé**. *The shop will burgled.*
Le magasin **aurait été cambriolé**. *The shop would have been burgled.*, etc.

e The passive voice cannot be used with verbs like **aller**, which do not have an object. These are called intransitive verbs, e.g. Il va en France. *He goes to France.*

f The passive voice cannot be used with verbs taking an indirect object, e.g. Il parle à Yannick. *He speaks to Yannick.*

To express, in French, the English phrase *the children were told a story*, we must turn the words round: Une histoire a été racontée aux enfants. *A story was told to the children.*

g The pronoun **on**, *one*, is used more frequently in French than in English, sometimes in place of the passive:

On a distribué les journaux. *One has delivered the papers./The papers have been delivered.*

h In French, a verb used reflexively can replace the passive:

Le passif **s'emploie** rarement. *The passive is used rarely.*

62 The subjunctive

a The verb has four 'moods': the imperative, (see section **35**), the conditional (see section **50**), the indicative, and the subjunctive. The indicative mood conveys information, the subjunctive expresses attitude towards an action, e.g. fear, anger, *etc.*

Indicative:
Arsenal **a battu** Manchester United. *Arsenal beat Manchester United.*
Subjunctive:
Je suis content qu'ils **aient battu** Manchester United. *I'm glad they beat Manchester United.*

b Regular verbs form their subjunctive by adding the following endings to the stem of the present participle:

-e	-ions
-es	-iez
-e	-ent

present participle: parlant (*speaking*)

je parle	nous parlions
tu parles	vous parliez
il parle	ils parlent

present participle: finissant (*finishing*)

je finisse	nous finissions
tu finisses	vous finissiez
il finisse	ils finissent

present participle: vendant (*selling*)

je vende	nous vendions
tu vendes	vous vendiez
il vende	ils vendent

c Examples of the present subjunctive of some irregular verbs:

aller (*to go*): aille, ailles, aille, allions, alliez, aillent
avoir (*to have*): aie, aies, ait, ayons, ayez, aient
être (*to be*): sois, sois, soit, soyons, soyez, soient
faire (*to do*): fasse, fasses, fasse, fassions, fassiez, fassent
pouvoir (*to be able*): puisse, puisses, puisse, puissions, puissiez, puissent
savoir (*to know*): sache, saches, sache, sachions, sachiez, sachent
venir (*to come*): vienne, viennes, vienne, venions, veniez, viennent
vouloir (*to want*): veuille, veuilles, veuille, voulions, vouliez, veuillent

d The imperfect subjunctive is used infrequently now but it is useful to recognize the imperfect subjunctive of **être** and **avoir** as they are used in compound tenses of the subjunctive.

être: fusse, fusses, fût, fussions, fussiez, fussent
avoir: eusse, eusses, eût, eussions, eussiez, eussent

e The present and pluperfect subjunctive are formed by using the present or the imperfect subjunctive of **avoir** or **être** with the past participle:

il a gagné/ils ont gagné → Je suis content **qu'il ait/qu'ils aient gagné**. *I'm glad that he has/they have won.*
il avait/ils avaient gagné → J'étais content **qu'il eût/qu'ils eussent gagné**. *I was glad that he had/they had won.*

63 Use of the subjunctive

To understand the use of the subjunctive it is a good idea to note down examples when you see them. Here are a few guidelines on its use:

a After verbs of wishing:

Je veux/désire/préfère que **tu t'en ailles.**
I want you to go away.

Where the subject is the same for both verbs, the infinitive can be used:
Je veux **m'en aller**.   *I want to go away.*

b After verbs of fearing:

J'ai peur/je crains qu'il ne revienne.   *I'm afraid that he will come back.*
N.B. Note the extra **ne** which is the equivalent of the English *lest* (*I fear lest he should return*).

Again, where the subject is the same for both verbs, the infinitive can be used:
Il a peur de retourner.   *He's afraid to go back.*

c After other verbs expressing emotions, e.g doubt, regret, surprise, anger, pleasure, shame:

Je ne crois pas **que** tous les élèves **fassent** leurs devoirs.
I don't believe that all pupils do their homework.
Je regrette **qu'ils n'aient pas fait** leurs devoirs.
I'm sorry they have not done their homework.
Ça m'étonne **que tu sois** là.   *I'm astonished that you should be there.*
Elle était fâchée **qu'ils aient dit** cela.   *She was furious that they should have said that.*
J'ai honte **que vous ayez menti**.   *I am ashamed that you should have lied.*

The infinitive can usually be used where the subject remains the same for both verbs:

Ils avaient honte **d'avoir** menti.   *They were ashamed of having lied.*

d After certain conjunctions:

avant que	*before*
en attendant que	*until*
jusqu'à ce que	*until*
pour que	*in order that*
afin que	*in order that*
de manière que	*in such a way that*
de sorte que	*in such a way that*
à condition que	*on condition that*
pourvu que	*provided that*
sans que	*without*
quoique	*although*
bien que	*although*
à moins que	*unless*

Bien **que nous sachions** parler français, nous ne disons rien. *Although we can speak French, we say nothing.*
Avant **que tu partes**, je dois te donner de l'argent. *Before you leave, I must give you some money.*
J'attendrai jusqu'à ce que **tu reviennes**. *I'll wait until you come back.*

Usually, where the subject is the same for both verbs, the infinitive can be used:

Avant **de partir**, il l'embrassera. *Before leaving, he will give her a kiss.*

Where **de sorte que** means *with the result that*, it is followed by the indicative; where it means *in order that* it is followed by the subjunctive.

Mon frère fait du baby-sitting de sorte que mes parents **puissent** sortir. *My brother is baby-sitting so that my parents can go out.*
Mes parents sont sortis de sorte que nous nous sommes couchés tard. *My parents went out with the result that we went to bed late.*

e After certain impersonal expressions:

il faut que	*it's necessary that*
il est temps que	*it's time that*
il se peut que	*it's possible that*
il est possible que	*it's possible that*
il semble que	*it seems that*
il est bon/juste que	*it's right that*
il vaut mieux que	*it's better that*
à supposer que	*supposing that*

But the following are followed by the indicative:

il me semble que	*it seems **to me** that*
il est probable que	*it's probable that*
il est certain que	*it's certain that*
il paraît que	*it appears that*

Il faut **que** tout le monde **lise** cette lettre. *Everyone must read this letter.*
Il vaut mieux **qu'elle vende** cette moto. *It's better she sells that motor bike.*
À supposer **qu'il vienne**. *Supposing he comes.*

Some impersonal expressions may also be used with the infinitive:

Il faut lire la lettre. *The letter must be read.*
Il vaut mieux vendre la moto. *It's better to sell the bike.*
Il est temps de partir. *It's time to go.*

f The subjunctive is needed in relative clauses when the antecedent is qualified by a superlative, a negative expression, or when it describes a type or category envisaged rather than existing:

Superlative:
C'est **la plus belle voiture** qu'elle ait conduite. *It's the most beautiful car she's driven.*
Negative:
Pas de collège qui soit aussi grand que celui-ci. *Not a school as big as this one.*
An envisaged category:
Je veux **un emploi qui soit intéressant**. *I want a (the kind of) job that will be interesting.*

g After **qui que** (*whoever*), **où que** (*wherever*), etc.

Quoi qu'ils disent, ne les écoutez pas. *Whatever they say, don't listen to them.*
Quels que soient les problèmes, nous les résoudrons. *Whatever the problems, we'll solve them.*

h Other uses of the subjunctive:

Imperative:
Qu'il le fasse lui-même! *Let him do it himself!*
Exclamation:
Dieu vous bénisse! *God bless you!*

Pronouns

64 Direct object pronouns

A pronoun is a word which replaces a noun:

Noureddine écrit la lettre. *Noureddine writes the letter.*
Il l'écrit. *He writes **it**.*

a The direct object pronouns are:

me (m')	*me*
te (t')	*you*
le/la (l')	*him, her, it*
nous	*us*
vous	*you*
les	*them*
se (s')	*himself, herself, itself*

b Like all pronouns, direct object pronouns are put before the verb to which they relate:

Je l'achète. *I'm buying it.*
Je vais l'acheter. *I'm going to buy it.*
Je voudrais l'acheter. *I'd like to buy it.*

c In the perfect tense they are put before the auxiliary verb:

Je l'ai acheté. *I have bought it.*
Nous **les** avons perdus. *We've lost them.*

d Neither the question form nor the negative affect the position of direct object pronouns:

Est-ce que tu l'as acheté? *Have you bought it?*
Tu l'as acheté? *You've bought it?*

L'as-tu acheté? *Have you bought it?*
Je ne l'achète pas. *I'm not buying it.*
Je ne vais pas l'acheter. *I'm not going to buy it.*
Je ne l'ai pas acheté. *I have not bought it.*

e The exception to the rule about position is that pronouns come *after* the verb when an order is being given (imperative). Note that they are joined to the verb with a hyphen:

Achète-**le**! *Buy it!*
Achetons-**le**! *Let's buy it!*
Achetez-**le**! *Buy it!*

Notice that **me** and **te** change to **moi** and **toi** after orders:

Aide-**moi**! *Help me!*
Dépêche-**toi**! *Hurry up!*

f In negative orders, the pronoun stands in its usual position in front of the verb:

Ne l'achète pas! *Don't buy it.*

65 Indirect object pronouns

a An indirect object pronoun is separated from the verb by the preposition *to* and sometimes, *for*:

Direct:
J'embrasse les enfants; je **les** embrasse. *I kiss the children; I kiss **them**.*

Indirect:
Je parle aux enfants; je **leur** parle. *I speak **to the** children; I speak **to them**.*
J'achète une bicyclette pour mon fils. Je **lui** achète une bicyclette. *I buy a bicycle for my son. I buy him (i.e. **for him**) a bicycle.*

b The indirect object pronouns (*to me, to you, etc.*) are the same as direct object pronouns with two exceptions:

me	*to me*	nous	*to us*
te	*to you*	vous	*to you*
lui	*to him/her*	leur	*to them*

c Like the direct object pronouns, they usually come before the verb:

Il **m**'a donné des renseignements. *He gave me some information.*
Je **lui** ai donné l'invitation. *I gave (to) him/her the invitation.*

d In positive commands, they come after the verb:

Offre-**lui** quelque chose! *Offer him/her something.*
Donnez-**leur** du café! *Give them some coffee!*

e As with direct object pronouns, **me** and **te** change to **moi** and **toi** in positive commands:

Donne-**moi** un coup de main! *Give me a hand!*

f Some verbs require an indirect object, e.g montrer (*to show to* or *for*):

Je montre mon cahier **au** professeur; je **lui** montre mon cahier. *I show my exercise book **to the** teacher; I show him (i.e. **to** him) the exercise book.*

Similarly:
donner quelque chose **à** quelqu'un *to give something to someone*
offrir quelque chose **à** quelqu'un *to give/offer something to someone*
envoyer quelque chose **à** quelqu'un *to send something to someone*
dire quelque chose **à** quelqu'un *to say something to someone*
répondre **à** quelqu'un *to reply to someone*
écrire **à** quelqu'un *to write to someone*

Others are less obvious:
téléphoner **à** quelqu'un *to phone someone*
demander **à** quelqu'un *to ask someone*
promettre **à** quelqu'un *to promise someone*

Je lui ai téléphoné. *I phoned her.*
Je lui ai promis de... *I promised him to...*

66 The pronoun y

The most common meaning of **y** is *there*. Its position is the same as that of other pronouns:

J'**y** vais souvent. *I go there often.*
Je n'**y** suis pas allé hier. *I didn't go there yesterday.*

The orders **vas-y!**, **allez-y!**, **allons-y!** apart from their literal meaning, can also mean *get going, (go on) do it!, let's get on with it!*

67 The pronoun en

a The most common meanings of **en** are *of it, of them, some, any.* Its position is the same as that of other pronouns:

J'**en** ai/Je n'**en** ai pas. *I've got some/I haven't any.*
Du papier? Oui, il y **en** a dans le tiroir. *Paper? Yes, there's some in the desk.*
En veux-tu? *Do you want some?*
Prends-**en**! *Take some.*

b There is no agreement between **en** and the past participle:

Des pommes? Oui, j'**en** ai acheté. *Apples? Yes, I've bought some.*

68 Order of pronouns

When both a direct and an indirect object pronoun are used with the same verb the following rules apply:

a Except in positive commands, the order is:

1 1st person before 3rd:
Il **me l'**a envoyé. *He sent it to me.*

2 2nd person before 3rd:
Il **te l'**a dit. *He said it to you.*

3 Direct object before indirect object, when two 3rd persons are involved:
Il **le lui** a dit. *He said it to him.*

4 **y** and **en** come last and in that order:
Je **les y** ai cherchés. *I looked for them there.*
Je **lui en** ai vendu. *I sold him some.*
Il **y en** a vingt. *There are twenty of them.*

b In positive commands, direct object pronouns always come before indirect object pronouns. **Y** and **en** come last:

Donne-**le-moi**! *Give it to me!*
Donne-**m'en**! *Give me some!*
Envoie-**le-lui**! *Send it to him!*
Installez-**les-y**! *Put them there!*
Rends-**les-leur**! *Give them back to them!*

69 Stressed pronouns

The stressed pronouns (also known as disjunctive or emphatic pronouns) are:

moi (je)	**nous** (nous)
toi (tu)	**vous** (vous)
lui (il)	**eux** (ils)
elle (elle)	**elles** (elles)
soi (on)	

These special pronouns must be used in the following situations:

a When the pronoun stands on its own:

Qui a fait ça? **Moi**. *Who did that? I did.*
Qui va jouer maintenant? **Lui**. *Who's going to play now? He is.*

b When the pronoun comes after **c'est** or **ce sont**:

Est-ce que c'est **toi**, Paul? Oui, c'est **moi**. *Is that you, Paul? Yes, it's me.*
Ce sont **eux** qui sont arrivés ce matin. *It's they who arrived this morning.*

c After prepositions:

Est-ce que c'est pour **moi**? *Is it for me?*
Il est arrivé après **eux**. *He arrived after them.*

d For 'singling out'. In English we can add emphasis by changing the tone of our voice; in French we need the emphatic pronoun:

Moi, je m'en vais. *I'm off.*
Je m'ennuie ici. Tu t'ennuies, **toi**? *I'm bored here, are you?*
Tu es fatigué, **toi**? *Are you tired?*
Sa mère ne savait pas nager, mais **elle**, elle le savait. *Her mother couldn't swim but she could.*

Sometimes, **seul** or **–même** is added to the pronoun:

Lui seul le comprend. *Only he understands.*
Il l'a préparé **lui-même**. *He prepared it himself.*

Note also: **moi aussi** *me too*, etc.

e When there are two subjects to the verb, one (or both) of which is a pronoun:

Mon père et **moi** sommes allés à la pêche. *My father and I went fishing.*
Lui et **moi** sommes de bons copains. *He and I are good friends.*

f As the second part of a comparison:

Il est beaucoup plus intelligent que **moi**. *He's a lot more intelligent than me.*
Je parle français mieux que **lui**. *I speak French better than he does.*

70 Interrogative pronouns

a **Qui** and **que** *who, whom, what?*

(Subject)	**Qui** (est-ce qui) a fait ça? *Who did that?*
(Direct object)	**Qui** est-ce que tu as vu? **Qui** as-tu vu? *Whom did you see?*
(Subject)	**Qu'**est-ce qui arrive? *What's happening?*
(Direct object)	**Qu'**est-ce que tu fais? *What are you doing?*

b **Qui** is never abbreviated to **Qu'**.

c **Qui** can stand alone:

Quelqu'un a crié. **Qui**? *Someone shouted out. Who?*

d **Qui** + preposition:

Avec qui? Pour qui? *With whom? For whom?*

71 The interrogative pronoun quoi?

Quoi? *What?* is used:

a When the interrogative pronoun, *what*, stands alone:

J'ai quelque chose à te dire. **Quoi?** *I've something to tell you. What?*

b After a preposition:

À quoi ça sert?   *What use is that?*

c As an exclamation:

Elle s'est mariée. **Quoi?!**   *She's got married. What?!*

d In certain set expressions:

Quoi de neuf?   *What's new?*

72 The interrogative pronoun lequel ?

Lequel, laquelle, lesquels/lesquelles, which must agree with the noun they stand for, are used to express *which one(s)?*:

Lequel des deux garçons a marqué le but?   *Which of the two boys scored a goal?*
Certains élèves sont absents. **Lesquels?**   *Certain of the pupils are away. Which ones?*
Laquelle de ces cravates préfères-tu?   *Which of these ties do you prefer?*

73 Relative pronouns

a The relative pronouns **qui** and **que** mean *who, whom, which* and *that*. They are both used to refer to people and things. When referring to people, they correspond to the English *who* and *whom*, although this distinction now tends to be made only in more formal English.

b A clause is a group of words containing a verb. A relative clause is introduced by a relative pronoun, **qui** or **que**.

L'homme **qui travaille là-bas.**   *The man **who** is working over there.*

qui travaille là-bas	*relative clause*
qui	*relative pronoun (subject of verb)*
travaille	*verb*
l'homme	*antecedent*

Qui is the subject of the verb in the relative clause referring back to its antecedent *the man. The man* is the subject of the verb *working.*

Que is the direct object of the verb in the relative clause.

L'homme **que tu vois là-bas.**   *The man (**whom**) you see over there.*

que tu vois là-bas	*relative clause*
que	*relative pronoun (direct object of verb)*
tu	*subject of verb*
vois	*verb*

c This distinction (between subject and direct object) is not clear in English when things are being talked about, but the rule must be strictly applied in French:

La voiture **qui** est stationnée là-bas.   *The car which is parked over there.*
Qui (*which/that*) is the subject of the verb *is.*

La bicyclette **que** j'ai achetée.   *The bicycle which/that I have bought.*
Que (*which/that*) is the direct object of the verb *have bought.*

d Note that **que** cannot be left out as its English equivalent often is:

The man I saw...   L'homme **que** j'ai vu...

74 Ce qui, ce que, ce qu'

Ce followed by the relative pronoun **qui** or **que, qu'** is used when there is no other antecedent (see **73b**). These pronouns can often be translated in English by *what* (*the thing that...*); they are often followed by **c'est** for emphasis:

Ce qui m'a étonné, c'est que...   ***What** shocked me was...*
Ce qu'elle fait ne me choque pas. C'est **ce qu'**elle dit qui me choque.   ***What** she does doesn't shock me. It's **what** she says that shocks me.*

75 Relative clauses involving a preposition

a After a preposition (pour *for*, sous *under*, etc.) it is necessary to distinguish between people and things:

For people, use **qui**:

Le monsieur **à qui** je parlais.   *The gentleman to whom I was speaking.*

For things (and animals) use **lequel** (masc. sing.), **laquelle** (fem. sing.), **lesquels** (masc. pl.) and **lesquelles** (fem. pl.)

La chambre dans **laquelle** je couchais.   *The room in which I slept.*

b Note that:

à + **lequel**	becomes	**auquel**
à + **lesquel(le)s**	becomes	**auxquel(le)s**
de + **lequel**	becomes	**duquel**
de + **lequel(le)s**	becomes	**desquel(le)s**

L'hôtel à côté **duquel** nous avons garé la voiture. *The hotel next to which we have parked the car.*
Les oiseaux **auxquels** il tirait.   *The birds he was shooting at.*

c Often **où** (*where*) is used to replace **dans lequel**, **sur lequel**, *etc.*

La chambre **dans laquelle** je couchais → la chambre **où** je couchais.

76 Dont

Dont means *whose, of which*. It is used for persons, animals and things:

Le voisin **dont** le fils a eu un accident. *The neighbour whose child has had an accident.*
La montagne **dont** tu vois le sommet. *The mountain of which you can see the summit.*

77 Celui, celle, ceux, celles

a The demonstrative pronouns **celui** (masc. sing), **celle** (fem. sing.), **ceux** (masc. pl.) and **celles** (fem. pl.) mean *the one, the ones, those of* or *those who*. They agree with the noun they stand for:

Ecoutez les élèves, **celle** (l'élève) **qui** finira la première aura un prix. *Listen class, the one (the pupil) who finishes first will have a prize.*
Quelle fille a gagné? **Celle** (la fille) dont on parlait. *Which girl won? The one we were talking about.*

b **celui-ci** *this one/the latter*
celui-là *that one/the former*

Lesquels des gâteaux préférez-vous? **Ceux-là**, à huit francs. *Which cakes do you prefer? The ones there at 8 francs.*
Macbeth et *The Merchant of Venice* sont des pièces de Shakespeare. À mon avis **celle-ci** est la meilleure. Macbeth *and* The Merchant of Venice *are plays by Shakespeare. In my opinion, the latter is the better of the two.*

78 Ceci, cela

a Demonstrative pronouns, **ceci** (*this*) and **cela** (*that*) represent an idea rather than a noun. They have only one form.

Elle travaille tous les soirs. Quoi! **Cela** m'étonnerait. *She's working every night. What! That would surprise me (i.e. the idea of her working every night).*

b Frequently, in speech, **cela** is shortened to **ça**:

Ça fait 30 francs. *That comes to 30 francs.*

79 Possessive pronouns

a The possessive pronouns stand instead of the noun they replace and denote ownership. They mean: *mine, yours, his/hers, ours, yours, theirs.*

singular	*plural*
le mien/la mienne	les miens/les miennes
le tien/la tienne	les tiens/les tiennes
le sien/la sienne	les siens/les siennes
le/la nôtre	les nôtres
le/la vôtre	les vôtres
le/la leur	les leurs

J'ai mon billet mais Sabine a perdu **le sien**. *I've got my ticket but Sabine has lost **hers**.*
Nous avons leurs bagages; ils ont pris **les nôtres**. *We've got their luggage; they've taken **ours**.*

b As with the possessive adjective, the pronoun agrees with the object owned and not with the owner. In the above example, 'J'ai mon billet mais Sabine a perdu le sien', **le sien** agrees with **le billet**. Compare with:

J'ai ma valise mais Luc a perdu **la sienne**. *I've got my case but Luc has lost **his**.*
La sienne agrees with **la valise** and not with Luc.

c Note that **à** + stressed pronoun is often used with the verb **être** instead of the possessive pronoun:

À qui	est	ce...?	*Whose is this...?*
		cet...?	
		cette...?	
	sont	ces...?	*Whose are these...?*
Il	est	à moi	*it is mine*
Elle	est	à toi	*it is yours*
Ils	sont	à lui	*they are his*
Elles	sont	à elle	*they are hers*
		à nous	*ours*
		à vous	*yours*
		à eux	*theirs (masc).*
		à elles	*theirs (fem).*

Les sacs sont **à nous** mais la valise est **à lui**. *The bags are ours but the suitcase is his.*

80 Prepositions

It is a good idea to note and collect phrases containing prepositions as you read. A few examples of common prepositions are listed below:

à	à Paris (*in Paris*), **au** marché (*at the market*), **au** premier étage (*on the first floor*), à dix kilomètres (*10 kilometres away*), à pied (*on foot*), à vrai dire (*to tell the truth*)
après	**après** le dîner (*after dinner*)
avant	**avant de** partir (*before leaving*)
avec	il est **avec** moi (*he's with me*)
chez	**chez** moi (*at my house*), **chez** lui c'est normal (*with him it's normal*)

dans	**dans** le placard (*in the cupboard*), **dans** une semaine (*at the end of a week*), je l'ai pris **dans** le tiroir (*I took it out of the drawer*)
de	à partir **de** six heures (*from six o'clock*), **de** toutes ses forces (*with all his might*), long **de** trois mètres (*three metres long*), la première fois **de** sa vie (*the first time in her life*)
depuis	**depuis** mardi (*since Tuesday*), j'attends **depuis** une heure (*I've been waiting for an hour*)
dès	**dès** son arrivée (*from the time he arrives/arrived*)
en	je le ferai **en** un mois (*in a month/it will take me a month to do it*), **en** cuir (*made of leather*), **en** avion (*by air*), **en** jupe (*wearing a skirt*), aller **en** ville (*go to town*) **en** colère (*angry*)
entre	**entre** Londres et Paris (*between London and Paris*), **entre** amis (*among friends*)
jusque	**jusqu'**ici (*as far as this*), **jusqu'**à midi (*until 12*)
par	écrit **par** les élèves (*written by the pupils*), **par** terre (*to, on the ground*), **par** la fenêtre (*through the window*), **par** ici (*this way*), trois fois **par** jour (*three times a day*)
pendant	**pendant** la journée (*during the day*), **pendant** deux ans (*for two years*)
pour	**pour** moi (*for me*), **pour** comprendre (*in order to understand*), trop/assez jeune **pour** y aller (*too young, young enough to go there*)
près de	**près** du collège (*near the school*), **près de** midi (*nearly 12*)
sans	**sans** lui (*without him*), **sans** faire du bruit (*without making a noise*)
sous	**sous** l'arbre (*under the tree*)
au-dessous de	**au dessous de** la moyenne (*below average*)
sur	**sur** la table (*on, on to the table*), l'hôtel donne **sur** le port (*the hôtel looks out on to the harbour*)
vers	**vers** Londres (*to, towards London*)

Useful Lists

81 Cardinal numbers

1	un, une	11	onze
2	deux	12	douze
3	trois	13	treize
4	quatre	14	quatorze
5	cinq	15	quinze
6	six	16	seize
7	sept	17	dix-sept
8	huit	18	dix-huit
9	neuf	19	dix-neuf
10	dix	20	vingt
21	vingt et un	22	vingt-deux, *etc.*
30	trente	31	trente et un

32 trente-deux, *etc.*
40 quarante
41 quarante et un
42 quarante-deux, *etc.*
50 cinquante
51 cinquante et un
52 cinquante-deux, *etc.*
60 soixante
61 soixante et un
62 soixante-deux, *etc.*
70 soixante-dix
71 soixante et onze
72 soixante-douze, *etc.*
80 quatre-vingts
81 quatre-vingt-un
82 quatre-vingt-deux, *etc.*
90 quatre-vingt-dix
91 quatre-vingt-onze
92 quatre-vingt-douze, *etc.*

100	cent	550	cinq cent cinquante
101	cent un	1000	mille
102	cent deux	3000	trois mille
200	deux cents	1.000.000	un million

82 Ordinal numbers

premier/première, deuxième, troisième, quatrième, cinquième, sixième, septième, huitième, neuvième, dixième, onzième, douzième, vingtième, vingt et unième, *etc.*

83 Approximate numbers

une dizaine (de)	*about ten*
une vingtaine (de), une trentaine (de), une centaine (de)	*about 20*, etc.

une douzaine d'oeufs	*a dozen eggs*
une huitaine de jours	*a week*
une quinzaine (de jours)	*a fortnight*

84 Months of the year

janvier	avril	juillet	octobre
février	mai	août	novembre
mars	juin	septembre	décembre

Mon anniversaire est en janvier.
Quelle est la date aujourd'hui?
C'est   le premier janvier
        le deux mars
        le trois avril

Quand est-ce que vous partez en vacances?
On part le trois juin.
Quelles sont les dates de votre séjour?
Du trois au dix-sept juin.

85 Seasons

le printemps, au printemps	*spring, in spring*
l'été, en été	*summer, in summer*
l'automne, en automne	*autumn, in autumn*
l'hiver, en hiver	*winter, in winter*

86 Days of the week

Quel jour sommes-nous/est-on aujourd'hui?
Nous sommes/on est: *it's:*

lundi *Monday*	vendredi *Friday*
mardi *Tuesday*	samedi *Saturday*
mercredi *Wednesday*	dimanche *Sunday*
jeudi *Thursday*	

Quand est-ce que tu pars en vacances?
Je pars vendredi soir.
Quand est-ce que tu vas à la piscine d'habitude?
J'y vais d'habitude le samedi matin.

87 Clock times

a Ordinary:

il est une heure	1.00
il est une heure cinq	1.05
il est une heure dix	1.10
il est une heure et quart	1.15
il est une heure vingt	1.20
il est une heure vingt-cinq	1.25
il est une heure et demie	1.30
il est deux heures moins vingt-cinq	1.35
il est deux heures moins vingt	1.40
il est deux heures moins le quart	1.45
il est deux heures moins dix	1.50
il est deux heures moins cinq	1.55
il est deux heures	2.00
Il est midi et demi	12.30 p.m.
Il est minuit vingt, *etc.*	12.20 a.m.

à sept heures du matin
à deux heures de l'après-midi
vers cinq heures du soir

b 24-hour

Le train part:	*the train leaves at*:
à une heure quinze	1.15 a.m.
à douze heures trente	12.30 p.m.
à seize heures quarante-cinq	4.45 p.m.
à vingt heures cinq	8.05 p.m.
à zéro heures trente-cinq, *etc.*	0.35 a.m.

88 Accents

´ **accent aigu**   l'été   *summer*
` **accent grave**   mère   mother
^ **circonflexe**   fenêtre   *window*
ç **cedille**, placed on the **c** before **a, o, u** makes the **c** sound like **ss** leçon   *lesson*

Pratique de grammaire ● ● ● ● ● ● ● ● ● ● ● ● ● ● ● ● ●

1 In each case, say you like the first of the things illustrated below, but prefer the second:

Example: *J'aime... mais je préfère...*

a

b

c

d

e

2 Imagine that you are speaking/writing to a French correspondent. Tell him/her:

a that you like tea but you prefer coffee.
b that you like dogs but you hate cats.
c that you like chips but you hate onions.
d that your brother has blue eyes and long hair.
e that you have seen Prince Charles and Princess Diana but that you haven't seen the Queen.
f that you have visited France but you haven't visited Germany.
g that you have visited Normandy and Britanny and that you prefer Britanny.
h that you are learning French but you are not learning German.
i that coke is 45p for a small bottle and 80p for a large bottle.
j that your dad is a postman and your mum is a secretary.
k that your neighbours are French.

3 Here are some requests for directions and some answers. Copy the sentences and fill in the gaps with the correct form of **au/à la/à l'/aux**:

a Pour aller _____ piscine municipale, s'il vous plaît?

b Pour aller _____ Hôtel Lagrange, s'il vous plaît?

c Pour aller _____ Collège Bellevue, s'il vous plaît?

d Pour aller _____ Champs Elysées, s'il vous plaît?

e Tournez à gauche _____ carrefour.

f Allez _____ feux, puis tournez à droite.

g Tournez à droite _____ hôpital.

h Allez demander _____ Mairie!

4 Here are some comments about the food situation and what shopping needs to be done. Fill in the gaps with the correct form of **de/d'/du/de la/de l'/des**:

a Il reste combien _____ pain?

b Il n'y a presque plus _____ fromage!

c Il faut acheter _____ viande pour demain.

d Il faut acheter _____ beurre, _____ confiture et _____ eau minérale.

e Il y a _____ pommes et _____ pêches, mais il n'y a plus _____ oranges.

f Nous avons besoin _____ huile et _____ pommes de terre.

g On va acheter un grand paquet _____ chips et une bouteille _____ limonade.

h Je vais acheter quelque chose _____ spécial pour dimanche!

5 Each of the following sentences is talking about one or more males. Change the words underlined to make them all refer to females:

a J'ai un correspondant qui habite à Nantes. Son père est instituteur.
b Mon cousin a un chien et deux chats.
c Mon oncle est coiffeur.
d Mon copain est serveur dans un bar en ville.
e Mon grand-père est directeur d'école.
f Notre voisin est Espagnol... ou Italien. Son fils est épicier.
g Le garçon là-bas est étranger, je crois. Oui, c'est ça... Il est Allemand.
h Un de mes frères travaille à l'hôpital comme infirmier.
i L'autre travaille comme technicien chez British Rail.
j Un de mes amis est vendeur dans un grand magasin à Londres.

6 Here are some remarks being made by people about themselves and their situation. All of the adjectives are missing. Provide your own adjectives, making sure that **a** they are suitable, **b** they agree with the nouns.

a Je suis assez _____ , très _____

et extrêmement _____ !

b Mon frère est _____ et _____ .

c Ma sœur est _____ et _____ .

d Mes parents sont _____ et très

_____ .

e Nous avons un _____ jardin.

f Notre maison est _____ et

_____ .

g Nous avons une _____ voiture

_____ .

h Nous avons un _____ chat

_____ et une _____ chienne

_____ .

i Notre école est _____ et _____ .

j Notre professeur de français est absolument

_____ !

7 Compare the following things/people using any adjectives you wish:

Example: *Djamel/Serge/Jean-Marc*
Jean-Marc est plus/moins grand que
Djamel mais Serge est le plus/moins grand.

a Madonna/la princesse Di/une professeur à ton école.
b Ton père/ton oncle/ta grand-mère.
c La maison du premier ministre/la maison de la Reine/la maison d'un de tes copains.
d Les chanteurs français/les chanteurs américains/les chanteurs britanniques.
e Le français/l'anglais/le dessin.
f Les garçons/les filles.
g La musique classique/la musique pop/la danse.
h La télé/les vidéos/le cinéma.
i Le bus/le vélo/le taxi.
j Les disques/les cassettes/les CD.

8 **a** Form adverbs with the following adjectives:

immédiat; continuel; tranquille; constant; extrême; actif; général; rapide; total; sérieux; différent; certain; malheureux; évident; personnel; régulier; impoli; rare; particulier; suffisant.

b Use each of your adverbs in a sentence which illustrates its meaning well.

Example: ***Personnellement***, *je n'aime pas les maths.*

9 Choose suitable adverbs from those given below to complete the sentences:

a Ne conduis pas si vite! Conduis plus

_____ !

b Ne faites pas de bruit! Parlez plus

_____ !

c Je parle assez bien français, mais pas

_____ !

d Il est très paresseux; il ne travaille pas

_____ .

e Je ne peux pas acheter ça; ça coûte trop

_____ !

f Je ne suis pas sûr(e); je ne sais pas

_____ .

g C'est urgent! Je vais faire ça _____ !

h Excuse-moi! J'ai _____ oublié de poster la lettre!

i Il y a une boum? _____ ? Je ne savais pas!

j Ça sent _____ ! Ça va être délicieux!

bas/exactement/immédiatement/assez/couramment/
complètement/bon/vraiment/cher/lentement

10 Compare your performance with the following people by using the comparative and superlative of the adverbs:

Example: *Mon frère court vite/ma sœur/moi.*
Mon frère court vite, ma sœur court plus
vite, mais (moi,) je cours le plus vite.

a J'y vais souvent/mon copain/ma copine.
b Je travaille dur/mon frère/ma sœur.
c Michel joue bien/Élise/moi.
d Mon prof m'aide beaucoup/mon père/ma mère.
e Je m'entraîne peu/mon partenaire/nos adversaires.

11 **a** Here are some questions your French correspondent might ask. Answer in French:

 1 Où est-ce que <u>tu habites</u>?
 2 Est-ce que <u>tu es</u> patient(e)?
 3 Est-ce que <u>tu as</u> une platine laser?
 4 <u>Tu perds</u> souvent aux cartes?
 5 À quelle heure <u>vas-tu</u> à l'école?
 6 <u>Tu prends</u> souvent le train?
 7 À quelle heure <u>tu finis</u> de travailler?
 8 Est-ce que <u>tu peux</u> m'aider?
 9 <u>Tu veux</u> aller au cinéma?
 10 <u>Tu finis</u> l'école à quelle heure?

b How would you change these questions if you were speaking to someone you don't know well, or to more than one person (i.e. with *vous*)?

12 **a** Here are some things you might say to an adult. How would you change them if you were speaking to a friend or someone of your own age?

 1 <u>Vous parlez</u> bien anglais!
 2 <u>Vous</u> ne <u>faites</u> presque pas d'erreurs!
 3 <u>Vous devez</u> être fatigué(e)(s)!
 4 <u>Vous dormez</u> bien ici?
 5 <u>Vous achetez</u> des souvenirs?
 6 <u>Vous savez</u> à quelle heure ça commence?
 7 <u>Vous restez</u> encore combien de temps en France?
 8 <u>Vous partez</u> bientôt?
 9 <u>Vous comprenez</u> cette expression?
 10 <u>Vous connaissez</u> bien la ville?

b Imagine someone asks you questions **4–10**. What might you reply?

13 **a** Complete the following sentences from a postcard by putting the verbs into the **present tense**:

Je (loger) chez des amis français. J'(écrire) à tous les copains. Puis je (sortir) poster les cartes. Je (revenir) dans une heure. Je (sortir) au cinéma ce soir. Je (faire) une excursion à Rouen demain. Je (aller) à Versailles lundi. J'(apprendre) beaucoup de français. Je (vouloir) visiter la Tour Eiffel avant de partir. Je (devoir) acheter des cadeaux.

b Rewrite the sentences using *nous* instead of *je/j'*, and changing the form of the verb:

Example: *Nous logeons.*

14 Complete the following sentences by putting the verbs into the **present tense** and adding the information given in the illustration:

Example: a *Mes parents travaillent à Londres.*

a Mes parents (travailler)

b Deux professeurs (être)

c Mon frère (faire)

d Mes grands-parents (avoir)

e Nos amis français (venir)

f Les élèves (acheter)

15 Complete the sentences by giving the correct form of the **present tense** of the verbs in the brackets:

a (s'appeler) Comment elle _____ _____ ?
b (se baigner) Vous _____ _____ ce matin?
c (se bronzer) Ils _____ _____ à la plage.
d (s'ennuyer) Nous _____ _____ ici!
e (se rappeler) Tu _____ _____ ?
f (se reposer) Je _____ _____ un peu!
g (s'approcher) Elles _____ _____ de nous!
h (se promener) Mon frère _____ _____ en ville.

16 **a** Here are some things you might tell people of your own age to do. How would you change them if you were talking to an adult?

 1 <u>Entre</u>, je t'en prie!
 2 <u>Assieds-toi</u>!
 3 <u>Reste</u> là!
 4 Ne <u>bouge</u> pas!
 5 <u>Parle</u> plus lentement!
 6 <u>Répète</u>, s'il <u>te</u> plaît!
 7 <u>Passe</u>-moi le sucre!
 8 <u>Vas</u>-y... <u>mange</u>!

b Explain in French a situation when you might use these expressions:

Example: 4 *Après un accident grave.*

17 a Here are some things you might tell an adult to do. How would you change them if you were speaking to someone of your own age?

1 <u>Montrez</u>-moi ça!
2 <u>Mettez</u> le sac dans la voiture!
3 <u>Donnez</u>-moi <u>votre</u> valise!
4 Ne <u>perdez</u> pas <u>votre</u> billet!
5 N'<u>oubliez</u> pas de m'écrire!
6 <u>Envoyez</u>-moi une carte!
7 <u>Écrivez</u>-moi en français, bien entendu!
8 <u>Dépêchez-vous</u>!

b Explain in French a situation when they might be said:

Example: 3 *Tu aides un ami/une amie avec une valise très lourde.*

18 Imagine you have returned to your correspondent's home after a day trip.

a Answer these questions using the **perfect tense**:
1 Qu'est-ce que tu as mangé?
2 Qu'est-ce que tu as bu?
3 Qu'est-ce que tu as acheté?
4 Qu'est-ce que tu as vu?
5 Qu'est-ce que tu as visité?

b Complete these sentences by putting the verb into the **perfect tense**:
1 J' (avoir) un accident.
2 J' (être) malade.
3 J' (trouver) beaucoup de bons souvenirs.
4 J' (écrire) des cartes postales.
5 J' (devoir) attendre longtemps.

19 Imagine you are having a conversation with your correspondent.

a Answer these questions using the **perfect tense**:
1 À quelle heure tu es sorti(e) hier soir?
2 Où es-tu allé(e)?
3 Combien de temps y es-tu resté(e)?
4 À quelle heure tu es rentré(e)?
5 À quelle heure tu t'es couché(e)?

b Answer these questions using the phrases given in brackets and putting the verb underlined into the **perfect tense**:
1 Comment tu as trouvé le voyage?
   (<u>s'ennuyer</u> à mourir)
2 Qu'est-ce que tu as fait après le voyage?
   (<u>se reposer</u> un peu)
3 Comment tu as trouvé la visite?
   (<u>s'amuser</u> bien)
4 Comment tu as passé la matinée?
   (<u>se promener</u> dans le parc)
5 Pourquoi tu es si fatigué(e)?
   (<u>se lever</u> très tôt ce matin)

20 a Ask your correspondent these questions about the weekend by putting the verb into the **perfect tense**:
1 Tu (acheter) des cadeaux?
2 C'est vrai que tu (manquer) le train?
3 Tu (finir) de réparer ta moto?
4 Tu (pouvoir) trouver un cadeau pour tes parents?
5 Tu (devoir) faire la queue au concert?
6 Tu (voir) tes copains?
7 Tu (aller) en ville?
8 Tu (se coucher) tard samedi soir?
9 Tu (faire) la grasse matinée dimanche matin?
10 Tu (se reposer) dimanche?

b Ask an adult (your correspondent's father?) the same questions, using *vous* instead of *tu*.

21 Say that you used to do these things when you were younger (using the **imperfect tense**), and add a comment about how your habits have changed.

Example: *regarder beaucoup la télé.*
   *Quand j'étais plus jeune, **je regardais beaucoup la télé**, mais **je regarde moins la télé maintenant**.*

a danser beaucoup
b cuisiner beaucoup
c lire beaucoup
d collectionner des timbres-poste
e jouer au ping-pong
f aller souvent à la pêche
g camper chaque été avec des copains
h aimer faire des promenades
i avoir des cochons d'Inde
j s'intéresser aux animaux

22 Express these suggestions in a different way by using *Si on* + imperfect tense (What if we...?).

Example: *Allons au cinéma*
   → Si on allait au cinéma?

a Restons à la maison à regarder la télé!
b Rendons visite à Jean-Loup!
c Faisons une promenade!
d Achetons une glace!
e Attendons encore quelques minutes!
f Prenons un pot ensemble!
g Visitons le château!
h Reposons-nous un peu!

23 You were going to do something but found that someone else had done it! Explain this for each of the situations below:

Example: *J'allais préparer le dîner mais **mon père l'avait déjà préparé**.*

a J'allais poster la lettre mais mon père...
b J'allais laver la voiture mais mon frère...
c J'allais téléphoner à mes grands-parents mais ma soeur...
d J'allais écrire à mes parents mais mon frère...
e J'allais faire la vaisselle mais Marie...
f J'allais acheter des fleurs pour tante Mathilde mais mes parents...

24 Using the **imperfect tense**, explain what you were doing when each of these things happened:

a Je (regarder la télé) quand mon copain a téléphoné.
b J'(écouter) la radio, quand la lettre est arrivée.
c Pendant que je (chercher) mon passeport, j'ai trouvé de vieilles photos.
d Pendant que je (faire) la vaisselle, j'ai laissé tomber une assiette par terre.
e Pendant que j'(être) en ville, j'ai acheté des souvenirs.

25 Work out how these people would explain what they were doing when they hurt themselves **a** by using the **imperfect tense**, **b** by using *en* + **present participle**.

Example: *travailler dans le jardin/Je me suis blessé(e)*
* **pendant que je travaillais** dans le jardin.*
* or **en travaillant** dans le jardin.*

a réparer un vélomoteur
b décorer le salon
c descendre du car
d faire du judo
e jouer au volleyball
f ranger les meubles
g préparer le café
h se baigner

26 Carry out the following instructions in French using *Je pense que...* with **a** *aller* + **infinitive**, **b** the **future tense**:

a Say you think that it's going to rain. (pleuvoir)
b Say you think it'll be cold this evening. (faire froid)
c Say you think that France will win the match! (gagner le match)
d Say you think that your friend will be back soon. (revenir bientôt)
e Say you think there'll be an accident. (y avoir un accident)

27 Say what you'll be doing tomorrow by using **a** *aller* + **infinitive**, **b** the **future tense** (*Demain je/j'...*):

a <u>rester</u> à la maison
b <u>faire</u> la grasse matinée
c <u>aller</u> en ville
d <u>se promener</u>
e <u>recevoir</u> des amis
f <u>avoir</u> du travail à faire
g <u>être</u> libre
h <u>sortir</u> en ville
i <u>prendre</u> le train pour Paris
j <u>se coucher</u> tôt

28 Say what you'll do in the following circumstances using the **future tense**:

a S'il fait beau ce week-end, je/j'...
b S'il pleut ce week-end, je/j'...
c Si mes parents me donnent mon argent de poche, je/j'...
d Si mon/ma correspondant(e) m'écris, je/j'...
e Si tu as un problème, je/j'...
f Si tu veux lire mon livre, je/j'...
g Si tu n'as pas d'argent, je/j'...
h Si tu n'as pas le temps de réparer ton vélo, je/j'...

29 Say what you would do/what would happen in the following circumstances using the **conditional tense**:

a Si je gagnais la Loterie Nationale, je/j'...
b Si j'habitais à Paris, je/j'...
c Si l'école était réduit en cendres, ...
d Si mon/ma petit(e) ami(e) me plaquait, ...
e Si j'avais un(e) autre prof de français, ...
f Si j'étais le directeur de notre école, ...
g Si mon meilleur rêve se réalisait, ...
h Si j'étais vedette de cinéma, ...

30 **a** Work out how someone would say that he/she has been doing these things for the length of time given in the brackets.

Example: *habiter ici (quinze ans)*
* J'habite ici depuis quinze ans.*
* or Ça fait quinze ans que j'habite ici.*

1 venir à cette école (quatre ans)
2 jouer du piano (un an)
3 aller au club des jeunes (deux ans)
4 faire de la planche à voile (six mois)
5 apprendre le français (quatre ans et demi)
6 écrire à mon correspondant français (un an et demi)
7 être en France (dix jours)
8 attendre (une demi-heure)

b And now for yourself! Complete in French:

1 Ça fait... que je vais à mon école.
2 J'habite cette ville/ce village depuis...
3 Ça fait... que j'apprends le français.
4 Je sais nager depuis...

c Think up another five examples about yourself.

31 **a** Make the following sentences negative by putting *ne/n'... pas* in the correct place (and making any other changes which are necessary):

1 Je suis Français(e).
2 Je sais.
3 J'ai envie de sortir ce soir.
4 J'ai téléphoné à mes parents.
5 Nous avons visité la Tour Eiffel.
6 Je suis allé(e) à Strasbourg.
7 Marco va venir à la boum.
8 Isabelle veut nous accompagner.
9 Mon père peut nous emmener en ville.
10 J'ai de l'argent français.
11 J'ai des frères.
12 Nous avons trouvé des souvenirs.

b Answer each of the following questions in the negative (pretending if necessary) and adding any further details you wish:

Example: *Tu habites à la montagne?*
Non je n'habite pas à la montagne. J'habite en banlieue.

1 Tu détestes ton école?
2 Tu parles couramment russe?
3 Tu fais du parapente?
4 Tu rends tes devoirs en retard?
5 Tu vas acheter une Porsche cette année?
6 Tu gagneras la Loterie Nationale?
7 Tu seras invité(e) par la Reine?
8 Tu as reçu de mauvaises notes en français?
9 Tu as visité Timbuctou?
10 Tu as bu du lait de yak?
11 Tu as mangé du serpent?
12 Tu es monté(e) en Islande?
13 Tu es parti(e) en safari?

32 Find a suitable negative to complete these sentences. Use a different negative each time.

a Il y avait de la bière dans le frigo ce

matin, maintenant il _____ y en a

_____ .

b Je ne connais pas le Luxembourg; je _____

y _____ allé(e).

c Où est mon passeport? Je _____ le vois

_____ _____ !

d On a besoin de 50 francs; je _____ en ai

_____ 40!

e Quand je suis rentré(e) chez moi ce soir il

_____ y avait _____ .

f Le marché était moche; je _____ ai

_____ acheté.

g Je _____ parle _____ russe

_____ japonais.

h Je _____ ai _____ de moto.

33 Decide whether the gaps in these sentences should be filled with *à*, *de/d'*, or nothing at all.

a Excusez-moi! Je dois _____ partir maintenant.

b D'habitude je passe la soirée _____ regarder la télé.

c Je préfère _____ faire mes devoirs dans ma chambre.

d J'ai décidé _____ acheter les cadeaux sur le bateau.

e Je compte _____ revenir en France l'an prochain.

f Zut! J'ai oublié _____ téléphoner à mon père.

g Qu'est-ce que tu essaies _____ faire?

h Laurent a refusé _____ nous prêter ses disques.

i Ne quitte pas! Je vais l'appeler. Il est en train _____ faire la vaisselle.

j J'espère bientôt _____ pouvoir

_____ commencer _____ apprendre

_____ conduire.

34 Talking about yourself, complete the following sentences appropriately. You will need to use *à* + **infinitive**, or *de* + **infinitive**, or just the **infinitive** on its own.

a J'ai oublié...
b J'ai peur...

c   Je déteste...
d   Je ne sais pas...
e   Je refuse...
f   J'ai commencé...
g   Je perds mon temps...
h   J'ai envie...
i   J'espère...
j   J'ai cessé...

35   Rephrase these statements using the **passive**:

Example: *Le prof a puni l'élève.*
         L'élève a été puni par le prof.

a   La police recherche cet homme.
    Cet homme...
b   Un camion a renversé un cycliste.
    Un cycliste...
c   On a réservé les billets.
    Les billets...
d   La pluie a inondé les tentes.
    Les tentes...
e   On a battu le record.
    Le record...
f   On volera ton sac, si tu le laisses ici!
    Ton sac...
g   On va transporter le blessé à l'hôpital.
    Le blessé...
h   On doit finir le travail avant demain.
    Le travail...

36   React to these situations using the **subjunctive**.

Example: *Tu as réussi à ton examen!*
         Je suis ravi(e) que tu aies réussi!

a   Tu as trouvé ton passeport! Je suis content(e) que...
b   Tu es malade? Je suis désolé(e) que...
c   Tu ne peux pas venir! Ça m'étonne que...
d   Tu fais tant de bêtises! Je suis déçu(e) que...
e   Tu es rentré(e) si tôt! Je suis surpris(e) que...
f   Notre équipe a gagné? Je suis ravi(e) que...
g   Ton frère vient avec nous? Je suis content(e) que...
h   Mon père sait qu'on est allés à la boum?! Je suis furieux/furieuse que...

37   Express your wishes in a different way using *Je veux que tu* + **subjunctive**:

Example: *Sors d'ici!*
         Je veux que tu sortes d'ici

a   <u>Viens</u> avec nous!
b   Tu devrais <u>m'attendre</u>.

c   Tu peux <u>faire</u> ça pour moi?
d   Tu dois <u>être</u> sage!
e   C'est à toi de <u>choisir</u>!

38   Replace the words underlined with **pronouns**:

Example: *Je mange <u>les frites</u> → Je les mange.*

a   1   Je vois <u>la Tour Eiffel</u>!
        2   Je connais <u>ce garçon</u>.
        3   J'adore <u>la France</u>!
        4   Je trouve <u>les groupes anglais</u> sensationnels!
        5   J'écris souvent <u>à mon correspondant français</u>.
        6   J'envoie souvent des illustrés <u>à mon correspondant français</u>.
        7   Je téléphone souvent <u>à mes copains</u>; mes parents n'aiment pas ça!
        8   Je prête souvent <u>mes disques</u> <u>à mon frère</u>; malheureusement il ne me rend pas tous <u>les disques</u>.

b   1   J'ai déjà visité <u>le Louvre</u>.
        2   J'espère voir <u>le Sacré Cœur</u> demain.
        3   Je peux te montrer <u>les photos</u>, si tu veux.
        4   J'ai déjà donné <u>l'argent</u> <u>à M. Benoît</u>.
        5   Je vais envoyer <u>la lettre</u> <u>à mes parents</u> tout de suite.
        6   Je vais dire <u>la nouvelle</u> <u>à Danielle</u> tout de suite.
        7   Je cherche mon portefeuille. Est-ce que tu as vu <u>mon portefeuille</u>!
        8   Tu peux me prêter <u>tes lunettes de soleil</u>?
        9   Ton voisin m'a donné <u>ce poster</u>!
       10   Je peux te prêter <u>ce jean</u>, si tu veux.

39   Replace the words underlined with *y* or *en*.

a   Je vais <u>au marché</u> ce matin.
b   J'ai acheté ce disque <u>dans ce magasin-là</u>.
c   Ne prends pas mon pull; j'ai besoin <u>de ce pull-là</u>.
d   Il n'y a plus <u>de pain</u>!
e   J'espère aller <u>en Allemagne</u> l'an prochain.
f   Tu vas <u>au collège</u> maintenant?
g   Je n'ai plus <u>d'argent français</u>!
h   Je suis resté(e) deux semaines <u>en Bretagne</u>.
i   Je ne vais pas <u>en Bretagne</u> cette année.
j   Tu veux <u>du café</u>?

40   Complete the following sentences by adding an appropriate **stressed pronoun** (*moi, toi, lui, elle, nous, vous, eux, elles*).

a   Ah, c'est _____ , Danielle!

b   Dis à Georges qu'il y a une lettre pour

    _____ .

c Je t'invite à venir passer une quinzaine de jours chez _____ .

d Après _____ , madame!

e Mes parents vont à Londres demain; si tu veux, on peut y aller avec _____ .

f Il faut attendre Marie-Pierre et Alice; on ne peut pas partir sans _____ .

g Joëlle est assise là-bas; Alain est assis à côte d' _____ .

h Voici le facteur; je vais voir s'il y a du courrier pour _____ .

41 Complete these sentences by putting *qui* or *que* in the gaps (*que* will sometimes shorten to *qu'*):

a Merci pour la lettre _____ tu m'as envoyée.

b Malheureusement je n'ai pas pu trouver le livre _____ tu m'as demandé d'acheter pour toi.

c Nous avons maintenant un nouveau prof de dessin _____ est vraiment sensass!

d Le copain _____ a eu l'accident de moto s'appelle Patrick.

e C'est le garçon _____ a dansé avec toi à la fête et _____ t'a tellement plu!

f Tu te rappelles la fête _____ Paul a organisée?

g Voici une nouvelle _____ te plaira! Mon frère vient de trouver le bracelet _____ tu avais perdu lors de ton séjour chez nous!

h Comme tu vois, j'écris sur le papier _____ vous m'avez envoyé comme cadeau d'anniversaire.

i Le voisin _____ nous a emmené(e)s au safari-park l'été dernier vient de mourir.

j Je te rencontrerai à la gare, sous l'horloge _____ se trouve en face du kiosque à journaux.

42 Say which of the objects you prefer, using *celui-ci/celui-là/celle-ci/celle-là*, and giving a reason:

a Quel magazine préfères-tu?

b Lesquels des livres préfères-tu?

c Laquelle de ces voitures préfères-tu?

d Quel CD préfères-tu?

43 **a** Show who owns the articles mentioned by adding one of the following: *à moi/à toi/à lui/à elle/à nous/à vous/à eux/à elles.*

a Létitia, est-ce que ce livre est _____ ?

b Où sont Guillaume et Alain? Je pense que ces affaires sont _____ .

c Hé! Ne prends pas ça! C'est _____ , pas _____ !

d Monsieur, est-ce que ce billet est _____ ?

e Où sont Hélène et Nicole? Ces bagages sont _____ .

f Excusez-moi, madame. Ces places sont _____ .

g Où est Thérèse? Je suis sûr(e) que cet argent est _____ .

h Tu peux rendre ça à Jean-Christophe; c'est _____ .

b Now fill in the gaps using instead *le mien/la mienne, les siens/ les siennes,* etc.

Tableau des verbes ....

Regular verbs

Infinitive	Present	Imperative
donner *to give*	je donne tu donnes il donne nous donnons vous donnez ils donnent	donne! donnons! donnez!
se cacher *to hide*	je me cache tu te caches il se cache nous nous cachons vous vous cachez ils se cachent	cache-toi! cachons-nous! cachez-vous!
attendre *to wait*	j'attends tu attends il attend nous attendons vous attendez ils attendent	attends! attendons! attendez!
choisir *to choose*	je choisis tu choisis il choisit nous choisissons vous choisissez ils choisissent	choisis! choisissons! choisissez!

–er verbs with spelling changes

1 Verbs ending in –e–er, which change the **e** to **è** when the following syllable is mute, e.g. acheter, chanceler, élever, lever, mener, peser, se promener, soulever.

Present		Future
j'achète	nous achetons	j'achèterai
tu achètes	vous achetez	
il achète	ils achètent	

2 Verbs ending in –é–er, which change the **é** to **è** before mute endings, e.g. espérer, s'inquiéter, posséder, préférer, refléter.

Present	
j'espère	nous espérons
tu espères	vous espérez
il espère	ils espèrent

3 Verbs which double the final consonant when the following syllable is mute, e.g. appeler, étiqueter, jeter, se rappeler.

Present		Future
j'appelle	nous appelons	j'appellerai
tu appelles	vous appelez	
il appelle	ils appellent	

Perfect	Imperfect	Future
j'ai donné	je donnais	je donnerai
tu as donné	tu donnais	tu donneras
il a donné	il donnait	il donnera
nous avons donné	nous donnions	nous donnerons
vous avez donné	vous donniez	vous donnerez
ils ont donné	ils donnaient	ils donneront
je me suis caché(e)	je me cachais	je me cacherai
tu t'es caché(e)	tu te cachais	tu te cacheras
il s'est caché	il se cachait	il se cachera
elle s'est cachée	nous nous cachions	nous nous cacherons
nous nous sommes caché(e)s	vous vous cachiez	vous vous cacherez
vous vous êtes caché(e)(s)	ils se cachaient	ils se cacheront
ils se sont cachés		
elles se sont cachées		
j'ai attendu	j'attendais	j'attendrai
tu as attendu	tu attendais	tu attendras
il a attendu	il attendait	il attendra
nous avons attendu	nous attendions	nous attendrons
vous avez attendu	vous attendiez	vous attendrez
ils ont attendu	ils attendaient	ils attendront
j'ai choisi	je choisissais	je choisirai
tu as choisi	tu choisissais	tu choisiras
il a choisi	il choisissait	il choisira
nous avons choisi	nous choisissions	nous choisirons
vous avez choisi	vous choisissiez	vous choisirez
ils ont choisi	ils choisissaient	ils choisiront

4 Verbs ending in **–yer**, which change the **y** to **i** when the following syllable is mute, e.g. appuyer, ennuyer, essayer, nettoyer, payer.

Present		Future
j'appuie	nous appuyons	j'appuierai
tu appuies	vous appuyez	
il appuie	ils appuient	

5 Verbs ending in **–ger**, where the **g** is followed by **e** before **o** or **a**, to keep the sound soft, e.g. bouger, changer, échanger, manger, nager, partager, ranger.

Present		Imperfect
je bouge	nous bougeons	je bougeais
tu bouges	vous bougez	
il bouge	ils bougent	

6 Verbs ending in **–cer**, where the **c** changes to **ç** before **o** or **a**, to keep the sound soft, e.g. commencer, grincer, lancer, sucer.

Present		Imperfect
je commence	nous commençons	je commençais
tu commences	vous commencez	
il commence	ils commencent	

Irregular verbs

Infinitive	Present		Perfect	Future
aller *to go*	je vais tu vas il va	nous allons vous allez ils vont	je suis allé(e)	j'irai
apprendre *to learn*: see 'prendre'				
s'asseoir *to sit down*	je m'assieds/assois tu t'assieds/assois il s'assied/assoit nous nous asseyons/assoyons vous vous asseyez/assoyez ils s'asseyent/assoient		je me suis assis(e)	je m'assiérai je m'assoirai
avoir *to have*	j'ai tu as il a	nous avons vous avez ils ont	j'ai eu	j'aurai
battre *to beat*	je bats tu bats il bat	nous battons vous battez ils battent	j'ai battu	je battrai
boire *to drink*	je bois tu bois il boit	nous buvons vous buvez ils boivent	j'ai bu	je boirai
comprendre *to understand*: see 'prendre'				
conduire *to drive*	je conduis tu conduis il conduit	nous conduisons vous conduisez ils conduisent	j'ai conduit	je conduirai
connaître *to know*	je connais tu connais il connaît	nous connaissons vous connaissez ils connaissent	j'ai connu	je connaîtrai
courir *to run*	je cours tu cours il court	nous courons vous courez ils courent	j'ai couru	je courrai
croire *to believe*	je crois tu crois il croit	nous croyons vous croyez ils croient	j'ai cru	je croirai
devenir *to become*: see 'venir'				
devoir *to have to, must*	je dois tu dois il doit	nous devons vous devez ils doivent	j'ai dû	je devrai
dire *to say, tell*	je dis tu dis il dit	nous disons vous dites ils disent	j'ai dit	je dirai
dormir *to sleep*	je dors tu dors il dort	nous dormons vous dormez ils dorment	j'ai dormi	je dormirai

Infinitive	Present		Perfect	Future
écrire *to write*	j'écris tu écris il écrit	nous écrivons vous écrivez ils écrivent	j'ai écrit	j'écrirai
envoyer *to send*	j'envoie tu envoies il envoie	nous envoyons vous envoyez ils envoient	j'ai envoyé	j'enverrai

être
to be
	je suis
	tu es
	il est
		nous sommes
		vous êtes
		ils sont
			j'ai été
			Imperfect:
			  j'étais
			Imperative:
			  sois!
			  soyons!
			  soyez!
				je serai

faire *to make, do*	je fais tu fais il fait	nous faisons vous faites ils font	j'ai fait	je ferai
falloir *must, to be necessary*	il faut		il a fallu	il faudra
lire *to read*	je lis tu lis il lit	nous lisons vous lisez ils lisent	j'ai lu	je lirai
mettre *to put*	je mets tu mets il met	nous mettons vous mettez ils mettent	j'ai mis	je mettrai
mourir *to die*	je meurs tu meurs il meurt	nous mourons vous mourez ils meurent	il est mort	je mourrai
naître *to be born*	*Present*: see 'connaître'		je suis né(e)	il naîtra
offrir *to offer*: see 'ouvrir'				
ouvrir *to open*	j'ouvre tu ouvres il ouvre	nous ouvrons vous ouvrez ils ouvrent	j'ai ouvert	j'ouvrirai
partir *to leave*	je pars tu pars il part	nous partons vous partez ils partent	je suis parti(e)	je partirai
plaire *to please*	je plais tu plais il plaît	nous plaisons vous plaisez ils plaisent	j'ai plu	je plairai
pleuvoir *to rain*	il pleut		il a plu *Imperfect*: il pleuvait	il pleuvra

Infinitive	Present		Perfect	Future
pouvoir *can, to be able*	je peux (puis-je?) tu peux il peut	nous pouvons vous pouvez ils peuvent	j'ai pu	je pourrai
prendre *to take*	je prends tu prends il prend	nous prenons vous prenez ils prennent	j'ai pris	je prendrai
recevoir *to receive*	je reçois tu reçois il reçoit	nous recevons vous recevez ils reçoivent	j'ai reçu	je recevrai
reconnaître *to recognize*: see 'connaître'				
revenir *to return*: see 'venir'				
rire *to laugh*	je ris tu ris il rit	nous rions vous riez ils rient	j'ai ri	je rirai
savoir *to know*	je sais tu sais il sait	nous savons vous savez ils savent	j'ai su	je saurai
sentir *to smell; to feel*: see 'partir'				
servir *to serve*: see 'partir'				
sortir *to go out*: see 'partir'				
sourire *to smile*: see 'rire'				
suivre *to follow*	je suis tu suis il suit	nous suivons vous suivez ils suivent	j'ai suivi	je suivrai
tenir *to hold*: see 'venir'				
traduire *to translate*: see 'conduire'				
venir *to come*	je viens tu viens il vient	nous venons vous venez ils viennent	j'ai suis venu(e)	je viendrai
vivre *to live*	je vis tu vis il vit	nous vivons vous vivez ils vivent	j'ai vécu	je vivrai
voir *to see*	je vois tu vois il voit	nous voyons vous voyez ils voient	j'ai vu	je verrai
vouloir *to wish, want*	je veux tu veux il veut	nous voulons vous voulez ils veulent	j'ai voulu	je voudrai

Vocabulaire français–anglais

This vocabulary contains all but the most common words which appear in the book, apart from some words which appear in the reading materials but which are not essential to understanding the item. Where a word has several meanings, only those which occur in the book are given. Verbs marked * involve spelling changes; those marked ** are irregular. Check these in the verb tables.

Abbreviations: *m.* = masculine noun; *f.* = feminine noun; *pl.* = plural form; F. = familiar, slang word or expression. Feminine endings of adjectives are indicated in brackets.

à   at, to, in
à peu près   about, roughly
abattre**   to put down (*animal*)
abimer   to spoil, damage
d'abord   first of all, at first
abordable   feasible, manageable
accabler   to overwhelm
accompagner   to accompany
d'accord   OK, agreed
accueillir**   to welcome
acheter*   to buy
acteur/actrice *m./f.*   actor
actif(-ive)   active
activité *f.*   activity
actualités *f. pl.*   news
addition *f.*   bill
adhérer*   to join, be a member of
adhésion *f.*   membership
adolescent/-e *m./f.*   adolescent
adorer   to love
adresse *f.*   address
s'adresser à   to speak to, go and see
aérobic *m.*   aerobics
affectif(-ve)   emotional
affectueux(-euse)   affectionate
afficher   to display; announce
affreux(-euse)   terrible, awful
africain(e)   African
Afrique *f.*   Africa
agacer*   to irritate, annoy
âgé(e)   elder; old
âge: troisième âge   senior citizen, OAP
s'agir de: il s'agit de   it's a question of, it's about
agité(e)   restless
agréable   pleasant
agricole   agricultural
agriculture *f.*   agriculture
aide *f.*   help, assistance
aider   to help
ailleurs   elsewhere; d'ailleurs   besides; moreover
aimable   kind, nice
aîné(e)   elder
ainsi que   as well as
air: avoir l'air   to look
en plein air   in the open air
aisé(e)   easy; well-off
AJ (auberge de jeunesse) *f.*   youth hostel
ajouter   to add
alentours *m. pl.*   surroundings, vicinity
Allemagne *f.*   Germany
allemand(e)   German
aller**   to go
aller-retour *m.*   return ticket
allergique   allergic

alors   then, so; then
amateur *m.* (de sport, *etc.*)   (a sport, etc.) lover
ambition *f.*   ambition
améliorer   to improve
aménagements *m. pl.*   facilities
ami/amie *m./f.*   friend
ample   baggy (*clothes*)
amusant(e)   amusing
s'amuser   to have a good time
an *m.*   year
ancien(ne)   ancient; former
angle *m.*   angle; corner
animal *m.*   animal; animal domestique   pet
animé(e)   busy, lively
année *f.*   year
anniversaire *m.*   birthday
annonce *f.*   advertisement, small ad.
antillais(e)   West Indian
antipathique   unpleasant, disagreeable
antiquité *f.*   antique
apercevoir**   to notice
appartement *m.*   flat
appartenir**   to belong
appel *m.*   call
appel téléphonique   telephone call
s'appeler*   to be called
apporter   to bring
apprécier   to appreciate
apprendre**   to learn
apprentissage *m.*   apprenticeship
après avoir...   after having ...
après-midi *m.*   afternoon
aquatique   aquatic
arachide *f.*   groundnut, peanut
arbre *m.*   tree
argent *m.*   money; en argent   silver
argent *m.* de poche   pocket money
argent *m.* liquide   cash
armoire *f.*   wardrobe
araignée *f.*   spider
arranger   to arrange
arrêt *m.* d'autobus   bus stop
arrêter   to stop
s'arrêter   to stop
arriver   to happen; to arrive
article *m.*   article
articulations *f. pl.*   joints
ascenseur *m.*   lift
aspect *m.*   appearance
aspirateur *m.*   hoover
s'asseoir**   to sit down
assez (de)   enough
assister   to assist; be present at
assouplir   to make supple
assurer   to ensure; to provide

atelier *m.*   workshop
athlétisme *m.*   athletics
atout *m.*   trump card; asset
s'attirer   to bring upon oneself
attraper   to catch
attrayant(e)   attractive
auberge *f.* de jeunesse   youth hostel
aucun(e)   no, not one; any
audacieux(-euse)   daring
augmenter   to increase
aujourd'hui   today
aussitôt   immediately
aussi   also; as well
autant   so much
autant que   as much as
autobus *m.*   bus
autorisation *f.*   permission
autorité *f.*   authority
autre   other
avant   before
avant de...   before -ing
avantage *m.*   advantage
avare   mean, tight-fisted
avec   with
avenir *m.*   future
aventureux(-euse)   adventurous
avenue *f.*   avenue
averse *f.*   shower
avertir   to warn, inform
aveugler   to blind
aviateur *m.*   aviator
aviation *f.*   aviation
avis *m.*   notice; opinion;
avis: à mon avis   in my opinion
avoir**   to have
avoir** envie de   to want to
avoir** lieu   to take place
avouer   to admit, confess
ayant   having

bac (baccalauréat) *m.*   examination (*roughly equivalent to A level*)
bac à sable *m.*   sandpit
bagarre *f.*   fight
baignade *f.*   bathing
se baigner   to bathe
bain *m.*   bath; salle *f.* de bain   bathroom
baisse: en baisse   dropping
se balader   to go for a walk
baladeur *m.*   personal stereo
balançoire *f.*   swing; seesaw
balcon *m.*   balcony
bande *f.*   band; gang;
bande *f.* dessinée   cartoon strip
banlieue *f.*   suburb
banque *f.*   bank

barbant(e)   boring
barbe *f.*   beard
barque *f.* de pêche   fishing boat
bas *m.*   stocking
bas (basse)   low
baser   to base
bateau *m.*   boat
bâtiment *m.*   building
bavard(e)   talkative, gossipy
beau (belle)   handsome; beautiful
beau-père *m.*   stepfather; father-in-law
beaucoup de   a lot, many
bébé *m./f.*   baby
belge   Belgian
Belgique *f.*   Belgium
belle-mère *f.*   stepmother; mother-in-law
berger allemand *m.*   German shepherd dog, alsatian
besoin: avoir besoin de   to need
bête   silly, stupid; bête noire   pet hate
bêtise *f.*; faire des bêtises   to muck around; to do stupid things
bibelot *m.*   ornament
bibliothèque *f.*   library
bien   well, good
bien cuit(e)   well done (*cooked*)
bien entendu   of course
bientôt   soon
billard *m.*   snooker; billiards
billet *m.*   ticket
bis: 2 bis   2a (*house number*)
bizarre   strange, peculiar
blague *f.*   joke
blâme *m.*   blame
bleu(e)   blue
blond(e)   blond
blouse *f.*   overall; smock
blouson *m.*   jacket
boire**   to drink
bois *m.*   wood
boîte *f.*   box; tin; can
boîte *f.* à ordures   rubbish bin
boîte *f.* de nuit   night club
boudeur(-euse)   moody, sulky
branchement *m.* électrique   mains electricity point
bon(ne)   good
bonjour   hello
bord *m.*   edge; au bord de la mer   at the seaside
botte *f.*   boot
bouche *f.*   mouth
bouclé(e)   curly
boulevard *m.*   boulevard
boulot *m.*   work, job
boum *f.*   party
au bout de   at the end of
bref (brève)   brief
brillant(e)   bright; shiny
briller   to shine; je ne brille pas en...   I'm not much good at...
brique *f.*   brick
brise *f.*   breeze
briser   to break
britannique   British
brochure *f.*   brochure
brosse: en brosse   crew-cut
se brosser   to brush

brouillard *m.*   fog
bruit *m.*   noise
brume *f.*   mist
brumeux(-euse)   misty
brun(e)   brown
brutaliser   to treat roughly; to bully
bruyant(e)   noisy
buanderie *f.*   laundry room, utility room
bulletin *m.* d'adhésion   membership application form
bureau *m.*   office; desk
bureau *m.* de poste   post office
bus *m.*   bus
but *m.*   goal; aim

ça   this, that
cacahuète *f.*   peanut
cacher   to hide
cadeau *m.* (*pl.* cadeaux)   present, gift
cadet(-ette)   younger
cafard: avoir le cafard   to feel fed up, depressed
café *m.*   café; coffee
cage *f.* à poules   climbing frame, jungle gym
cage *f.* d'escalier   stair well
caissier/-ière *m./f.*   check-out person, cashier
calorifère *m.*   stove; heater
camarade *m./f.*   friend, mate
camion *m.*   lorry, truck
campagne *f.*   country; à la campagne   in the country
canadien(-ienne)   Canadian
canapé *m.*   settee, sofa
canine: pollution *f.* canine   dog's mess
canoë-kayak *m.*   canoe
candidat/e *m./f.*   candidate
cantine *f.*   canteen
car   because
caractère *m.*   character
carnet *m.*   book of tickets
carotte *f.*   carrot
carré(e)   square
à carreaux   check(ed)
carrefour *m.*   crossroads
carrière *f.*   career
carte *f.*   card; menu; map
carte *f.* postale   post-card
casanier(-ière)   stay-at-home, stop-at-home
case *f.*   box
casier *m.*   pigeon-hole
casino *m.*   casino
casquette *f.*   cap
casse-pieds   boring, a pain (in the neck)
cassis *m.*   blackcurrant
catégorie *f.*   category
causer   to chat
cave *f.*   cellar
ce, cette, ces   this, that
ce... -ci, ce... -là   this one, that one
céder*   to give way to
ceinture *f.*   belt
célèbre   famous
célébrité *f.*   celebrity
célibataire *m./f.*   bachelor; single woman
celui-ci, celle-ci, ceux-ci, celles-ci   this one, these
censé(e)   reputed, considered
centre commercial *m.*   shopping centre

centre hippique *m.*   riding stables
centre sportif *m.*   sports centre
centre-ville *m.*   town-centre
cependant   however, nevertheless
céréale *f.*   cereal
chacun(e)   each; every one
chaise *f.*   chair
chaîne *f.*   chain; (TV) channel
chaîne *f.* hi-fi   hi-fi system
chaîne *f.* compacte   compact disc player
chaleur *f.*   heat, warmth
chaleureux(-euse)   warm
chambre *f.*   bedroom
chambres *f. pl.* d'hôte   bed and breakfast
champ *m.*   field
chance: avoir de la chance   to be lucky
changer*   to change
chanteur/-euse *m./f.*   singer
chantier *m.* naval   naval dockyard
chapiteau *m.*   big top, tent
chaque   each, every
chapeau *m.*   hat
châtain   chestnut brown
château *m.*   palace, stately home
château-fort *m.*   stronghold, fortified castle
chaud(e)   hot; avoir chaud   to be hot; faire chaud   to be hot (*weather*)
chauffage *m.*   heating; chauffage central   central heating
chauffe-eau *m.*   water heater; boiler
chauffer   to heat
chauffeur *m.*   driver
chaumière *f.*   cottage
chaussettes *f. pl.*   socks
chaussures *f. pl.*   shoes; chaussures de sport   sports shoes; chaussures de ski   ski boots
chauve   bald
cheminée *f.*   chimney; open fireplace
chemise *f.*   shirt
chemisier *m.*   blouse
cher (chère)   dear, expensive
chercher   to look for
cheval *m.*   horse
chevet: une table de chevet   bedside table
cheveux *m. pl.*   hair
chez   at —'s house, place; at —'s shop
chez moi   at/to my house, place
chez nous   at/to our house
chien *m.*   dog
choix *f.*   choice
choisir   to choose
chômage *m.*   unemployment
choquer   to shock
chose *f.*   thing; quelque chose   something; pas grand'chose   not much
chou *m.* (-x *pl.*)   cabbage
chouette!   great! super! smashing!
ci-dessous   below
ci-dessus   above
ci-joint   enclosed (*with letter*)
cimenterie *f.*   cement works
cinéma *m.*   cinema
cintre *m.*   coat hanger
circulation *f.*   traffic
clair(e)   clear; bleu clair   light blue
classe *f.*   class
clé (or clef) *f.*   key
climat *m.*   climate

oche *f.* bell; **mettre sous cloche** F. to wrap up in cotton wool
os(e) enclosed
ocher to tick off, put a tick (next to)
ochon d'Inde *m.* guinea pig
ode postale *m.* postcode
eur *m.* heart; **par coeur** by heart
offre *m.* boot (*of car*)
oiffeur/-euse *m./f.* hairdresser
oin *m.* corner; **dans le coin** in the neighbourhood
ohabiter to cohabit
olis *m.* parcel
ollant *m.* (pair of) tights
ollation *f.* light meal, snack
olle *f.* glue; detention
ollecte *f.* collection point (*for recycling*)
ollectionner to collect
ollège *m.* (secondary) school
ollègue *m./f.* colleague
ollier *m.* collar; necklace
olline *f.* hill
ombien (de...)? how much? how many?; **tous les combien?** how often?
omme as; like
ommencer* to start, commence
omment...? how...?
ommissariat *m.* police station
ommode *f.* chest of drawers
ommun: **les transports en commun** public transport
ompagnie *f.* company
ompagnie *f.* **d'assurances** insurance company
ompléter* to complete
omplexe *m.* complex
ompliqué(e) complicated
e comporter to behave
omposer to dial
ompréhensif(-ive) understanding
omprendre** to understand
omptable *m.* accountant
ompte *m.* (bank) account; **à son compte** for oneself
e rendre **compte** to realise
ompter to count
oncernant concerning
oncerne: **en ce qui concerne...** as far as ... is concerned
oncert *m.* concert
oncours *m.* competition
onducteur *m.* driver
onduire** to drive
onfiance *f.* trust
onfisquer to confiscate
ongé *m.*: **après-midi de congé** afternoon off
onnaissance: **faire la connaissance de** to meet, make the acquaintance of
onnaître** to know, be acquainted with
onsacrer to devote
onseiller/-ère *m./f.* adviser; counsellor
onseils *m. pl.* advice
onsidérer* to consider
onstruire** to build
ontacter to contact
ontenir** to contain
ontinuer to continue
ontre against; **par contre** on the other hand

convenir** to be suitable
conversation *f.* conversation
copain/copine *m./f.* friend, mate, pal
copier to copy
corps *m.* body
correspondant(e) corresponding to
correspondant/-ante *m./f.* penfriend
correspondre to write, correspond
corriger to correct
côte *f.* coast
côté *m.* side; **à côté de** next to
cotisation *f.* subscription; **les cotisations** contributions
se coucher to lie down, go to bed
couloir *m.* corridor
coupe *f.* cup
courir** to run
cour *f.* (court)yard
couronne *f.* crown
cours *m.* lesson, class; **au cours de** in the course of
court: **à court de** short of
cousin/cousine *m./f.* cousin
coussin *m.* cushion
coûter to cost
coutume *f.* custom
couture *f.* sewing; fashion world
couvert(e) covered; **ciel couvert** overcast sky; **piscine couverte** indoor swimming pool
crachins *m. pl.* drizzle
cravate *f.* tie
crevé(e) tired, exhausted
crier to shout
croire** to believe
crotte *f.* dog's mess
croix *f.* cross
crudités *f. pl.* raw vegetables
en cuir leather
cuisine *f.* kitchen; cooking
cuisinier/-ière *m./f.* cook
cultiver to grow; cultivate
cyclomoteur *m.* moped

dans in
danser to dance
date *f.* date
date *f.* **de naissance** date of birth
daurade *f.* sea bream (*fish*)
davantage more
de of, from
Débarquement *m.* (D-Day) landing
débarrasser to clear (*table*)
débrouillard(e) resourceful
début *m.* start
décédé(e) deceased
décevant(e) disappointing
déchets *m. pl.* rubbish, litter
déchiffrer to decipher, decode
décider to decide
décision *f.* decision
déclaration *f.* declaration
décorer to decorate
découvrir** to discover
décrire** to describe
dedans in it, inside
défaire** to undo; unpack
défaut *m.* fault, flaw

défendre to forbid
défendu: **il est défendu** it is forbidden
dégradation *f.* damage
degré *m.* degree
dégueulasse F. foul, revolting, disgusting
en dehors de outside
déjà already
délabré(e) tatty; dilapidated
deltaplane *m.* hang-gliding
demain tomorrow
demander to ask for
déménager to move (*house*)
demeurer to live, stay
demi(e) half
demi-pension *f.* half board
démodé(e) old-fashioned
dénouement *m.* outcome
dent *f.* tooth
depaysé(e) not feeling at home, disoriented
se dépêcher to hurry
dépenser to spend
se déplacer to move, travel, get about
dépliant *m.* leaflet, pamphlet
déposer to leave; put down
depuis since
déraper to skid
dernier(-ière) last
derrière behind
dès from
désagréable unpleasant
descendre to go down
description *f.* description
désespérer* de to despair of
désespéré(e) desperate
se déshabiller to undress
désherber to weed
désirer to want
désolé(e) sorry
désordre: **en désordre** untidy; in disorder
dessin *m.* drawing; art
dessin *m.* **animé** cartoon, film
désir *m.* wish; desire
au dessous de underneath
au dessus de above
destiner à to intend for
détail *m.* detail
se détendre to relax
détente *f.* relaxation
détester to detest
détritus *m. pl.* litter, rubbish
deuxième second
deux-pièces *m.* two-roomed flat
devant in front of
devenir** to become
devoir** must, to have to
devoirs *m. pl.* homework
dévorer to devour
dialogue *m.* dialogue
différent(e) different
difficile difficult
diffuser to broadcast
dimanche *m.* Sunday
dîner to have dinner
dîner *m.* dinner
dire** to say, tell
directeur/directrice *m./f.* director
se diriger* vers to direct/head towards
disco *m.* disco

discours *m.* speech
discuter to discuss
disparaître** to disappear
disponible available
dispensaire *m.* clinic
dispute *f.* quarrel
se disputer to argue
disque *m.* record
disque *m.* **compact** compact disc (CD)
distingué(e) distinguished
distractions *f. pl.* distractions; things to do in your spare time
se distraire** to amuse oneself, enjoy oneself
divorcer to divorce
documentaire *m.* documentary
doigt *m.* finger
dominer to dominate
don *m.*: **faire don de** to donate
donc so; then
donner to give; **donner sur** to look out (on to)
dont whose; of which
dormir** to sleep
dossier *m.* file
doux (douce) gentle
doucement gently
douche *f.* shower; **se doucher** to shower
doué(e) gifted
drap *m.* sheet
dresser to draw up (*list*)
droit *m.* right; **avoir le droit de** to be allowed to; **tout droit** straight ahead
à droite on, to the right
drôle funny
duplex *m.* split level flat
durer to last, take (*time*)
dynamique dynamic

échange *m.* exchange
s'échapper to escape
écharpe *f.* scarf
échecs *m. pl.* chess
échouer to fail
éclair *m.* (flash of) lightning;
éclaircies *f. pl.* bright, sunny periods
école *f.* school
économie *f.* economics
économies *f. pl.* savings
écossais(e) Scottish
Écosse *f.* Scotland
écouter to listen (to)
écran *m.* screen
écraser to crush; run over
écrire to write
éducation *f.*: **éducation civique** civics
éducation manuelle et technique (EMT) technology;
éducation physique et sportive (EPS) PE
éduquer to educate
efficace effective
s'efforcer to try (hard) to
également equally; as well
égarer to mislay; **s'égarer** to get lost
égoïste selfish
élevage *m.* rearing (*animals*)
élève *m./f.* pupil
élever* to bring up (*children*); to raise (*animals*)

emballer to wrap up
embêtant(e) annoying
embêter to annoy
émigrer to emigrate
émission *f.* programme, broadcast
empêcher to prevent
emploi *m.* job
emploi *m.* **du temps** timetable
employé/employée *m./f.* employee
emprunter to borrow
en in
endroit *m.* place
énergie *f.* energy
énergique energetic
énerver to irritate
enfant *m./f.* child
enfantin(e) childish
enfiler to slip on
enfin at last; finally
engrais *m.* fertilizer
enlever* to remove, take off
ennui *m.* worry
ennuyeux(-euse) boring
enregistrer to tape, record
s'enrhumer to catch a cold
enseignement *m.* teaching; education
ensemble together
ensoleillé(e) sunny
ensuite next; then
en tant que as
entendre to hear
s'entendre bien avec to get on well with
entourer to surround
entraîner to lead to; to entail
entre between
entrée *f.* entrance
entreprise *f.* firm
entrer (dans) to enter
entretien *m.* upkeep; interview
envers towards
envie: j'ai envie de... I want to... ; I feel like...
environ about, roughly, approximately
envoyer* to send
épais(-sse) thick
épouser to marry
épouvantable dreadful, appalling
épuisé(e) exhausted, flat (*battery*)
équestre: un centre équestre riding stables
équipe *f.* team
équipé(e) equipped
équipement *m.* equipment
équitation *f.* horse-riding
errer to wander
escalade *f.* climbing
escalier *m.* stairs
espace *m.* space; **espace vert** park
Espagne *f.* Spain
espagnol(e) Spanish
espèces *f. pl.* cash
espérer* to hope
espoir *m.* hope
essayer* to try
essoufflé(e) breathless
essoufflement *m.* breathlessness
essuyer* to wipe
est *m.* east
et and

établir to establish; set up
établissement *m.* establishment
étage *m.* floor, storey
étagère *f.* shelf
état *m.* state, condition
été *m.* summer
ethnie *f.* ethnic group, race
étoile *f.* star
à l'étranger abroad
être** to be
étroit(e) narrow
étude *f.*: **faire des études** to study
étudiant/-ante *m./f.* student
étudier to study
eux they, them
éventuellement possibly
évidemment obviously
excéder* to exceed
exemple *m.* example
exercice *m.* exercise
exiger to demand
exister to exist
expérience *f.* experience; experiment
explication *f.* explanation
expliquer to explain
exposé *m.* talk
exposition *f.* display; exhibition
extérieur *m.* outside; exterior
extra first rate
extraverti(e) extrovert
extrême *m.* extreme

fabriquer to make; manufacture
facho *m.* F. fascist
facile easy
facilement easily
façon *f.* way: **de toute façon** anyway, in any case
facture *f.* bill
faculté *f.* faculty
faible weak
faim: avoir faim to be hungry
faire** to make, do; **ça ne fait rien** it doesn't matter;
faire demi-tour to turn round
faire une randonnée to go for a walk/ramble
faire des économies to save money
faire des courses to go shopping
fait: ça fait deux ans que je... I've been ... -ing for two years
fait divers *m.* news item (*in newspaper*)
falloir** to be necessary
familial(e) family
famille *f.* family
fantastique fantastic
fatigant(e) tiring
faut: il faut it is necessary; **il me faut** I must have/need; **comme il faut** proper
faute *f.* fault
fauteuil *m.* armchair; **fauteuil** *m.* **roulant** wheelchair
faux (fausse) false, wrong
favoriser to favour
féliciter to congratulate
femme *f.* woman; wife
femme *f.* **au foyer** housewife
femme *f.* **d'affaires** business woman

fenêtre *f.* window: **jeter de l'argent par la fenêtre** to throw money down the drain
fer *m.* iron
ferme *f.* farm
fermier *m.* farmer
feuilleton *m.* serial
feux *m. pl.* traffic lights
fiable reliable
se fiancer to get engaged
fiche *f.* card, form, certificate, pamphlet
fiche *f.* **explicative** information sheet
fier (fière) proud
fille *f.* girl; daughter; **fille unique** only daughter
fils *m.* son; **fils unique** only son
fin *f.* end
finalement finally
finance *f.* finance
finir to finish; end
fleur *f.* flower
fleuve *m.* river
fois *f.* time, occasion
foncé(e) dark (*colour*)
fond *m.* back, bottom; **au fond de** at the back of
forêt *m.* forest
en forme in good shape; on form
formidable! great! tremendous! fantastic!
fort(e) strong; **fort(e) en** good at
fou (folle) mad, crazy
fournir to provide; supply
fourrière *f.* (*animal*) pound
foyer *m.* hearth; family home; fireplace
français(e) French
Français/Française *m./f.* Frenchman/woman
francophone French-speaking
frère *m.* brother
frisé(e) curly
froid(e) cold; **avoir froid** to be cold; **faire froid** to be cold (*weather*)
fumeur/-euse *m./f.* smoker; **non-fumeur(-euse)** non-smoker
au fur et à mesure progressively
futur *m.* future

gâcher to spoil (*pleasure, etc.*)
gagner to win; to earn
Galles: Pays de Galles *m.* Wales
gallois(e) Welsh
garçon *m.* boy; **garçon** *m.* **de café** waiter
garder to keep; look after
gare *f.* station
gare *f.* **maritime** harbour station
gare *f.* **routière** bus/coach station
garer to park
gas-oil *m.* diesel (*fuel*)
gâter to spoil (*child*)
gâté(e) spoilt
gauche: à gauche to/on the left
geler* to freeze
gens *m./f. pl.* people
général: en général in general
généreux(-euse) generous
genre *m.* kind, type, sort
gentil(le) nice, kind
gerbille *f.* gerbil
gilet *m.* waistcoat; cardigan

glace *f.* ice
gouvernement *m.* government
grâce à thanks to
grand(e) big; tall; **pas grand'chose** not much, not a lot;
grand-mère *f.* grandmother
grand-père *m.* grandfather
grandir to grow
grands-parents *m. pl.* grandparents
grange *f.* barn
graphique *m.* graph
gratuit(e) free
grenier *m.* loft, attic
grille *f.* grid
grincheux(-euse) grumpy
gris(e) grey
gros (grosse) fat
groupe *m.* group
guépard *m.* cheetah
guerre *f.* war
gymnase *m.* gym(nasium)

s'habiller to get dressed
habitation *f.* dwelling; house
habiter to live
habitude *f.* habit
d'habitude usually
s'habituer à to get used to
hall *m.* **d'entrée** entrance hall
haltérophilie *f.* weight-lifting
handicapé(e) handicapped
haricot *m.* **vert** French bean; string bean
hausse: en hausse rising
haut(e) high
hebdomadaire weekly
héberger* to accommodate
heure *f.* hour; **à une heure** at one o'clock; **tout à l'heure** a short while ago; soon; **de bonne heure** early; **à l'heure** on time
heureusement fortunately, luckily
heureux(-euse) happy
hier yesterday
hippique horse, equestrian
histoire *f.* history; story
hiver *m.* winter
homme *m.* man
homme *m.* **d'affaires** business man
homme *m.* **au foyer** house husband
homologué(e) catalogued; approved
honnête honest
hôpital *m.* hospital
horaire *m.* timetable, schedule
horreur: j'ai horreur de I loathe, detest
hors de out of
horticulture *f.* horticulture
hôtel de ville *m.* town hall
humain(e) human
humeur: de mauvaise humeur in a bad mood; **de bonne humeur** in a good mood

ici here
idéal(e) ideal
il y a there is; there are
image *f.* picture
imaginer to imagine
immédiatement immediately
immeuble *f.* building, block of flats

impliqué(e) involved
n'importe quand at any time; **n'importe quel(le)...** any; **n'importe quoi** anything
inclure** to include
indépendant(e) independent
indiquer to indicate
infliger* to inflict; to impose
infirmier/ière *m./f.* nurse
informations *f. pl.* news
informatique *f.* information technology, computer science
informer to inform
ingénieur *m.* engineer
injustice *f.* injustice
injuste unjust
inquiet(-iète) worried
s'inscrire** to enrol, join
s'inquiéter* to worry
inscription *f.* inscription
insister to insist
s'installer to settle (down)
instituteur/institutrice *m./f.* primary school teacher
insupportable unbearable
intention *f.* intention
interdire à to forbid
interdit(e) banned; prohibited
intéressant(e) interesting
s'intéresser à to be interested in
intérêt *m.* interest
international(e) international
interactif(-ive) interactive
interroger* to question
interviewer to interview
intime intimate
inutile useless
inventer to invent
inverse: à l'inverse conversely
invité/invitée *m./f.* guest
Irlande *f.* Ireland
irlandais(e) Irish
isoler to insulate

jamais: ne... jamais never
jambe *f.* leg
jambon *m.* ham
jardin *m.* garden
jardinage *m.* gardening
jaune yellow
jean *m.* jeans
jeter* to throw
jeu *m.* (**jeux** *pl.*) game; **jeux informatiques** computer games
jeudi *m.* Thursday
jeune young
joie *f.* joy
joindre** to join
joli(e) pretty, attractive
jouer to play
journée *f.* day
jour *m.* day; **tous les jours** every day
journal *m.* newspaper
jumeau/jumelle *m./f.* twin
jupe *f.* skirt
jus *m.* juice
jusqu'à until; up to; as far as
juste fair, just; right
justifier justify

là- there; **là-bas** over there
laboratoire *m.* laboratory
lac *m.* lake
laid(e) ugly
en **laine** in wool, woollen
laisser to leave
laitière: industrie laitière dairy industry
lapin *m.* rabbit
se **laver** to wash oneself
lèche-vitrine *m.* window-shopping
lecteur/lectrice *m./f.* reader
lecture *f.* reading
légende *f.* legend; key
légume *m.* vegetable
lendemain *m.* the next day; the day after
lentilles *f. pl.* contact lenses
lequel, laquelle, lesquels, lesquelles? which
  (one)?
lettre *f.* letter
lettre *f.* **de candidature manuscrite** letter of
  application
leur(s) their
se **lever*** to get up; to stand up
liberté *f.* liberty
libre free
lien *m.* link; bond; tie
lieu *m.* place; **au lieu de** instead of
lire** to read
lit *m.* bed; **lits superposés** bunk beds
livre *m.* book
livrer to deliver
loin (de) far (from)
loisir: heures de loisir free time
long(-ue) long
lorsque when
lot *m.* type; sort; prize; **le gros lot** the
  jackpot
louer to rent; hire
loyal(e) loyal
lundi *m.* Monday
lunettes *f. pl.* glasses, spectacles
lutter to fight, struggle
lycéen/-enne *m./f.* pupil (*at secondary
  school*)
lycée *m.* secondary school

mademoiselle *f.* miss
magasin *m.* shop; **faire des magasins** to go
  shopping
maigre (*very*) thin, skinny
maigrir to slim
main *f.* hand; **la main dans la main** hand
  in hand
maintenant now
maintenir** to keep; maintain
mairie *f.* town hall
mais but
maison *f.* house
mal badly; **pas mal** not bad; **pas mal de**
  lots of; **mal** (*pl.* **maux**) **de tête** headache
maladroit(e) clumsy
malheureusement unfortunately
malin (maligne) nasty, evil
mandater to appoint, nominate
manège *m.* roundabout, fair ride
mannequin *m.* model
manquer to miss; to be missing
manteau *m.* coat

se **maquiller** to put make up on
marché *m.* market
mardi *m.* Tuesday
mariage *m.* marriage
se **marier** to get married
marrant(e) funny
marre: j'en ai marre I'm fed up with it
marron brown
match *m.* (*football*) match
matière *f.* (**scolaire**) (school) subject
matin *m.* morning
matinée *f.* morning
maussade gloomy
mauvais(e) bad
mec *m.* bloke, guy
mécanicien *m.* mechanic
méchant(e) nasty; vicious
médecin *m.* doctor
médicament *m.* medicine
mégot *m.* cigarette end, fag end
meilleur(e) better
mélange *m.* mixture
mélanger* to mix
membre *m.* member
même even; same; **quand même** all the
  same
ménage *m.* housework; **femme** *f.* **de ménage**
  cleaning lady, domestic help
ménagère *f.* housewife
mendier to beg
mener* to lead
menteur/-euse *m./f.* liar
mentir** to lie
merci thank you
mercredi *m.* Wednesday
mère *f.* **aubergiste** youth hostel warden
  (*female*)
mériter to deserve
mesurer to measure
météo *f.* weather forecast
métier *m.* job, profession
mettre** to put; to put on;
meuble *m.* (a piece of) furniture
mieux better
mignon(ne) sweet, cute
mil *m.* millet
mijoté(e) simmered, cooked slowly
milieu: au milieu de in the middle of
mince thin, slim
minuit *m.* midnight
miroir *m.* mirror
mobilier *m.* furniture
mode *f.* fashion
moi me
moins less; **moins grand(e)** smaller; **au
  moins** at least; **moins de** less than
mois *m.* month
moment *m.* moment
monde *m.* world; **tout le monde** everyone;
  beaucoup de monde lots of people
monsieur *m.* Mr; sir
montagne *f.* mountain
montrer to show
monument *m.* monument
se **moquer de** to make fun of
moquette *f.* (fitted) carpet
morceau *m.* piece
mordu/mordue *m./f.* fan, enthusiast

mort(e) dead
mot *m.* word
moto *f.* motorbike
moyen(ne) average
mûr(e) ripe
mur *m.* wall
musée *m.* museum
musique *f.* music
musulman(e) Moslem
myope short-sighted

nager* to swim
naître** to be born
natation *f.* swimming
nationalité *f.* nationality
nature *f.* nature
nautique: les sports nautiques water sports
ne ... jamais never
ne ... que only
ne ... rien nothing
né(e) born
nécessaire necessary
neige *f.* snow
neiger* to snow
nerveux(-euse) touchy, highly-strung
nettoyage *m.* cleaning
nettoyer* to clean
nez *m.* nose
ni: ni... ni neither... nor...
niveau *m.* level; standard
nocturne evening
Noël *m.* Christmas
noir(e) black
noisette *f.* hazel-nut
nom *m.* name; **nom** *m.* **de famille** surnam
nombre *m.* number
nombreux(-euse) numerous, many; **famille**
  f. **nombreuse** large family
nommer to name
nord *m.* north
normalement normally
noter to note; take notice of
notes *f. pl.* marks
se **nourrir** to feed oneself
nourriture *f.* food
nouveau (nouvelle) new; **à/de nouveau**
  again
nouvelles *f. pl.* news
nuage *m.* cloud
nuageux(-euse) cloudy
nul(le) useless
numéro *m.* **de téléphone** telephone number

objet *m.* object
obligatoire obligatory
obliger* to compel; to oblige
obtenir** to obtain
s'**occuper de** to take charge of, deal with
odieux(-euse) hateful
oeuf *m.* egg
offrir** to offer; give
oiseau *m.* bird
ombragé(e) shaded, shady
ordinateur *m.* computer
ordre: en bon ordre; tidy
orthographe *f.* spelling
oser to dare
où where

oublier to forget
ouest *m.* west
ouvert(e) open
ouverture: les heures d'ouverture opening times
ouvrier/ouvrière *m./f.* worker

pain grillé *m.* toast
paire *f.* pair
panneau *m.* sign
pantalon *m.* trousers
pantoufles *f. pl.* slippers: **un sportif en pantoufles** an armchair sportsman
papier peint *m.* wallpaper
paquebot *m.* (river) steamer
paquet *m.* parcel
par by
paralyser to paralyse
pare-brise *m.* windscreen
pareil(le) the same, alike
parent *m./f.* relation, relative; **les parents** parents
paresseux(-euse) lazy
parfois sometimes
parfum *m.* flavour
parler to speak
à part ça apart from that
partager* to share
partenaire *m./f.* partner
participer to take part
particulier: des leçons particulières private tuition
particulièrement particularly
partir to leave; **à partir de** from
partout: un peu partout all over the place, everywhere
pas: ne pas not
passer to pass; to spend (*time*); to take (*exams*); **qu'est-ce qu'on passe?** what's on? (*TV/cinema*)
se passer to happen
passionnant(e) exciting
se passionner de to have a passion for
passe-temps *m.* pastime, hobby
patin *m.* **à glace** ice skate; ice-skating;
patin *m.* **à roulettes** roller skates; roller-skating
patinage *m.* skating
patinoire *f.* skating rink
pavillon *m.* house
payer* to pay
pays *m.* country; **voir du pays** to see a bit of the world
paysage *m.* countryside
pêche *f.* fishing
pécuniaire financial
se peigner to comb one's hair
peine *f.* trouble; sadness
pellicule *f.* film
pendant during; **pendant que** while
pendule *f.* clock
pénible hard, tiring
penser de to think of
pension *f.* **complète** full board
perdre to lose
père *m.* **aubergiste** youth hostel warden (*male*)
perfectionner to perfect

permettre** to permit
personnalité *f.* personality
personne *f.* person
persuader to persuade
peser* to weigh
perte *f.* loss, lost item
petit(e) small; short
petit-déjeuner *m.* breakfast
petit ami/petite amie *m./f.* boyfriend/ girlfriend
peu *m.* little
peur: avoir peur de to be frightened of
peut-être perhaps
phare *m.* headlight
pharmacien/-ienne *m./f.* chemist
photo *f.* photo
phrase *f.* sentence
physionomie *f.* face
physique *f.* physics
pièce *f.* room; play; coin
pied *m.* foot; **à pied** on foot
pierre: en pierre in stone
piéton/-nne *m./f.* pedestrian
pile *f.* battery
pilote *m.* pilot
pipi: faire pipi F. to have a tiddle, wee
piquer to sting, bite (*insect*); to nick, pinch
pire: le pire the worst thing, part
piscine *f.* swimming pool
pistache *f.* pistachio
place *f.* square
plage *f.* beach
plaindre** to complain
plaire** to please
plaisir *m.* pleasure
planche *f.* **à voile** wind-surfing
plancher *m.* floor
plat de résistance *m.* main course
plats chauds *m. pl.* hot meals
plein(e) full; **en plein air** in the open air; **plein de** lots of; **en pleine campagne** right out in the country; **faire le plein** to fill up (*the tank*)
pleurer to cry
pleuvoir** to rain
plombier *m.* plumber
plongée *f.* **sous-marine** diving
pluie *f.* rain
plupart *f.* **de** most
plus: en plus more; **ne ... plus** no more; no longer
plusieur(e) several
pluvieux(-euse) rainy
pneu *m.* tyre
poids: prendre du pois to put on weight
poids *m.* **lourd** lorry, heavy goods vehicle
poil *m.* fur; (*dog's*) coat
point *m.* point; mark
poisson *m.* fish
policier *m.* policeman
pollution *f.* pollution
pont *m.* bridge
populaire popular
port *m.* **de plaisance** port; marina
porte *f.* door
porter to wear; carry
portique *f.* climbing frame
poser to ask

posséder* to possess
pot: prendre un pot to have a drink
possibilité *f.* possibility
poule *f.* hen
poupée *f.* doll
pour for
pourboire *m.* tip
pourquoi? why?
pourriez-vous? could you?
poursuivre** to pursue; continue with
poussette *f.* pushchair
pouvoir** to be able, can
pratique handy, convenient
pratiquer to do, go in for (*sport*)
se précipiter to rush
préférence *f.* preference; **de préférence** preferably
préférer* to prefer
premier(-ière) first
prendre** to take
prénom *m.* first name
préparer to prepare
près de near
présentation *f.* introduction
présenter to introduce
presque almost
pressé(e) urgent; in a hurry
pressing *m.* dry-cleaner's
prêt(e) ready
prêter to lend
prévoir** foresee; forecast; plan for
prise *f.* **d'eau** water point, tap
privé(e) private
prix *m.* prize; price
problème *m.* problem
prochain(e) next
prof(esseur) *m./f.* teacher
projets *m. pl.* plans
promenade *f.* walk; **promenades à vélo** bike rides
se promener* to go for a walk
proposer to propose
propre clean; own
propreté *f.* cleanliness
en province in the suburbs
proximité: à proximité nearby
public *m.* public
publicité *f.* advertising; publicity
puis then
puisque since; as
pull *m.* jumper
punir to punish
punition *f.* punishment
punition *f.* **corporelle** corporal punishment

quai *m.* platform
qualifié(e) qualified
qualité *f.* quality
quand même just the same
quand? when?
quant à as for
quartier *m.* neighbourhood
que whom, which, that; **ne ... que** only
quel(s)/quelle(s) what, which
quelqu'un; quelques-uns someone; somebody; some
quelquefois sometimes
quelque part somewhere

question *f.* question
qui who
quincaillerie *f.* hardware shop
quitter to leave
quoi? what?

raconter to tell, relate
radin(e) stingy, tight-fisted
radio *f.* radio
raide straight; narrow
raison *f.* reason; **avoir raison** to be right
raisonnable reasonable
râler to moan; protest
ramener* to bring back; to take back
randonnée *f.* **(pédestre)** walk, hike
rangé(e); bien rangé(e): tidy; **mal rangé(e)** untidy
râpé(e) grated
rapidement quickly
rapport *m.* connection; **rapports** *m. pl.* relations
rapporter to bring back
rarement rarely
ras-le-bol: en avoir ras-le-bol F. to be fed up with
se raser to shave
rat *m.* rat
rayé(e) striped
réagir to react
réalité *f.:* **en réalité** in reality
réanimation *f.:* **en réanimation** in intensive care
récent(e) recent
recevoir** to receive
recherché(e) in great demand
récit *m.* story, account
récréation *f.* break; recreation
récupérer* to fetch, pick up
rédiger* to draw up
regarder to look at
régime *m.* diet
région *f.* region
règle *f.* rule
règlement *m.* regulation
regretter to regret
relever* to pick up
remettre** to put back
remonter to go/come (back) up again
remplir to fill (in, up)
se rencontrer to meet one another
rendez-vous *m.* meeting; appointment
rendre to give back, hand in; **rendre visite** to pay a visit
se renseigner to make inquiries, ask for information
renseignements *m. pl.* information
rentrer to go/come back
renvoyer* to expel
réparation *f.* repair
réparer to repair
repas *m.* meal
répondre to reply
réserver to reserve
résidence *f.* residence; block of flats
se ressembler to look alike
ressentir** to feel, experience
restaurant *m.* restaurant
reste: le reste de *m.* the rest of

rester to stay
résultat *m.* result
retapisser to redecorate
retard: en retard late
retardataire *m./f.* latecomer
retenir** to reserve
retenue *f.* detention; **mettre en retenue** to put into detention
retourner to return
retraité(e) retired
retraite *f.* retirement
retrouver to find
se retrouver to meet (up) again
se réunir to meet together
réussir to succeed
en revanche on the other hand
rêve *m.* dream
réveil *m.* alarm clock
se réveiller to wake up
revendiquer to claim
revenir** to return
rêver to dream
rez-de-chaussée *m.* ground floor
rideau *m.* curtain
rien: ne ... rien nothing
rigoler to laugh; have some fun
rigolo(-otte) funny
rigueur: être de rigueur to be the rule
rimmel *m.* mascara, eye make-up
rire** to laugh
risquer to risk
rive *f.* (river) bank
rivière *f.* river
RN = route *f.* **nationale** 'A' road, main road
robe *f.* dress
rôle *m.* role
roman *m.* novel
romantique romantic
rond-point *m.* roundabout
rose pink
rôtisserie *f.* grill-room
rougir to blush
rouillé(e) rusty, rusted
rousseur: les taches *f. pl.* **de rousseur** freckles
route *f.* road; **route nationale** main road
routier *m.* lorry driver
routière: gare *f.* **routière** bus/coach station
routine *f.* **journalière** daily routine
roux (rousse) ginger, red (*hair*)
rubrique *f.* heading
rue *f.* street

sage good (well-behaved)
saison *f.* season
salade *f.* salad; lettuce
salaire *m.* salary
sale dirty
salle *f.* room; auditorium (*cinema, etc.*)
salle *f.* **à manger** dining room
salle *f.* **de bains** bathroom;
salle *f.* **d'exposition** showroom
salon *m.* lounge, sitting room
salut! hi (there)!
samedi *m.* Saturday
sanction *f.* sanction, punishment
sans without
sans-plomb lead-free (*petrol*)

sans-abri *m.* homeless person
santé *f.* health
satisfaisant(e) satisfying
sauf except
sauter to jump; skip (*meals*)
savane *f.* savannah
savoir** to know; to know how to, be able to
schéma *m.* diagram
scolaire school; **autobus** *m.* **scolaire** school bus
SDF *m./f.* **(Sans Domicile Fixe)** homeless person
sec (sèche) dry
sèche-cheveux *m.* hair-dryer
sécher* to dry
secours m.: **au secours** help
secrétaire *m./f.* secretary
séduisant(e) attractive
séjour *m.* stay
sélectionner to select
selon according to
semaine *f.* week; **en semaine** during the week, on weekdays
sembler to seem
sensé(e) sensible
sensible sensitive; noticeable
sentier *m.* (foot)path
sentir** to smell; to feel
séparer to separate
sérieux(-euse) serious
serpent *m.* snake
serré(e) tight; tightly
serre *f.* greenhouse
serveur/-euse *m./f.* waiter/waitress
se servir** to serve, help oneself
seuil *m.* threshold
signaler to indicate, report
seul(e) alone; only; on one's own
seulement only
siècle *m.* century
siège *m.* seat
sincère sincere
sinon if not, otherwise
situation *f.* situation; **situation familiale** marital status
ski *m.* skiing
ski *m.* **nautique** water-skiing
skidoo *m.* skidoo
snob *m./f.* snob
soeur *f.* sister
soigner to look after
soin: prendre soin de to look after
soir *m.* evening
soirée *f.* evening
soit that is to say
soit... soit... either... or...
solaire solar
soleil *m.* sun
sommeil *m.* sleep
sondage *m.* opinion poll, survey
sondés *m. pl.* people questioned in a survey
sonner to ring
sorte *f.* sort; kind
sortie *f.* outing; way out, exit
sortir** to go out
se soucier de to care about

soudain   suddenly
souhaiter   to wish
souiller   to soil, dirty
soulier *m.*   shoe
souligner   to underline; highlight
sourcil *m.*   eyebrow
souris *f.*   mouse
sous   under
sous-sol *m.*   basement
soutien *m.*   support
souvent   often
sparadrap *m.*   bandage
spectacles *m. pl.*   shows; entertainment
sport *m.*   sport
sportif(-ive)   sporty
stabilité *f.*   stability
stade *m.*   stadium
stage *m.*   course
stationner   to park
stressé(e)   stressed
strict(e)   strict
studio *m.*   studio; studio flat; bedsitter
style *m.*   style
substantif *m.*   noun
sud *m.*   south
suffit: ça suffit!   that's enough!
suisse   Swiss
suite: tout de suite   at once, immediately; **par la suite**   afterwards
suivant(e)   following; next
suivre**   to follow
sujet: au sujet de   about
supermarché *m.*   supermarket
supporter   to tolerate, bear
sur   on
sûr: bien sûr   of course
surtout   especially, above all
sweat *m.*   sweatshirt
sympa(thique)   nice, pleasant, friendly, likeable
Syndicat d'Initiative *m.*   tourist information office
système *m.*   system

table *f.* **de chevet**   bedside table
tableau *m.*   grid, table
tache *f.* **de rousseur**   freckle
tâche *f.*   task; job
taggeur *m.*   graffiti artist, vandal
taille *f.*   height; **de taille moyenne**   of medium build
tant pis!   never mind! too bad!
tant   so much
tant de   so much, many
tante *f.*   aunt
tapis *m.*   carpet
tapisser   to wallpaper
tard   late; **plus tard**   later
tas *m.*   pile, heap; **un tas de**   lots of
taux de change *m.*   exchange rate
technicien/-ienne *m./f.*   technician
technologie *f.*   technology
tel(-le)   such
télé(vision) *f.*   television
téléphoner   to telephone
télévisé(e)   televised
tellement   so
temps *m.*   weather; time; **à temps**   in time; **de temps en temps**   from time to time

temps *m.* **libre**   free time, spare time
tendre   tender
tenir**   to hold
tenir** compte de   to take into account
tenue *f.*   dress; clothes
terminer   to finish, end
terrain *m.*   plot, piece of land, site;
terrain *m.* **de foot**   football pitch
terrain *m.* **de sport**   sports field
terrain *m.* **de tennis**   tennis court
terrasse *f.*   terrace
terre *f.*   earth; ground; **par terre**   on(to) the ground, floor
théâtre *m.*   theatre
tigre *m.*   tiger
timide   timid; shy
tiroir *m.*   drawer
toboggan *m.*   slide
toilettes *f. pl.*   toilets
tonnerre *m.*   thunder
tort: avoir tort   to be wrong
tortue *f.*   tortoise
tôt   early
toucher   to touch
toujours   still; always
tour *m.*   turn; tour
tourner   to turn
tout, toute, tous, toutes   all; every;
tout à l' heure   a short while ago, later on;
tout de suite   immediately;
tous les deux   both of them; **pas du tout**   not at all
toxicomanie *f.*   drug addiction
tradition *f.*   tradition
traducteur/-trice *m./f.*   translator
traduire**   to translate
trahir   to betray
train: en train de   in the middle of ...ing
traîner   to hang about
trait *m.*   trait; feature
traiter   to treat
tranquille   quiet, calm
tranquillité *f.*   tranquillity; quiet
transport *m.*   transport(ation)
travail *m.*   work
travailler   to work
travailleur(-euse)   hard-working
traverser   to cross
trentaine *f.*   about thirty
très   very
tribu *m.*   tribe
trimestre *m.*   term
se tromper   to make a mistake
trop (de)   too much
trottoir *m.*   pavement
trouver   to find
se trouver   to be situated
truc *m.* F.   thing
tube *m.*   hit song, hit record
typique   typical

uniforme *m.*   uniform
union *f.*   union
unique: fils/fille/enfant unique   only son, daughter, child
université *f.*   university
usine *f.*   factory
utiliser   to use

vacances *f. pl.*   holidays; **grandes vacances**   summer holidays
vacarme *m.*   noise; racket
vachement   damned
vaisselle *f.*   crockery; **faire la vaisselle**   to do the washing up
valeur *f.*   value
vaniteux(-euse)   vain
variable   changeable; variable
variété *f.*   variety
vedette *f.*   star (popstar)
véhicule *m.*   vehicle
vélo *m.* bicycle; **vélo tout-terrain**   mountain bike
vendeur(-euse)   shop assistant, sales assistant
vendre   to sell
vendredi *m.*   Friday
venir**   to come
vent *m.*   wind
véranda *f.*   sunroom
verdure *f.*   parkland
verglas *m.*   (black) ice
vérifier   to check
vérité *f.*   truth
vernis à ongles *m.*   nail varnish
vers   towards; **vers 3 heures**   at about 3 o'clock
verser   to pour; to pay in, deposit (*money*)
verso: au verso   on the back
vert(e)   green
veston *m.*   jacket
vêtements *m. pl.*   clothes
veuve *f.*   widow
vie *f.*   life
vieux (vieille)   old
vif (vive)   lively
village *m.*   village
ville *f.*   town
vin *m.*   wine
viol *m.*   rape
visage *m.*   face
visiter   to visit
vite   quick; quickly
vitrine *f.*   shop window
vivre**   to live
voile *f.*   sail; **faire de la voile**   to go sailing
voir**   to see
voiture *f.*   car; carriage; **une voiture d'enfant**   pram
voix *f.*   voice
voudrais: je voudrais   I would like
vouloir**   to want
voyager*   to travel
voyant(e)   bright, garish (*colours*)
voyou *m.*   yob, tearaway
vrai(e)   true, correct, right
vraiment   really
VTT *m.*   mountain bike
vue *f.*   view

week-end *m.*   weekend

y   there; **y compris**   including
yeux *m. pl.*   eyes

Index de la grammaire ....

Many of the grammar points have exercises in the *Pratique de grammaire* section (pp. 186–93) to reinforce and practise them. The number given in brackets after the page reference indicates the number of the relevant exercise.